第22・23回

京都検定　問題と解説

22回3級>>全100問

23回1級・2級・3級>>全263問

CONTENTS

本書の内容と表記について

・漢字表記や送り仮名については「記者ハンドブック新聞用字用語集　第14版」（共同通信社発行）および「京都新聞社校閲基準」に準拠しています。

・人名、地名など固有名詞については、一般的に通用している名称や読み仮名を採用しています。

・出典によって固有名詞の読み仮名が異なる場合は、可能な限り（　）内に併記しています。

・人物の後に記載している年代は基本的に生没年を示しています。

・設問の選択肢で解説の必要がないものは省略しています。

・社寺、施設などの解説や読み仮名については、可能な限り当該団体の説明に基づいています。

・試験問題の表記については、原則として原文の通り掲載しています。

試 験 概 要

京 都 検 定

要旨

京都・観光文化検定試験（通称：京都検定）は、京都の文化、歴史の継承と観光の振興、人材育成に寄与することを目的として実施される「京都学」の検定試験です。

主催：京都商工会議所
後援：国土交通省近畿運輸局・京都府・京都市・京都府教育委員会・京都市教育委員会・（公財）大学コンソーシアム京都
協力：文化庁 地域文化創生本部

実施予定日	7月第2日曜日・12月第2日曜日（7月は3級のみ）
受験資格	学歴・年齢・性別・国籍等の制限はありません。 ※但し、受験票等の郵便物を日本国内で受け取ることができ、京都商工会議所が指定する試験会場で受験可能な方 ※1級受験は2級合格者に限ります
出題範囲	歴史、史跡、神社、寺院、建築、庭園、美術、伝統工芸、伝統文化、花街、祭と行事、京料理、京菓子、ならわし、ことばと伝説、地名、自然、観光 等、京都に関すること全般
程度 京都の歴史・文化などについて	3級 基本的な知識レベル　　70％以上の正解をもって合格 2級 やや高度な知識レベル　70％以上の正解をもって合格 1級 高度な知識レベル　　　80％以上の正解をもって合格 　　（1級試験の70％以上80％未満の正解をもって準1級に認定）
受験科 （税込） 3級と2級は併願可	3級　3,850円 2級　4,950円 1級　7,700円
試験会場	京都市内および東京都内（7月は京都市内のみ）
お問い合わせ	京都商工会議所　会員部　検定事業課 TEL：075-341-9765（9：00〜17：00　土日祝休） 〒600-8565 京都市下京区四条通室町東入 京都経済センター E-mail：kyotokentei@kyo.or.jp URL ：https://www.kyotokentei.ne.jp/

試 験 実 施 結 果　　第22回京都検定

第22回京都・観光文化検定試験（通称：京都検定）は令和5年7月9日に実施され、下記の結果となりました。
合格基準は、3級は70%以上の正解率です。

受験級	受験申込数	受験者数	合格者数	合格率	最高点	平均点／満点
3級	1,608	1,471	1,102	74.9%	100	78.1 ／ 100

※申込者の91.5%が受験

■ 男女比率 （申込者数）

男性 **54.7**% （880名）　女性 **45.3**% （728名）

■ 年代別合格率 （受験者数・合格者数）

年代	3級		
	受験者数	合格者数	合格率
～19	207	58	28.0%
20～29	275	174	63.3%
30～39	181	134	74.0%
40～49	254	218	85.8%
50～59	296	276	93.2%
60～69	197	184	93.4%
70～79	54	51	94.4%
80～	7	7	100.0%

※最年長合格者…83歳
　最年少合格者…9歳

■ 申込者 （都道府県別・地方別）

静岡 1%
奈良 1%
埼玉 1%
神奈川 2%
東京 2%
愛知 3%
兵庫 4%
滋賀 6%
大阪 14%
その他 5%
京都 61%

受験申込者数
1,608人のうち

近畿	1,396	四国	8
関東	95	東北	6
中部	65	九州	6
中国	19	北海道	3
北陸	9	沖縄	1

▌ 職業別合格率 （受験者数・合格者数）

3級	高校生・中学生・小学生	大学生・短大生・専門学校生	ホテル・旅館	旅行会社・ガイド	教育・情報サービス	サービス業その他	小売業	卸売業	建設業・不動産	製造業	運輸・通信業	飲食業	金融・保険業	電気・ガス・水道業	公務員	その他の業種	主婦・無職・その他	合計
受験者数	181	95	74	91	37	80	64	13	28	102	59	10	227	6	53	140	211	1471
合格者数	42	67	48	77	35	62	50	13	25	84	51	7	176	4	46	114	201	1102
合格率(%)	23.2	70.5	64.9	84.6	94.6	77.5	78.1	100.0	89.3	82.4	86.4	70.0	77.5	66.7	86.8	81.4	95.3	74.9

試験実施結果 第23回京都検定

第23回京都・観光文化検定試験（通称：京都検定）は令和5年12月10日に実施され、下記の結果となりました。
合格基準は、2・3級は70%以上、1級は80%以上の正解率です。
1級内の（ ）の値は、準1級認定の数値です。

受験級	受験申込者数	受験者数	合格者数	合格率	最高点	平均点／満点
1級(準1級)	896	840	60(106)	7.1% (12.6%)	138	74.7／150
2級	2,292	2,051	1,031	50.3%	97	68.4／100
3級	2,146	1,884	1,506	79.9%	100	80.3／100
合計	5,334	4,775	2,703	－	－	－

※申込者の89.5%が受験

■ 男女比率 （申込者数）

男性 **56.0**% （2,987名）　女性 **44.0**% （2,343名）※未回答4名

■ 年代別合格率 （受験者数・合格者数）

年代	1級(準1級)			2級			3級		
	受験者数	合格者数	合格率	受験者数	合格者数	合格率	受験者数	合格者数	合格率
～19	0	0	－	25	5	20.0%	198	65	32.8%
20～29	16	2(0)	12.5%(0.0%)	181	59	32.6%	375	253	67.5%
30～39	32	1(2)	3.1%(6.3%)	178	58	32.6%	222	186	83.8%
40～49	72	4(10)	5.6%(13.9%)	300	121	40.3%	298	260	87.2%
50～59	179	8(26)	4.5%(14.5%)	619	305	49.3%	436	398	91.3%
60～69	334	30(48)	9.0%(14.4%)	515	331	64.3%	276	266	96.4%
70～79	178	13(18)	7.3%(10.1%)	202	133	65.8%	68	67	98.5%
80～	29	2(2)	6.9%(6.9%)	31	19	61.3%	11	11	100.0%

※最年長合格者…86歳（2・3級）
最年少合格者…11歳（2級）

■ 申込者 （都道府県別・地方別）

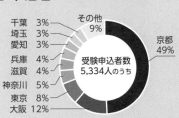

千葉 3%
埼玉 3%
愛知 3%
兵庫 4%
滋賀 4%
神奈川 5%
東京 8%
大阪 12%
その他 9%
京都 49%

受験申込者数
5,334人のうち

近畿	3,793	北陸	36
関東	1,043	四国	32
中部	291	東北	31
中国	50	北海道	15
九州	41	沖縄	2

■ 職業別合格率 （受験者数・合格者数）

1級（準1級）

	高校生・中学生・小学生	大学生・短大生・専門学校生	ホテル・旅館	旅行会社・ガイド	教育・情報サービス	サービス業その他	小売業	卸売業	建設業・不動産	製造業	運輸・通信業	飲食業	金融・保険業	電気・ガス・水道業	公務員	その他の業種	主婦・無職・その他	合計
受験者数	0	4	17	36	36	58	26	7	25	41	38	6	31	2	58	104	351	840
合格者数	0(0)	0(0)	0(2)	5(4)	2(6)	4(8)	1(4)	1(1)	2(0)	1(8)	1(2)	0(1)	4(4)	1(3)	3(6)	5(16)	30(44)	60(106)
合格率(%)	0.0(0.0)	0.0(0.0)	0.0(11.8)	13.9(11.1)	5.6(16.7)	6.9(13.8)	3.8(15.4)	14.3(14.3)	8.0(0.0)	2.4(19.5)	2.6(5.3)	0.0(16.7)	12.9(12.9)	50.0(10.3)	5.2(10.3)	4.8(15.4)	8.5(12.5)	7.1(12.6)

2級

	高校生・中学生・小学生	大学生・短大生・専門学校生	ホテル・旅館	旅行会社・ガイド	教育・情報サービス	サービス業その他	小売業	卸売業	建設業・不動産	製造業	運輸・通信業	飲食業	金融・保険業	電気・ガス・水道業	公務員	その他の業種	主婦・無職・その他	合計
受験者数	18	63	76	94	76	161	69	32	69	162	126	18	143	20	164	261	499	2051
合格者数	5	16	22	37	40	80	36	12	33	81	48	10	49	7	83	126	346	1031
合格率(%)	27.8	25.4	28.9	39.4	52.6	49.7	52.2	37.5	47.8	50.0	38.1	55.6	34.3	35.0	50.6	48.3	69.3	50.3

3級

	高校生・中学生・小学生	大学生・短大生・専門学校生	ホテル・旅館	旅行会社・ガイド	教育・情報サービス	サービス業その他	小売業	卸売業	建設業・不動産	製造業	運輸・通信業	飲食業	金融・保険業	電気・ガス・水道業	公務員	その他の業種	主婦・無職・その他	合計
受験者数	173	111	133	72	55	116	68	15	66	111	113	19	239	51	111	179	252	1884
合格者数	48	84	72	60	47	95	62	13	61	106	102	12	196	47	100	160	241	1506
合格率(%)	27.7	75.7	54.1	83.3	85.5	81.9	91.2	86.7	92.4	95.5	90.3	63.2	82.0	92.2	90.1	89.4	95.6	79.9

問
1

太秦にある「蛇塚古墳」は、この辺り一帯を本拠とした氏族の墓と考えられている。養蚕・機織技術を伝えた、この氏族はどれか。

ア 秦氏　　　　　　　　イ 小野氏

ウ 粟田氏　　　　　　　エ 出雲氏

　太秦一帯を本拠とし、蛇塚古墳＝写真＝を造営して、養蚕や機織の技術を伝えた氏族は、**秦氏**である。秦氏は、弓月君を祖と伝える有力渡来系氏族で、5世紀の応神天皇の代に渡来、淀川中流から京都盆地にかけ勢力を有した。本拠地は山背国葛野郡。桂川に葛野大堰を設置するなど土木技術に長け、養蚕や機織りで経済力を蓄えた。推古朝に、秦河勝が蜂岡寺（広隆寺）を建立する。河勝は、全長約75メートルの前方後円墳だった蛇塚古墳の被葬者とも考えられている。

　小野氏は、近江国滋賀郡小野村（現・滋賀県大津市）を本拠地とし、式内社小野神社が鎮座する。左京区上高野崇道神社裏山から「小野毛人墓誌」が出土しており、山城国愛宕郡小野郷も勢力下にあったと思われる。

　粟田氏は、山城の愛宕郡粟田郷（現・東山区）を中心に居住し、粟田寺を建立。

　出雲氏は、賀茂川と高野川の合流付近に、平安遷都以前から勢力を持っていた。

1 解答

ア 秦氏

1 歴史・史跡に関する記述について、最も適当なものを ア ～ エ から選びなさい。

問
2

平安京は四神相応の地に造られたとされる。北の玄武はどの山にあたるか。

ア 稲荷山　　　　　イ 船岡山

ウ 清水山　　　　　エ 小塩山

　平安京は四神相応（しじんそうおう）の地＝イラストはイメージ＝に造られたとされる。北の玄武は**船岡山**である。船岡山は、北区の大徳寺の南にある。標高約112メートル、長径約500メートル、周囲約1300メートルの小丘。『都名所図会』に「舟の形に似たれば名とせり」と名前の由来がのる。平安京の造営にあたり、船岡山は、都の中央を南北に走る朱雀（すざく）大路の基点とされたともいわれる。船岡山は景勝の地で、紫野とともに貴族の遊行の地であった。

　稲荷山は、伏見区と山科区にまたがり、いわゆる東山三十六峰の最南端に位置する霊峰である。3つの峰が西から東へと段々に高く連なっていることから、古来、三ケ峰と呼ばれ、神が降臨する山として尊崇されている。西麓に伏見稲荷大社が祀られている。

　清水山は、東山区にある東山三十六峰の一つに数えられる山。音羽山（おとわやま）とも呼ばれる。西麓には清水寺がある。

　小塩山（おしお）は西京区にあり、京都市西方の西山山地に位置する。

頂上には淳和（じゅんな）天皇陵、中腹には金蔵寺（こんぞうじ）などがあり、東麓には「花の寺」として知られる勝持寺（しょうじじ）、大原野神社がある。

2 解答

イ 船岡山

1 歴史・史跡に関する記述について、最も適当なものを ア～エ から選びなさい。

問 **3**　東寺を真言密教の根本道場と位置づけた空海が、醍醐天皇より与えられた謚号はどれか。

ア 伝教大師　　　**イ** 元三大師

ウ 理源大師　　　**エ** 弘法大師

　東寺を真言密教の根本道場と位置付けた空海（774～835）が、醍醐天皇より与えられた謚号は**弘法大師**である。空海は、平安時代初期の僧で、真言宗の祖。唐に渡り、帰国後は密教を体系化し、真言密教の基盤を完成させた。弘仁14年（823）に東寺を賜る。東寺の東に綜芸種智院を開設し、庶民にも学問の道を開いた。漢詩文にも優れ、能書家としても三筆の一人として知られる。

　伝教大師は、最澄（767～822）の謚号である。最澄は平安時代初期の僧で、天台宗の祖。比叡山延暦寺を建立する。慈覚大師円仁とともに初の大師号が贈られた。

　元三大師は、平安時代の天台僧で、第十八代天台座主の良源（912～985）のことである。謚号は慈恵大師で、元三とは、命日が正月三日であったことにちなむ。比叡山延暦寺中興の祖である。

　理源大師は、平安時代前期の真言僧である聖宝（832～909）の謚号。醍醐寺の開祖。空海の実弟真雅の弟子である。

3 解答

エ 弘法大師

問
4

花の御所を造営して、守護大名への支配を強め、
室町幕府の最盛期をつくった三代将軍は誰か。

ア 足利義詮　　　イ 足利義満

ウ 足利義教　　　エ 足利義政

　室町幕府の第三代将軍は**足利義満**（1358〜1408）である。応安2年（1369）に数え年11歳で征夷大将軍となった。成人してからは積極的に政治に取り組み、室町通の東、北小路（現・今出川通）の北に新たな将軍御所（幕府）である室町殿（花の御所＝写真＝）を造営した。その後も有力守護であった山名氏清（明徳の乱）や大内義弘（応永の乱）を討伐し、さらに南北朝の合一を果たした。将軍職を息子の義持に譲り、北山殿（後の金閣寺）に移ってからも政治の実権は保持し続け、室町幕府の最盛期を作り上げた。

　足利義詮（1330〜67）は室町幕府の第二代将軍で義満の父。初代将軍尊氏の後を継いで南北朝の動乱を生き抜き、室町幕府の基礎固めを行った。**足利義教**（1394〜1441）は第六代将軍で専制政治による将軍権力の強化に努めたが、嘉吉の変（嘉吉元年〔1441〕）で播磨の大名であった赤松満祐によって殺害された。**足利義政**（1436〜90）は義教の子で第八代将軍。在職中に応仁・文明の乱が勃発した。晩年の邸宅が東山殿で、これが現在の銀閣寺である。

4 解答

イ 足利義満

1 歴史・史跡に関する記述について、最も適当なものを ア〜エ から選びなさい。

問 **5**

豊臣秀吉が、市街地を囲むかのように造営した全長約23キロメートルの長大な土塁は何か。

ア 聚楽第　　　イ 御土居

ウ 太閤堤　　　エ 太閤塀

　豊臣秀吉が、市街地を囲むかのように造営した全長約23キロの長大な土塁は**御土居**＝写真＝である。御土居は、天正19年（1591）、長い戦乱で荒れ果てた京都の都市改造の一環として、東は鴨川、北は鷹峯、西は紙屋川、南は九条通に沿って四辺に土塁と堀が築かれた。外敵の来襲に備える防塁と鴨川の氾濫から市街を守る堤防の役割を果たした。洛中と洛外の視覚化を意図したものともいわれる。土塁の高さは約５メートルで基底部は約20メートル、上部には竹が植えてあった。

　聚楽第（ジュラクダイとも）は、豊臣秀吉が「内野」（平安京大内裏跡、現在の上京区）に建てた城郭。政庁や邸宅の役割もあった。

　太閤堤は、豊臣秀吉が伏見城築城に伴い、それまで巨椋池に流れ込んでいた宇治川を分離し伏見城下に誘導するために築いた堤防のこと。

　太閤塀は、現在も三十三間堂の南に残る塀。豊臣秀吉が方広寺を建立した際、三十三間堂も境内に取り込むため築いた

築地塀で、秀吉にちなんで太閤塀と呼ばれるが、現存する塀と南大門は息子の秀頼が築いたもの。

5 解答

イ 御土居

問
6

自身の家紋が三ツ葉葵であることから、神紋が二葉葵である上賀茂神社を特に篤く信仰した人物は誰か。

ア 徳川家康 　　　イ 織田信長

ウ 明智光秀 　　　エ 前田利家

　自身の家紋が三ツ葉葵であることから、神紋が二葉葵である上賀茂神社を特にあつく信仰した人物は、**徳川家康**（1543〜1616）である。上賀茂神社では、葵＝写真＝は「あふひ」と読み、「ひ」とは「神霊」神を意味し、葵とは神と逢うことという。祭神降臨の際、葵を飾り祭りせよとの神託があったとも伝わる。徳川家康は、この二葉葵をモチーフとして、三ツ巴の神紋にあてはめ、家紋とした。家康が出た松平郷が三河国加茂郡にあったため、賀茂葵を使ったともいわれる。三ツ葉葵の使用は、徳川を称する将軍家と御三家に限り、他家の使用を禁じた。

　織田信長（1534〜82）の家紋は、織田木瓜である。織田氏は平氏流で揚羽蝶や、下賜紋として「五三桐」など7つの家紋を持つともいわれている。

　明智光秀（？〜1582）の家紋は、水色の桔梗紋である。土岐氏に連なる人々が用いた。

　前田利家（1539〜99）の家紋は、菅原道真の後裔ということから梅鉢紋を用い、その紋は加賀梅鉢と呼ばれる。

6 解答

ア 徳川家康

問
7

史跡・一之船入が残る高瀬川を開削した京都の
豪商は誰か。

ア 茶屋四郎次郎　　**イ** 角倉了以

ウ 後藤庄三郎　　**エ** 灰屋紹益

　高瀬川は、洛中と伏見を結ぶ運河で、京都の豪商**角倉了以**（すみのくらりょうい）
（1554～1614）と素庵（そあん）の父子が、方広寺大仏殿再興のための資
材運搬に際し、当時氾濫を繰り返した鴨川に代わる新たな水
運をと開削に着手、慶長19年（1614）に完成させた。これに
よって、大坂や伏見からの物資搬入が増大、近世京都の都市
機能の拡充につながった。川の水深が浅いことから物流には、
底が平らで喫水の浅い小舟を使い、その船溜まりは船入と呼
ばれて、二条木屋町に今も残る「一之船入」（いちのふないり）（国史跡）＝写真
は跡碑＝は伏見、大坂に向かう通船の起点となっていた。

　茶屋四郎次郎（1542～96）は安土桃山時代から江戸時代に公
儀呉服師を世襲した京の豪商。初代清延は徳川家康の知遇を
得て「神君伊賀越え」にも同行した。**後藤庄三郎**（1571～
1625）は近世の金座当主の名跡で、初代光次は京都後藤家の
弟子から抜擢され、以後十一代にわたり江戸幕府の金銀改役
を務めた。**灰屋紹益**（はいやじょうえき）（？～1691）は江戸時代前期の京の豪商で、
大叔父の本阿弥光悦（ほんあみこうえつ）をはじめ多くの文化人と交流、名妓吉野
太夫を妻としたことでも知られる。

7 解答

イ 角倉了以

問
8

京都の治安維持などのために京都守護職が設置
されたが、その役職に任じられた会津藩主は誰
か。

ア 徳川慶勝　　　イ 松平定敬

ウ 松平容保　　　エ 松平慶永

　松平容保（1836～93）は陸奥国会津藩の九代目藩主で、幕末の多難な約5年間、京都守護職を務めた。

　京都の治安が悪化すると京都所司代では抑えきれず、将軍後見職の一橋慶喜が京都守護職の新設を決め、容保に白羽の矢が立った。

　当時、会津藩の財政が極端に悪化していたこともあり、会津藩の家老たちは反対したが、会津藩には「徳川家に忠義を尽くすことを藩の方針にする」という藩祖保科正之の家訓があり、結局、引き受けた。文久2年（1862）12月24日、家臣千名を率いて京都へ入り、当初、容保は「言路洞開」という懐柔策を取った。しかし「足利三代将軍の木像梟首事件」が起こると、一転して強硬路線をとった。

　徳川慶勝（1824～83）は尾張国名古屋藩主で容保の実兄、**松平定敬**（1847～1908）は京都所司代を務めた伊勢国桑名藩主で容保の実弟。**松平慶永**（1828～90）（春嶽）は越前国福井藩主で、幕末には幕府の政事総裁職などを務めた人物。慶喜とともに京都守護職の新設を決めた。

8 解答

ウ 松平容保

問 9

元治元年（1864）、長州軍と、御所を守る薩摩・会津ら幕府軍が蛤御門などで繰り広げた戦いを何というか。

ア 禁門の変　　イ 鳥羽・伏見の戦い
ウ 池田屋事件　　エ 八月十八日の政変

　元治元年（1864）6月5日に起こった池田屋事件の少し前、長州藩は失地回復を目指して、率兵上洛することを決定した。それは前年の**八月十八日の政変**で長州藩は御所警備の任を解かれ、藩主親子の毛利慶親（敬親）や定広が国元での謹慎を命じられていたからである。長州勢は伏見の長州屋敷や天王山の宝積寺、嵯峨野の天龍寺などを中心に陣を構え、攘夷を国是とする歎願、毛利親子や都落ちしていた三条実美ら五卿の赦免を求めた。ただ本当の目的は、京都守護職会津藩の追い落としだった。

　長州勢は京都に入る三方から進軍を開始し、元治元年7月19日に**禁門の変**が起こったが、会津藩が守っていた蛤御門＝写真＝が一番の激戦地になったため、蛤御門の戦いとも呼ばれている。わずか1日で長州勢は敗れるも、その戦火である鉄砲焼け、あるいはどんどん焼けで約27,500軒の民家、東本願寺や因幡薬師、佛光寺など約250ヶ所の寺社が焼失した。

9 解答

ア 禁門の変

1 歴史・史跡に関する記述について、最も適当なものをア〜エから選びなさい。

問10

明治天皇の御陵は京都に造られた。それはどこか。

ア 水尾山陵　　イ 月輪陵

ウ 伏見桃山陵　エ 大原陵

　明治天皇の陵は、遺命によって京都桃山に造営され、**伏見桃山陵**＝写真＝と命名された。敷地に当たる桃山は、豊臣秀吉が築いた伏見城の本丸跡地で、東隣に皇后である照憲皇太后が葬られた伏見桃山東陵、近くに桓武天皇の柏原陵がある。墳丘は古式を踏まえた上円下方墳で、天智天皇陵をモデルに墳形を整えたとされる。基底部の一辺約60メートル、上円部の高さが約6.3メートルで、表面に石が葺かれており、立ち入りが可能な拝所まで230段の階段が続いている。最寄りの駅はJR桃山駅、近鉄桃山御陵前駅、京阪伏見桃山駅で、いずれも徒歩15〜20分ほどで陵墓の拝所に至る。
　水尾山陵は右京区嵯峨水尾地区の山中にある清和天皇の陵。**月輪陵**は泉涌寺の山内にあり、鎌倉時代の四条天皇と、江戸時代の後水尾天皇から後桃園天皇まで、十一代の天皇陵がある。**大原陵**は左京区大原勝林院町の三千院北側にある陵墓で、承久の乱で隠岐に流された後鳥羽上皇と、同じく佐渡に流された順徳上皇の父子が埋葬されている。

10 解答

ウ 伏見桃山陵

2 神社・寺院に関する記述について、最も適当なものをア〜エから選びなさい。

問 11

わら天神で授与される藁（わら）のお守りは、何のご利益で有名か。

ア 五穀豊穣 **イ** 交通安全

ウ 安産 **エ** 火除け

わら天神宮＝写真＝の正式名は敷地神社といい、**安産・子授**けの神として信仰を集めてきた。ここに祀られている木花開耶姫命（このはなさくやひめのみこと）は、安産・子授けの守り神とされている。わら天神宮では古来、稲わらで編んだ籠で神饌を捧げていた。そのわらを切り取って安産のお守りとして授与するようになり、その珍しさから「わら天神宮」とも呼ばれるようになった。お守りのわらに節があれば男児が、節がなければ女児が誕生するという言い伝えがある。

京都で古くより**火除け**に霊験のある神社として有名なのは右京区の愛宕山（あたご）上に鎮座する愛宕神社。全国に約900社ある愛宕神社の総本宮である。

交通安全にご利益があるといわれる神社は多く、中でも伏見区の城南宮は、引越・工事・家相などの方角の心配を除く「方除（ほうよけ）の大社」として信仰があつく、車輌のお祓いでも知られる。

伏見区の伏見稲荷大社は、**五穀豊穣・**商売繁盛の神として信仰を集め、多くの参拝者が訪れる。

11 解答

ウ 安産

2 神社・寺院に関する記述について、最も適当なものをア～エから選びなさい。

問12

14年かけた修理事業が昨年（2022）終了した、画僧・明兆作の「五百羅漢図」を始めとする寺宝の展覧会が、今年（2023）の秋、京都で開催される。通天橋からの紅葉でも有名な寺院はどこか。

ア 南禅寺 **イ** 天龍寺
ウ 源光庵 **エ** 東福寺

東福寺は寛元元年（1243）に摂政九条道家が円爾弁円（えんにべんえん）を開山に迎え、東大寺の規模と興福寺の盛行にならおうとして寺号を定め、開創した。境内には円爾が宋から持ち帰ったという「通天もみじ」をはじめ約2,000本のカエデが植えられ、中でも通天橋から見下ろす、渓谷を埋め尽くす木々が一斉に色付く様が何よりの絶景と、高い人気を誇る紅葉の名所。

他の3カ寺も禅宗寺院で、後醍醐天皇により京都五山の第一位に列せられた**南禅寺**は、後に足利尊氏開創の天龍寺が五山第一位とされたことで、さらに上位の「五山之上」に位置付けられた名刹。**天龍寺**は足利尊氏が後醍醐天皇の菩提を弔うため開創。造営資金にあてるため天龍寺船が元に派遣された。鷹峯の**源光庵**は本堂壁面の四角と円で禅の境地を示した「悟りの窓・迷いの窓」で知られ、紅葉の季節には窓越しのもみじを楽しもうと大勢の人が訪れる。

12 解答

エ 東福寺

2 神社・寺院に関する記述について、最も適当なものをア～エから選びなさい。

問
13

西国三十三所観音霊場第十番札所であり、釈迦如来立像・毘沙門天立像・阿弥陀三尊像などを所蔵し、アジサイやツツジの名所としても知られる宇治にある寺院はどこか。

ア 廬山寺　　　　　イ 三室戸寺

ウ 法金剛院　　　　エ 乙訓寺

　西国三十三所観音霊場第十番札所の**三室戸寺**＝写真＝は宝亀年間（770～80）に、宮中の奇瑞により山奥の渓流から二臂千手観音が現れたのを喜んだ光仁天皇が、御室を移してその観音を祀り、御室戸寺としたのが始まりとされる。5,000坪に及ぶ大庭園は、アジサイやツツジの名所として知られ、観音札所の巡拝者や写真愛好者らでにぎわう。

　廬山寺は紫式部邸宅跡と伝えられ、境内の「源氏庭」には紫式部邸宅跡の石碑が建ち、キキョウが咲き競う花の名所としても知られる。**法金剛院**は当地にあった寺を鳥羽天皇中宮の待賢門院が、阿弥陀仏を祀る御堂と浄土庭園を整備して再興。ハスの寺として名高く、関西花の寺二十五ヶ所の第十三番霊場である。**乙訓寺**は推古天皇の勅願によって聖徳太子が建立したという古刹。近年はボタンの名所として多くの人を集める。

13 解答

イ 三室戸寺

神社・寺院に関する記述について、最も適当なものをア～エから選びなさい。

問
14

洛陽三十三所観音霊場のうち第十番から第十四番の札所があり、断崖に立つ高さ13メートルの舞台造の本堂（国宝）が有名な寺院はどこか。

ア 仲源寺　　　　　イ 頂法寺

ウ 因幡堂　　　　　エ 清水寺

　境内に洛陽三十三所観音霊場の第十番から第十四番の札所があり、誰もが知る舞台造の本堂（国宝）を備える**清水寺**＝写真＝は京都観光で一番の人気スポット。境内の洛陽三十三所各札所は第十番が善光寺堂（旧地蔵院）、十一番が奥の院、十二番が清水寺本堂、十三番が朝倉堂、十四番が泰産寺（子安観音）で、それぞれ姿形の異なった観音像に出合うことができる。

　仲源寺は洛陽観音霊場第十六番札所で、洪水の止雨祈願をした功で後堀河天皇勅願寺となり、本尊は雨止み地蔵と呼ばれ、後にそれが訛った目疾地蔵として今も眼病平癒の信仰を集めている。**頂法寺**は同霊場第一番札所で、六角堂の名でも知られる。平等寺が正式名の**因幡堂**は洛陽観音霊場第二十七番札所で、本尊の薬師如来は日本三如来の一つに数えられ、京都十三佛霊場第七番、京都十二薬師霊場の第一番札所として知られる。

提供：清水寺

14 解答

エ 清水寺

問 **15**

神護寺の高雄、高山寺の栂尾とともに三尾といわれる槇尾にある寺院はどこか。

ア 西明寺　　**イ** 一言寺

ウ 正伝寺　　**エ** 法輪寺

　三尾の一つ槇尾にあって、紅葉の名所として高い人気を誇る**西明寺**＝写真＝は真言宗大覚寺派の寺院で、天長年間（824〜34）に空海の高弟智泉により創建された。その後衰退するが、慶長7年（1602）に再興、元禄13年（1700）には江戸幕府第五代将軍徳川綱吉の母桂昌院の援助で本堂などが再建され、現在に至る。本尊は清凉寺式釈迦如来像（重文）で、他に千手観音菩薩像（重文）など多数の仏像を有する。

　一言寺は醍醐寺塔頭で、本尊の千手観音が一生に一度、一言だけ一心に頼めば願い事がかなう「一言観音」として信仰を集める。**正伝寺**は北区西賀茂にある臨済宗南禅寺派寺院。伏見城の遺構を移築した金地院方丈を再度移築して本堂とし、比叡山を借景とする庭園でも知られる。**法輪寺**は、嵐山に「嵯峨の虚空蔵さん」の呼び名で親しまれ、数え13歳の子どもが智恵授かりに参拝する「十三まいり」で有名な虚空蔵法輪寺、上京区には境内に8,000体のだるまが置かれ、「達磨寺」の通称で知られる同名寺院がある。

15 解答

ア 西明寺

2 神社・寺院に関する記述について、最も適当なものを**ア**～**エ**から選びなさい。

問16

京都三珍鳥居の一つである「唐破風鳥居」で知られる、京都御苑内、九條池の中島にある神社はどこか。

ア 厳島神社
イ 飛行神社
ウ 御金神社
エ 錦天満宮

厳島神社の鳥居は、2本の柱の上に架かる島木と笠木が唐破風の形をしているため、唐破風鳥居と呼ばれる。平清盛が母である祇園女御のために、広島の厳島神社の神を祀ったのが始まりとされ、「池の弁財天」とも呼ばれている。

京都三珍鳥居の残り二つのうち、一つは北野天満宮境内の伴氏社に立つ蓮華座鳥居で、鳥居を支える台座が蓮華座の形をしている。もう一つは蚕の社(正式名称は木嶋坐天照御魂神社)の三柱鳥居で、三方がいずれも正面になるように、柱が三角形に組み合わされている。

錦市場の端にある**錦天満宮**の一の鳥居は、建物の中に鳥居が入り込む形が有名。

八幡市の**飛行神社**は、二宮忠八が大正4年(1915)に航空安全と航空事業の発展を祈願し、自邸内に創建。

中京区の**御金神社**は、金融・証券、金属加工、宝くじ当選など、金属やお金を守る神社として信仰を集めている。

16 解答

ア 厳島神社

問
17

寺地が茶園「宇治七茗園」の一つの朝日園であったとされ、琴坂のカエデやヤマブキでも有名な寺院はどこか。

ア 源光庵　　　イ 詩仙堂

ウ 天寧寺　　　エ 興聖寺

　天福元年（1233）、道元が伏見深草に開いた道場を始まりとする**興聖寺**＝写真＝は、その後廃絶の後、慶安2年（1649）に、淀城主の永井尚政が、宇治七茗園の一つだった朝日茶園を寺地に菩提寺として復興した。尚政が住職に招いた萬安英種は道元の遺徳をしのび、その教えを寺の禅風としたことで、多くの雲水が集まるようになり、越前永平寺、能登総持寺、加賀大乗寺、肥後大慈寺と並ぶ日本曹洞五箇禅林に数えられる。

　他も全て曹洞宗の寺院で、鷹峯の**源光庵**は臨済寺院だったが、元禄7年（1694）に卍山道白が加賀大乗寺から住持として着任、曹洞宗に改宗した。**詩仙堂**は徳川家康の近臣だった石川丈山が建てた山荘「凹凸窠」を起源とする永平寺の末寺。**天寧寺**は、会津に創建された寺を京都に移築、板倉勝重らの支援で寺域を整えた。現在の堂宇は天明大火（1788年）後の再建で、寺町通に面した門は比叡山の遠景を一幅の絵のように眺望でき、額縁門と呼ばれている。

17 解答

エ 興聖寺

2 神社・寺院に関する記述について、最も適当なものを ア ～ エ から選びなさい。

問 18
亀岡市にある「丹波国一之宮」で、鎮花祭と呼ばれる祭礼があり、出雲風流花踊が奉納される神社はどこか。

ア 上賀茂神社　　イ 籠神社
ウ 出雲大神宮　　エ 下鴨神社

　出雲大神宮では毎年4月18日に鎮花祭が開催される。古くから疫病神は桜の花が咲く時期に活動して悪疫が流行すると信じられており、これを鎮めるための祭として各地で行われている。京都では北区の今宮神社で行われるやすらい祭も同じ趣旨で行われている。

　古代より出雲大神宮の周辺は干ばつの多い土地として知られており、祭礼の後で奉納される出雲風流花踊＝写真＝は、雨乞いの神事が起源だと伝えられている。かつては仮装行列のような練り物を伴って盛大に行われていた。明治16年（1883）の大干ばつを最後に途絶えていたが、大正13年（1924）に地元の氏子の手により復活。季節ごとの造花で飾られた花笠をかぶった踊り手が太鼓を手に持って踊る。京都府の無形民俗文化財に登録されている。

　宮津市にある**籠神社**は、雪舟が描いた「天橋立図」（国宝）にもその姿が見える。元伊勢とも呼ばれ、三重県にある伊勢神宮の元を意味する。

　上賀茂神社、下鴨神社はともに山城国一之宮。

18 解答

ウ 出雲大神宮

問
19

うさぎみくじお守りや本殿前にある狛うさぎなど今年（2023）の干支にゆかりがあり、「東天王社」ともいう左京区にある神社はどこか。

ア 護王神社　　　　イ 大豊神社

ウ 大原野神社　　　エ 岡﨑神社

神社の守護獣としてはイヌが狛犬として置かれることが多いが、イヌ以外の動物が鎮座している神社もある。特に十二支にゆかりのある動物の場合は、該当する干支の年には多くの参拝者が訪れる。左京区の**岡﨑神社**の境内には、本殿前の狛うさぎ＝写真＝の他にもたくさんのウサギの像があり、多産なウサギを神の使いとして、子授けと安産の神社として信仰されている。王城鎮護のため四方に祀った大将軍社の一つでもある。

同じく左京区の**大豊神社**は全国でも珍しい狛ねずみで有名。大国主命が野火に遭った際に、ネズミが命を助けたという『古事記』の神話に基づいている。

京都御所の西側に鎮座する**護王神社**の守護獣はイノシシである。ここに祀られる奈良時代末期から平安時代初期の官人、和気清麻呂を助けたという故事に由来し、足腰の守護神として信仰があつい。境内の狛犬ならぬ狛いのししにちなんで、い

のしし神社とも呼ばれて親しまれている。

大原野神社は奈良の春日大社の神を勧請したことから、シカが神の使いとされる。

19 解答

エ 岡﨑神社

5月5日に催される葵祭の前儀「賀茂 競馬（くらべうま）」は、今年（2023）で930年目を迎えた。この神事が行われる場所はどこか。

ア 綾戸國中神社　　**イ** 貴船神社

ウ 上賀茂神社　　**エ** 田中神社

賀茂競馬（くらべうま）＝写真＝は、**上賀茂神社**の一の鳥居から二の鳥居までの開放的な空間で行われる勇壮な神事。騎手は舞楽装束を着け、2頭の馬を1馬身の差を付けて走らせる。この差が広がれば前を走る馬、縮まれば後の馬の勝利となる。『徒然草』などにもその様子が描写され、京都市の無形民俗文化財の指定を受けている。

南区の**綾戸國中神社**は、綾戸宮と國中宮の2つの神社が合祀されている。一つ屋根の本殿の左が綾戸宮、右が國中宮。当社は祇園祭に深いゆかりのある神社である。祇園祭の山鉾（やまほこ）巡行を先導する長刀鉾（なぎなたほこ）の稚児（ちご）が有名だが、例年当社の氏子から選ばれる久世駒形稚児（くぜこまがた）も祭に欠かせない存在である。久世駒形稚児は、祇園祭の神幸祭、還幸祭において、本来の祭の主役である八坂神社の祭神の素戔嗚尊（すさのおのみこと）を乗せた中御座神輿（なかござみこし）を先導するという重要な役割を担っている。

左京区の**田中神社**は、元々田中村と呼ばれる村があり、その産土神（うぶすながみ）として信仰されてきた神社。

20 解答

ウ 上賀茂神社

③ 建築・庭園・美術に関する記述について、最も適当なものを ア〜エ から
選びなさい。

問
21

祇園造は、どの神社特有の建築様式か。

ア 北野天満宮　　**イ** 平野神社

ウ 石清水八幡宮　　**エ** 八坂神社

　祇園造とは、**八坂神社**本殿＝写真＝の社殿形式を指す。神
様の鎮まる本殿と人々が拝礼をする拝殿を檜皮葺きの大きな
一つ屋根で覆って、周囲に複数の小部屋を配しており、神社
本殿の中で最大の床面積を有する。外観の特徴としては、大
きな入母屋造屋根の外側三方（両側面と背面）にさらに庇をつ
ける。現在の本殿は江戸幕府第四代将軍徳川家綱により、承
応３年（1654）に建立されたものであるが、平安時代後期には
おおむね現本殿と同形式であったと考えられており、火災に
よる焼失と再建を繰り返す中でも平安時代以来の様式をよく
伝えている。

　北野天満宮の本殿は権現造で、拝殿と本殿を石敷の相の間
で連結した形式のもので、屋根は連続する。桃山時代の霊廟
に広く使われ、日光東照宮本殿に用いられ、権現造の名を得
た。

　平野神社の本殿は比翼春日造または平野造。春日造の４殿
が並列し、２殿１棟で４殿２棟を造り、２棟が相の間で連結
される。

　石清水八幡宮の本殿は八幡造で、切妻造平入りの社殿を二
つ前後に並べ、両殿の軒の接するところには、樋を設ける。

21 解答

エ 八坂神社

③ 建築・庭園・美術に関する記述について、最も適当なものをア～エから選びなさい。

問 22

京町家は間口が狭く、奥行きが長いことから、何の寝床と呼ばれているか。

ア 鯰（なまず）　イ 鱧（はも）

ウ 鰻（うなぎ）　エ 鯉（こい）

　京都の町家は、間口が狭く、表通りから奥行きが深く細長いことから「鰻（うなぎ）の寝床」と異称される。家の大きさにより異なるが、通常、片側に表通りからミセ（店）－ダイドコ（台所）－オク（奥）の順でオイエ部が一列に続き、縁側を隔てて奥庭に続く。もう一方を通り庭と呼ばれる土間空間が表口から裏口へと抜け、通り庭もミセ脇のミセニワとダイドコ・オク側のハシリニワに二分される。ハシリニワは炊事場で井戸や流し、竈土などが並ぶ。ミセは商家では店舗であり、ダイドコは日常生活の居間、オクは接客および「家」の祭政の場としての座敷である。細長い平面のため、採光や通風を確保するためのオープンスペースがもたれた。そこには、飛石や石燈籠、手水鉢（ちょうず）をしつらえ、坪庭がつくられた。

　「鰻の寝床型」の敷地区分が成立し始めるのは天正年間（1573～92）ごろで、豊臣秀吉が京都改造で町割の改正を行い、方一町のブロックを東西に二分する南北の小路が通り、短冊型の敷地が形成された。

22 解答

ウ 鰻

3 建築・庭園・美術に関する記述について、最も適当なものを ア～エ から
選びなさい。

問
23

明治期、全国に先駆けて京都に開校した「番組
小学校」は、役所や交番、消防などの機能も果
たしていた。元有済小学校の校舎の屋根に残る、
人々の生活を見守るために備えられていたもの
は何というか。

ア 鴟尾
　　しび
イ 太鼓望楼
　　たいこ ぼうろう
ウ 留蓋瓦
　　とめぶた がわら
エ 鳳凰
　　ほうおう

　番組小学校の一つである元有済小学校の校舎の屋根には、
明治9年（1876）築で、木造2層、鉄板葺の**太鼓望楼**が建つ。
昭和27年（1952）に移築され、平成17年（2005）2月9日に「旧
京都市有済小学校太鼓望楼」の名称で国の登録有形文化財と
なった。木造2階建ての有済小学校講堂の大棟中央に付設さ
れていたが、RC造校舎新築に伴い屋上に保存された。宝形造
の望楼部を高く立て、庇を付けた下部を袴腰風の縦板張で覆
う簡素な造りである。

　鴟尾とは、古代建築の瓦葺宮殿、仏殿などの屋根の棟の両
端につけた飾りで、後世には鯱、鬼瓦などとなる。**留蓋瓦**とは、
入母屋の瓦葺き屋根の隅、棟の尻部を覆うために取り付ける
化粧瓦の一つで、火事除けの波や植物などの飾りが付いたも
のもある。

23 解答

イ 太鼓望楼

3 建築・庭園・美術に関する記述について、最も適当なものをア〜エから選びなさい。

問 24

今年（2023）、京都に移転した文化庁の庁舎の西に位置する、松室重光設計の重要文化財の建物は何か。

ア 京都府庁旧本館
イ 京都市役所本庁舎
ウ 京都府京都文化博物館別館
エ 京都市考古資料館

文化庁の京都移転先の建物は旧京都府警察本部本館であり、その庁舎の西には明治37年（1904）に竣工した**京都府庁旧本館**＝写真＝が建つ。京都府庁旧本館を設計した松室重光（まつむろしげみつ）は、明治時代後期から昭和初期に活躍した建築家で、京都府技師である。京都府庁旧本館は当時、官庁建築の規範であった。

建物の外観はルネサンス様式に属し、正面の一段高くなった屋根を中心に左右両翼に対称に張り出した形となっており、建物内部には和風の優れた技術が巧みに取り入れられている。平面は中庭をもつロ字形で、中庭側に廊下を寄せる。正面および背面（北面）に車寄、背面（北面）に府議会議事堂を突出させ、正面2階中央に正庁、中庭側に大階段、2階四隅に知事室（東南隅）、貴賓応接室（西南隅）、府会議長室（西北隅）、参事会室（東北隅）を置き、1階の東面と西面中央には中庭に抜ける通路をとり、その南北に各課諸室を配するなど、議事堂と一体化した府県庁舎として完成された平面をもつ。

24 解答

ア 京都府庁旧本館

平安末期に「浄土思想」が広まったことにより
盛んに造営され、現在は平等院や浄瑠璃寺に残
る庭園形式はどれか。

ア 寝殿造庭園　　　　イ 枯山水庭園

ウ 浄土庭園　　　　　エ 書院造庭園

　平等院庭園や浄瑠璃寺庭園は**浄土庭園**の代表。浄土庭園と
は、極楽浄土をこの世に再現すべく、阿弥陀堂と園池とを一
体的に築造した仏寺の庭園様式である。西方極楽浄土の思想
により、園池の西部に阿弥陀堂を建て、東方から園池を隔て
て西方の阿弥陀堂と本尊の阿弥陀仏を遥拝する配置が基本的
である。

　寝殿造庭園は、平安時代の皇族および貴族などの寝殿造住
宅に伴う庭園様式。寝殿の南面に広場を置き、その南に池を
設け、池への導水は北東からの遣水によることを基本とする。
室町時代に成立した**枯山水**庭園の様式は、水を使わず、石組
みを主体として白砂、刈込などで自然の風景を象徴的に表現
した庭園である。**書院造庭園**は、室町時代以降の書院造に伴
う庭園様式で、座観式庭園の範疇に入る。書院からの鑑賞に
対応し、着座位置からの庭景を意識したデザインが特徴であ
る。

25 解答

ウ 浄土庭園

3 建築・庭園・美術に関する記述について、最も適当なものをア～エから選びなさい。

問 26

東福寺方丈や光明院方丈、松尾大社松風苑などの庭園を手掛けた昭和を代表する作庭家は誰か。

- ア 重森三玲
- イ 中根金作
- ウ 小島佐一
- エ 田中泰阿弥

　東福寺方丈庭園や松尾大社松風苑の作庭者は、**重森三玲**（しげもり　み　れい）（1896～1975）。昭和11年（1936）からは全国の庭園の実測調査を行い、その内容は『日本庭園史図鑑』全26巻として刊行された。作庭活動にも積極的に取り組み、立石を多用した枯山水が多いのが特徴である。東福寺方丈庭園は、鎌倉時代の剛健な構成を意図し、禅宗的な枯淡で悟りの境地を目指し、しかしあくまで現代庭園であり「永遠のモダン」であることを念願して作庭したと自ら述べている。

　中根金作（なか　ね　きんさく）（1917～95）は、近現代の作庭家、造園家。「昭和の小堀遠州」と称される。昭和41年に中根庭園研究所設立。主な作品は足立美術館庭園（あ　だち）、大仙公園日本庭園など。**小島佐一**（こじまさ　いち）（1908～1978）は、洛西松尾の庭匠植為（うえため）（現・小島庭園工務所）の五代目。雑木の庭の代表的作庭者。**田中泰阿弥**（た　なかたいあ　み）（1898～1978）は、近現代の作庭家、庭師。昭和4年（1929）に銀閣寺洗月泉の滝の石組を発見した後、銀閣寺の庭師となり、京都の庭の修復等に携わる。

26 解答

ア 重森三玲

問
27

龍安寺にある白砂の空間に大小15個の石を配
した枯山水の方丈庭園は、一般的に何と呼ばれ
るか。

ア 鶴亀の庭　　　イ 虎の子渡しの庭
ウ 三巴の庭　　　エ 月の庭

　龍安寺の方丈庭園＝写真＝は15個の景を配した枯山水で、
国の特別名勝に指定されており、寛政11年（1799）に刊行され
た『都林泉名勝図会』に龍安寺の方丈庭園が「**虎の子渡し**」と
名付けられていることが記されている。「虎の子渡し」とは
『癸辛雑識続集・下』にみえる故事で、虎が子を3匹生むと、
その中には必ず彪が1匹いて他の2匹を食おうとするので、
川を渡る際に虎の子を彪と2匹だけにしないよう運び方に苦
慮するというもの。
　鶴亀の庭の典型は、南禅寺金地院の庭園で、徳川将軍家の
繁栄を願う祝儀の空間でもあり、小堀遠州が作庭に関与した。
本法寺書院前の枯山水は三つの築山が巴の字のように見える
ことから**三巴の庭**と呼ばれ、本阿弥光悦によるものとされ
る。清水寺の旧本坊・成就院の庭園は、江戸時代には「月の
成就院」と呼ばれ、**月の庭**として知られている。

27 解答

イ 虎の子渡しの庭

3 建築・庭園・美術に関する記述について、最も適当なものを **ア**～**エ**から選びなさい。

問
28

豪商の茶屋四郎次郎が創案者といわれ、濃淡だけで花鳥や流水などの爽やかな細かい紋様を染め上げる藍染は何か。

ア 纐纈染　　　　　**イ** 茶屋染

ウ 辻が花染　　　　**エ** 友禅染

茶屋染は、江戸時代前期に京都の豪商茶屋四郎次郎が創案したとされ、茶屋家が染める当時流行した渋みがある藍の模様染の総称。当時の染め方や実際の色柄は、現物が残っていないので判然としない。江戸時代中期以降、武家の女性が夏に用いた麻の帷子（かたびら）で、藍を主に茶色や黄色を加え、濃淡で花鳥や流水などの細かい模様を染め上げたものが、今では茶屋染といわれている。部分的または全体に刺繍を施したものもある。技法的には安土桃山時代以前の小紋系の型染と友禅染の中間に位置すると考えられている。

纐纈（コウケチとも）**染**は、布帛（ふはく）に糸を絞り込んで防染して文様を表現する古代からある絞り染め。**辻が花染**は、室町時代後期から安土桃山時代にかけて発展した主に麻地に絞り染めや模様染めをした技法。**友禅染**は、糊で防染した模様染めの技法を用いる。江戸時代中期の京の扇絵師宮崎友禅斎が考案したといわれ、とりわけ京友禅は、有職模様や琳派模様など絵画のような美しい文様が特徴。

28 解答

イ 茶屋染

22回3級

23回3級

23回2級

23回1級

問
29

「太秦の太子堂」とも呼ばれ、国宝第一号とし
て知られる弥勒菩薩半跏思惟像がある聖徳太子
ゆかりの寺院はどこか。

ア 広隆寺　　　　イ 乙訓寺

ウ 上品蓮台寺　　エ 法観寺

　広隆寺は、法隆寺や四天王寺とともに聖徳太子が建立した
七大寺の一つ。古くは蜂岡寺、秦公寺といい、「太秦の太子堂」
とも呼ばれる。推古天皇11年（603）、渡来系の秦河勝が聖徳
太子から仏像を賜り、本尊として建立したのが始まり。飛鳥
時代を代表する仏像で、日本の国宝に指定された仏像の第1
号として広く知られる弥勒菩薩半跏思惟像はとりわけ著名。
アカマツ材を用いた一木造（一部クスノキを使用）、秦河勝が
聖徳太子から賜った仏像と伝わる。
　乙訓寺は長岡京市にある真言宗寺院。聖徳太子の創建と伝
えられている。境内に1,000株以上あるというボタンの花で有
名。
　上品蓮台寺は真言宗智山派の寺院。聖徳太子が開基。国宝
の「絵因果経」の他、平安仏師定朝の墓がある。
　法観寺は臨済宗建仁寺派。「八坂塔」と呼ばれる五重塔（重文）
が有名。

29 解答

ア 広隆寺

建築・庭園・美術に関する記述について、最も適当なものをア～エから
選びなさい。

問 **30**
晩年に「天橋立図」（国宝）を描いたことで知られる水墨画の大家は誰か。

ア 周文　　　　**イ** 明兆

ウ 如拙　　　　**エ** 雪舟

　室町時代の水墨画家、**雪舟**が晩年に丹後の地を訪れて描いたのが「天橋立図」である。雪舟（1420〜1506）は備中（現・岡山県）出身。若き日に京都の相国寺で修行、絵は周文に師事、画僧となった。応仁元年（1467）に遣明船で中国に渡り、水墨画の技法を学ぶとともに、中国大陸の風景からも多くの啓示を得て帰国した。周防（現・山口県）の画房雲谷軒を拠点に各地を訪問、数多くの名作を残し、日本の水墨画の巨星として仰がれた。「天橋立図」は雪舟80歳ごろの代表作。天橋立を中心にした雄大な山水自然を水墨で生き生きと描いた真景図の傑作。

　周文（生没年不詳）は室町時代中期の相国寺の画僧。雪舟の師。後に室町幕府の御用絵師になった。

　明兆（1352〜1431）は室町時代初期の東福寺の画僧。力強く雄渾な墨線で描いた仏画の大画面「涅槃図」や「五百羅漢図」などが有名。

　如拙（生没年不詳）は室町時代初期の相国寺の画僧。周文の師。足利義持の命で描いた「瓢鮎図」が著名。

30 解答

エ 雪舟

4 芸術・文化に関する記述について、最も適当なものを ア～エ から選びなさい。

問 31

五条大橋の北西詰に塚があり、夏の涼をとる目的だけでなく能、舞、茶道、華道、寺院でも必需品とされる経済産業大臣指定伝統的工芸品は何か。

ア 京石工芸品　　イ 京漆器

ウ 京扇子　　エ 京小紋

　扇子は、奈良・平安時代から貴族の象徴として儀礼的に使われてきた。朝廷から特別の功績があった臣に下賜された。**京扇子**はこの伝統を継承しており、能、舞、茶道、華道、寺院でも必需品とされてきた。板扇と貼扇があり、金箔、銀箔、蒔絵（まきえ）などを施した高級美術品の扇子もあり、経済産業大臣指定伝統的工芸品になっている。五条大橋西詰には、かつて新善光寺（御影堂（みえいどう））という時宗寺院があり、そこで有名な御影堂扇が作られていたことから、寺周辺に多くの扇屋が集まっていた。その由来を伝える扇塚＝写真＝が造られている。

　京石工芸品は、比叡山麓から出る良質の花崗岩にも恵まれ、築城、造園、茶道と結びついて発展した。**京漆器**の主体は茶道具で蒔絵や螺鈿（らでん）を施した高級品が多い。**京小紋**は、友禅型染の技法を用いるが、他の小紋と違い多色であるのが特徴。いずれも経済産業大臣指定伝統的工芸品。

31 解答

ウ 京扇子

問
32

『古今和歌集』仮名序に「近き世にその名聞こえたる人」として紀貫之が挙げた六歌仙のうち、百夜通いの伝説でも知られる歌人は誰か。

ア 小野小町　　　　イ 紫式部

ウ 清少納言　　　　エ 菅原孝標女

　『古今和歌集』仮名序に紀貫之（きのつらゆき）によって六歌仙の一人として記され、「百夜通い（ももよがよ）」の伝説で知られる歌人といえば**小野小町**。出自や生没地などは諸説あるが、確かなことは分かっていない。百夜通いの伝説は、小町から「私のもとへ百日通えば求愛を受け入れる」旨を告げられた深草少将が、毎日通い続けて99日目の夜に大雪のために凍死するという悲恋の物語。能や歌舞伎の題材になっている。小町ゆかりの寺である隨心院（ずいしんいん）には、この伝説を主題にした「はねず踊り」が伝わっている。

　紫式部、**清少納言**、**菅原孝標女**（すがわらのたかすえのむすめ）は、ともに平安時代の女性文学者。紫式部は『源氏物語』、清少納言は『枕草子』、菅原孝標女は『更級日記』（さらしな）の作者として知られる。いずれも正確な生没年は不明。

32 解答

ア 小野小町

4 芸術・文化に関する記述について、最も適当なものを ア～エ から選びなさい。

問 33

高松神明神社が、源高明を祀る高明社を昨年（2022）に建立した。源高明が主人公のモデルという説もある、紫式部が記した平安文学作品は何か。

ア 枕草子

イ 今昔物語集

ウ 源氏物語

エ 徒然草

　源高明（みなもとのたかあきら）が主人公のモデルという説もある、紫式部が記した平安文学作品は、『**源氏物語**』である。高松神明神社＝写真＝は、醍醐天皇皇子の源高明が邸宅として高松殿を造営したとき、伊勢神宮から天照大御神（あまてらすおおみかみ）を勧請し祀ったのが始まりといわれる。高明の娘の明子は藤原道長（ふじわらのみちなが）と結婚し高松殿に住んだ。『源氏物語』は、全54帖に及ぶ長編小説。紫式部は、道長の娘の彰子（あきこ）（ショウシとも）に仕えた。王朝文化の最盛期の宮廷貴族の生活と内実を、光源氏という貴公子を主人公に女性たちを交えて、優雅に、かつ克明に描く。

　『**枕草子**』は、平安時代中期に一条天皇の中宮定子（さだこ）（テイシとも）に仕えた女房清少納言によって書かれた随筆集。およそ300の章段で構成されている。

　『**今昔物語集**』は、全31巻1,000余話、天竺（てんじく）（インド）、震旦（しんたん）（中国）、本朝（日本）の3部から成る説話集。

　『**徒然草**』は、鎌倉時代末期の随筆で卜部（うらべ）（吉田とも）兼好が著した。2巻、全244段から成る。

33 解答

ウ 源氏物語

4 芸術・文化に関する記述について、最も適当なものを**ア**～**エ**から選びなさい。

問34

鎌倉初期、宋より臨済禅とともに茶種と喫茶法を伝えた人物は誰か。

ア 明恵　　　　　**イ** 武野紹鷗

ウ 栄西　　　　　**エ** 能阿弥

　平安時代前期における喫茶は、唐代文化の一端として貴族たちに受け入れられた。そこに新たな息吹を吹き込んだのが**栄西**（ヨウサイとも）禅師（1141～1215）による茶種の招来である＝写真は建仁寺に立つ碑＝。二日酔いに悩む将軍源実朝に茶とともに、その効能や製法について栄西自らが著した書一巻『喫茶養生記』が献上されたという。ちなみに宋代の抹茶法は今日の茶道につながる。

　その後、栄西の手から栂尾茶の生みの親である**明恵**（1173～1232）に茶種が贈られ、そこを起点に各地に広められたと思われる。宇治茶業も、明恵が馬の蹄の跡に茶種を植えよと農民に説いた駒蹄影園を発祥の地と伝える。室町幕府の重鎮たちもそんな宇治茶業を厚く庇護した。15世紀後半、足利義政が将軍となり東山文化の時代を迎えると、書院造が発達し、**能阿弥**（1397～1471）、相阿弥など将軍に近侍した同朋衆は、唐物の鑑定から茶道に関わる装飾空間を演出した。

　武野紹鷗（1502～55）は16世紀前半の堺、会合衆と呼ばれる上層の町衆の一人で、村田珠光によって提示されたわび茶を理念として確立させた。

34 解答

ウ 栄西

問 35

古田織部好みの代表的な茶室で、茶道の家元である藪内家を象徴するものはどれか。

ア 傘亭　　　**イ** 蔵六庵

ウ 待庵　　　**エ** 燕庵

　傘亭は時雨亭とともに伏見城から高台寺に移されたと伝えられる茶室。『都林泉名勝図会』には「亭の天井丸くして傘をひろげたるがごとし」とあって、屋根裏の部材が放射状に展開する有様からその名がある。

　龍安寺の**蔵六庵**は、ある住持の居室を、千宗旦の門人だった僩首座が茶室に改めたもので、塔頭の西源寺から移設されたという。ちなみに蔵六とは、頭、尾、両手、両足の「六を蔵める」（甲羅に隠す）ことから亀を意味するという。

　待庵は天正10年（1582）、山崎に陣を敷いた羽柴（豊臣）秀吉が千利休を招き造らせたという茶室。利休が妙喜庵三世功叔和尚とともに秀吉に茶を点じた縁で、同庵に移築されたと伝わる。わずか二畳という極小の無駄を削ぎ落した空間は、利休が追求した究極の茶室として広く知られる。

　問の藪内家といえば**燕庵**である。初代剣仲に古田織部の妹が嫁いだといい、その縁で織部考案の茶室が譲られたと伝える。

35 解答

エ 燕庵

問
36

二代池坊専好が大成した、豪壮な客殿にふさわしい大瓶のいけばなを何というか。

ア 供華（くげ）　　イ 立華（りっか）
ウ 抛入花（なげいればな）　　エ 生花（しょうか）

　仏に花を供える**供華**（くげ）は、仏を供養する方法の一つとして経典に記されており、この風習が仏教伝来とともに日本列島に伝わって、いけばなの源流の一つとなった。

　平安時代以降、器に花を「立てる」という表現が史料上散見されるようになり、鎌倉時代から南北朝時代にかけて「たてはな」「たて花」「立花」（たてはな）という表記も登場する。これらは供華から発展したものであり、かつ座敷飾りの要素の一つとして客をもてなす役割も果たすようになった。

　室町時代、六角堂の僧侶である池坊が花の名手として世に知られるようになり、江戸時代初期に二代池坊専好が、多くの花や枝で構成される**立華**（りっか）＝写真＝を大成した。

　一方、立華より軽やかな花も室町時代から行われ、江戸時代前期には**抛入花**（なげいればな）の名で流行した。これが同時代中期から後期にかけて姿形を整え、**生花**（しょうか）（セイカとも）と呼ばれるようになった。

36 解答

イ 立華

4 芸術・文化に関する記述について、最も適当なものを ア 〜 エ から選びなさい。

問
37

「お豆腐狂言」をモットーに、狂言の普及に努める大蔵流狂言の家はどこか。

ア 茂山千五郎家 イ 山脇和泉家

ウ 山本東次郎家 エ 三宅藤九郎家

　これは3級の定番問題といえる。狂言と並んで能楽では、京都を拠点とする唯一の家元、金剛流の金剛家を問う問題もよく出されるので、あわせて覚えておきたい。

　茂山千五郎家といえば「お豆腐狂言」だが、その意味は「いつの世も、どなたからも広く愛される、飽きのこない、そして味わい深い」お豆腐のような狂言を目指そうというものである。

　選択肢に並ぶ4つの家は、全て狂言の家。**山脇和泉家**と**三宅藤九郎家**は和泉流狂言の家で、江戸時代に禁裏御用を務め、京流と呼ばれていたのは和泉流であった。宗家山脇和泉が尾張徳川家に召し抱えられた後、三宅藤九郎家は京都に残っていたが、明治維新後に宗家とともに東京に移った。

　山本東次郎家は、茂山家と同じ大蔵流の狂言の家だが、徳川幕府の武家式楽を伝え、東京で活動している。

37 解答

ア 茂山千五郎家

4 芸術・文化に関する記述について、最も適当なものをア～エから選びなさい。

問 **38**

江戸幕府から公許された四条河原の七カ所の常設芝居小屋をルーツとし、現在は歌舞伎をはじめとする多彩なジャンルのエンターテインメントの中心となっている劇場はどこか。

ア 京都芸術劇場 春秋座
イ 南座
ウ 京都劇場
エ ロームシアター京都

　南座といえば、毎年12月に行われる歌舞伎の顔見世興行である。京の師走の風物詩として有名であり、約ひと月間、東西の歌舞伎俳優が勢揃いするので、劇場のある四条通の鴨川から祇園にかけては、空気まで華やいで感じられる。ここは江戸時代から続く芝居小屋のうち、ただ一座が現代に残るという長い歴史を持つのである。顔見世では、まねき看板＝写真＝のことや、「まねき上げ」の行事についてもチェックしておきたい。

　京都芸術劇場 春秋座は、京都芸術大学にある本格的な劇場。**京都劇場**は京都駅ビル内にあり、劇団四季をはじめミュージカルや舞台公演が行われている。**ロームシアター京都**は、岡崎文化エリアの中核をなす劇場で、オペラ、ダンス、演劇、コンサートなど多様な催しが開催されている。

提供：南座（令和5年「吉例顔見世興行」より）

38 解答

イ 南座

4 芸術・文化に関する記述について、最も適当なものを **ア**～**エ** から選びなさい。

今年（2023）、歌舞練場が大改修を終え新開場された、祇園甲部の舞の流派はどれか。

ア 井上流   **イ** 若柳流

ウ 尾上流   **エ** 藤間流

　京都の五花街の舞踊はそれぞれに、日本舞踊の各流儀に従っている。祇園甲部は京舞**井上流**、宮川町は**若柳流**、先斗町は**尾上流**、上七軒は花柳流、祇園東は**藤間流**である。花街の舞踊は主にお茶屋の宴席で披露されるが、大きな舞台で公演を催して、一般に公開される機会もある。

　代表的な公演は、祇園甲部では「都をどり」が祇園甲部歌舞練場＝写真＝で、宮川町では「京おどり」が宮川町歌舞練場で、先斗町では「鴨川をどり」が先斗町歌舞練場で、上七軒では「北野をどり」が上七軒歌舞練場で、祇園東では「祇園をどり」が祇園会館にて行われている。各歌舞練場は建築学的にも価値が高くて、例えば大正2年（1913）に竣工された祇園甲部歌舞練場は、国の登録有形文化財に指定されている。入母屋造の瓦葺屋根に千鳥破風をしつらえた檜材による木造2階建ての劇場建築である。令和5年（2023）には、耐震補強などを伴う「令和の大改修」を終えた。現在、宮川町歌舞練場は改修中で、令和6年の京おどりは京都芸術劇場 春秋座で開催された。

39 解答

ア 井上流

芸術・文化に関する記述について、最も適当なものをア〜エから選びなさい。

問 40

8月1日に芸舞妓が正装の黒紋付で、研鑽（けんさん）を積む芸事の師匠やお茶屋などに挨拶回りをすることを何というか。

ア 初寄り　　　　イ 始業式
ウ 事始め　　　　エ 八朔

　習わしを大切にする花街では、古くからの伝統行事を守っている。それらの行事はテレビニュースなどでも伝えられ、京都の風物詩ともなっている。

　花街の仕事始めに当たるのは**始業式**である。祇園甲部（こうぶ）、宮川町、先斗町（ぽんと）、祇園東では1月7日に、上七軒では9日に開催。優秀な芸舞妓の表彰式、祝賀の舞踊が披露されるなど、厳かにも華やかに執り行われる。13日には祇園甲部の京舞井上流の稽古場にて、稽古始めの**初寄り**が開かれる。

　8月1日の**八朔**（はっさく）は、世話になった人のもとに挨拶に行く慣習で、芸事などの弟子たちが師匠宅へ、商家の分家が本家宅などへお礼まいりに出向く。花街では、芸舞妓が絽の黒の正装に髪を奴島田（やっこしまだ）や島田に結い上げて、師匠宅などを巡る。

　12月13日の**事始め**も先方の恩義に感謝する行事。迎春の準備に入る区切りの日でもあり、花街の芸舞妓は師匠らに一年間のお礼とともに、来年の精進を誓う。

40 解答

エ 八朔

5 祭りと行事に関する記述について、最も適当なものを **ア**～**エ** から選びなさい。

問 **41**

法界寺で1月14日に行われる修正会の結願行事で、地元の信者が下帯のみで「頂礼、頂礼」と激しくぶつかり合う踊りはどれか。

ア ヤッサ踊り **イ** はねず踊り
ウ 題目踊り **エ** 裸踊り

日野の法界寺では毎年1月の修正会最終日の14日夜に、結願行事として**裸踊り**＝写真＝が行われる。下帯だけの男性信者たちが少年と青壮年の2組に分かれて阿弥陀堂の周囲で体をぶつけ合い、頭の上で合掌しながら「頂礼、頂礼」と声を発して、天下泰平と五穀豊穣を祈願する。本尊薬師如来立像（重文）には、日野家伝来の薬師如来の小像が胎内に収められていることから、子授け、安産、授乳のご利益があるとされ、同寺は日野薬師、乳薬師とも呼ばれる。裸踊りに用いられた下帯は妊婦の腹帯によいとの信仰も集める。

ヤッサ踊りは、広河原で8月24日の松上げの後に行われ、盆踊りの古い形態を伝える。**はねず踊り**は3月、隨心院に伝わる小野小町にちなむ「百夜通い」を主題に小学生の少女たちが踊る。**題目踊り**は、8月15、16日夜に松ヶ崎の涌泉寺境内で催される。16日夜は裏山に灯した京都五山送り火「妙法」を終えた後に行われる。

41 解答

エ 裸踊り

<table>
<tr><td>問
42</td><td>北野天満宮では、祭神である菅原道真の縁日に「天神さん」として親しまれる市が毎月開催される。その年最初の縁日を「初天神」というが、それはいつか。</td></tr>
</table>

ア 1月4日　　　　　イ 1月10日

ウ 1月21日　　　　エ 1月25日

　学問の神様、菅原道真(すがわらのみちざね)は、誕生日も命日も25日。そこで毎月25日が「天神さん」の縁日となり、菅原道真を祀る北野天満宮の境内に市が立ってにぎわう。京都で昔から続く二大青空市といえば、「天神さん」と「弘法さん」。「弘法さん」は弘法大師空海が入定(にゅうじょう)した21日に毎月、東寺(とうじ)で御影供法要(みえく)が行われている。そのお参りに合わせて東寺の境内に露店が並び、弘法市が立つ。

　とりわけ1年最初の縁日は、1月21日が「初弘法」、1月25日が「初天神」、また1年最後の12月の縁日は「終い弘法(しまい)」「終い天神」として、年末年始の京の風物詩となっている。

　1月4日は蹴鞠初め(けまり)(下鴨神社)、1月10日は商売繁盛を祈る初ゑびす(恵美須神社他)の日である。

42 解答

エ 1月25日

問
43

壬生寺で行われる節分会で奉納された炮烙を割る「炮烙割」の演目が上演される大念仏狂言はどれか。

ア 壬生大念仏狂言　　イ 嵯峨大念仏狂言

ウ ゑんま堂大念仏狂言　エ 神泉苑大念仏狂言

大念仏狂言は、京都では4つの保存会（講）が継承している。

壬生寺の**壬生大念佛狂言**は、正安2年（1300）に、壬生寺中興の祖、円覚上人が融通念仏を分かりやすく伝えるために始めた宗教劇。壬生大念佛講が継承し、上演曲目は「炮烙割」＝写真＝をはじめ30番を伝承してきた。重要無形民俗文化財で、節分、春、秋に上演される。

清凉寺の**嵯峨大念佛狂言**は重要無形民俗文化財で、春と秋、お松明式と嵐山もみじ祭に上演。円覚上人の母親がモデルという演目「百萬」が伝わる。

引接寺の**ゑんま堂大念佛狂言**は、平安時代当時・恵心僧都源信門弟の定覚上人が住職であったとき、大念佛狂言を取り入れた。開基小野篁卿は閻魔大王に仕えた伝説があり、番組「えんま庁」で幕が上がる。京都市登録無形民俗文化財。

平安京禁苑神泉苑の**神泉苑狂言**は、明治36年（1903）、壬生狂言衆と三条台若中、地域住民が協力し、神泉苑大念佛講社を結成。京都市登録無形民俗文化財である。

43 解答

ア 壬生大念仏狂言

5 祭りと行事に関する記述について、最も適当なものをア～エから選びなさい。

問
44

花山天皇が桜をお手植えされた古例により、毎年4月10日に桜花祭が行われる。境内の桜は約60種に及び、夜桜の名所としても知られるこの神社はどこか。

ア 藤森神社 　　　　 イ 城南宮

ウ 長岡天満宮 　　　 エ 平野神社

平野神社では、生命力を高める象徴として平安時代より桜の木が植樹されてきた。ここに珍しい種類が多いのは、当社が臣籍降下した氏族の氏神でもあったことから、各公家が伝来の家のしるしとなる桜を奉納したからと伝えられている。当社の木が原木となっている種類も多く、1カ月にわたってさまざまな桜を愛でることができる＝写真は桜花祭＝。

伏見区の**藤森神社**は「アジサイの宮」とも呼ばれ、境内2カ所のアジサイ苑には約3,500株が植えられている。毎年6月には「紫陽花まつり」が開催される。

長岡京市の**長岡天満宮**の参道や境内には、1,000株ものキリシマツツジが植えられており、うち100株は長岡京市の天然記念物に指定されている。

伏見区の**城南宮**には広大な神苑があり、『源氏物語』に登場する約80種の植物が四季折々に境内を彩り、参拝者を楽しませている。

44 解答

エ 平野神社

5 祭りと行事に関する記述について、最も適当なものをア〜エから選びなさい。

問 45

今年（2023）、葵祭「路頭の儀」が4年ぶりに開催された。勅使や斎王代などの行列が下鴨神社に向け出発するのはどこか。

ア 京都市役所　　**イ** 石清水八幡宮
ウ 八坂神社　　　**エ** 京都御所

　京都三大祭の一つである葵祭は、天皇の使者である勅使が宮内庁から派遣されて祭りに参加する三勅祭の一つでもある。その葵祭で「路頭の儀」＝写真＝と呼ばれる行列が出発する場所は**京都御所**である。午前10時に進発の儀が行われ、行列の先頭が建礼門前を出発すると、まずは下鴨神社を目指し、最終的には上賀茂神社に到着する。

　京都三大祭といえば、この葵祭（5月15日）と祇園祭（7月1〜31日）、時代祭（10月22日）の3つであり、夏の祇園祭は**八坂神社**の祭礼である。

　石清水八幡宮では、石清水祭（9月15日）が行われる。これは葵祭、奈良の春日大社の春日祭とともに三勅祭に数えられる。葵祭は、京都三大祭と三勅祭のいずれにも含まれるので、これらを混同しないよう理解しておきたい。

　京都市役所は、祇園祭のくじ取り式（7月2日）が、京都市長の立会いのもと市会議場で行われる。

45 解答

エ 京都御所

5 祭りと行事に関する記述について、最も適当なものを**ア**〜**エ**から選びなさい。

問
46

祇園祭の山鉾巡行で、四条河原町や河原町御池などの交差点で山鉾が方向転換することを何というか。

ア 斎竹建て

イ 辻廻し

ウ 戻り囃子

エ 曳初め

　大きな車輪をつけた祇園祭の山鉾は、直進することはできるが、角を曲がるなどの方向転換はできない。そこで大きな交差点では、人力に頼って90度の方向転換をするのだが、これを**辻廻し**(つじまわし)という。見物客には迫力ある見どころとなっており、大きな拍手に包まれる。前祭(さきまつり)と後祭(あとまつり)で巡行ルートは逆になるが、四条河原町と河原町御池の交差点が辻廻しの見どころとなるのは同じである。

　斎竹建て(いみたけ)は、前祭の巡行2日前の早朝、四条麩屋町(ふやちょう)角に葉付きの青竹を建てる行事。17日の巡行で稚児が注連縄(しめなわ)切りをする見せ場があるが、その注連縄を張るための斎竹を建てる。

　戻り囃子(ばやし)は、行きの優雅な曲調に対して、後半に転調する軽快でアップテンポのお囃子を総称してこう呼ぶ。

　曳初め(ひきぞ)は、山鉾建てが終わったばかりの鉾や曳山(ひきやま)を、試し曳きすること。前祭と後祭、いずれもいくつかの決まった山鉾が曳初めを行っている。

46 解答

イ 辻廻し

問
47

盂蘭盆の時期になると先祖の霊を迎え、家々で
丁重にもてなし、8月16日の五山の送り火で再
びあの世へと送る。その先祖の霊を何と呼ぶか。

ア お精霊さん　　　イ 聖天さん

ウ 鎮宅さん　　　　エ 虚空蔵さん

　京都ではご先祖様の御魂（みたま）を**お精霊さん**という。六道珍皇寺
などの寺院では、8月初旬にこのお精霊さんをこの世にお迎
えする「六道まいり」が行われる。
　聖天さんは大聖歓喜天（だいしょうかんぎてん）という仏教を守護する天部で、ヒン
ドゥー教における破壊神シヴァの息子であるガネーシャを指
す。手のつけられない暴れん坊であり、それを十一面観世音
様が諫められ、双身仏として今も足を踏まれている。金運向
上をはじめさまざまな現世利益をもたらすとして、仏教に取
り込まれた。象頭人身像で秘仏が多い。お供え菓子、清浄歓（せいじょうかん）
喜団（きだん）を今に伝える。「山科聖天」双林院、「西陣聖天」雨宝院（うほういん）、
「山崎聖天」観音寺、「嵯峨聖天」覚勝院（かくしょういん）、「東山聖天」香雪院（こうせついん）、
「銭司聖天」（ぜずしょうてん）聖法院などがある。
　鎮宅さんは、閑臥庵（かんがあん）の通称。江戸時代前期に、後水尾法皇（ごみずのお）
があつく信仰した鎮宅霊符神（ちんたくれいふじん）を、貴船の奥の院から京都御所
紫宸殿の真北に勧請し祀ったのが創始。方位や厄除けの神。
　虚空蔵さんは、嵐山の虚空蔵法輪寺（ほうりんじ）の通称。平安時代に空
海の高弟道昌僧正（どうしょう）が、虚空蔵菩薩を本尊として安置し、寺を
中興した。智慧授けの御仏で、13歳になった子どもが智慧や
福徳を授かる「十三まいり」で知られる。

47 解答

ア お精霊さん

問48

昨年（2022）、民俗芸能「風流踊」がユネスコ無形文化遺産に登録された。かつては月に六日ある忌み日に行われていたとされ、鉦や太鼓で囃し、念仏を唱えながら踊る民俗芸能は何か。

ア 薪能 　　　　イ 六斎念仏

ウ 神楽 　　　　エ 狂言

　京都の**六斎念仏**は、平安時代に空也上人が始めた踊躍念仏（ゆやくねんぶつ）が起源ともいう。六斎日に行われていたが、現在はお盆を中心に行われている。念仏主体の念仏六斎とさまざまな芸能を取り入れた芸能六斎があり、15の保存会が継承している。

　京都**薪能**は京都市と京都能楽会の共催で、昭和25年（1950）に始められた6月の京の年中行事。平安神宮拝殿前の特設能舞台で上演される。

　神楽は神代の天鈿女命（あめのうずめのみこと）の舞が起源とされる。天鈿女命を祭神とする上賀茂神社摂社の大田神社には、「チャンポン神楽」と呼ばれる日本最古の形を残すとされる里神楽「大田神社巫女神楽」が伝えられ、京都市の無形文化財に登録されている。

　狂言は室町時代に確立された風刺劇。大蔵、鷺（さぎ）、和泉（いずみ）の3流があったが、江戸時代後期の京都では彦根藩主井伊家に召し抱えられた大蔵流茂山千五郎家が台頭し、狂言界を牽引してきた。

48 解答

イ 六斎念仏

5 祭りと行事に関する記述について、最も適当なものを **ア** ～ **エ** から選びなさい。

問 49

平安遷都1100年を記念して始まった、各時代の衣装や道具を身に着けた時代風俗行列が練り歩く10月22日の平安神宮の祭はどれか。

ア 嵯峨祭 　　　　　　 **イ** 花傘祭

ウ 時代祭 　　　　　　 **エ** 粟田祭

　祭りと行事に関する3級の対策では、葵祭と祇園祭、時代祭の京都三大祭から、まず勉強を始めたい。10月22日の平安神宮の祭礼で時代風俗行列といえば、**時代祭**＝写真＝であることが分かる。この時代祭については、朝に平安神宮を出発して、最終平安神宮に戻るまでの行列のコース、そして「ピーヒャラ、ピッピッ」の鼓笛が響く維新勤王隊列に始まる主な時代行列とその特徴、時代ごとの婦人列なども把握しておこう。

　嵯峨祭は、愛宕神社と野宮神社の祭礼で、5月第3日曜が神幸祭、その1週間後が還幸祭となる。

　花傘祭は伏見祭の別名で、洛南の大祭とされる御香宮神社の祭礼（10月上旬頃）である。

　同じく10月の祭りとなる粟田神社の**粟田祭**は、夜渡り神事や剣鉾差しで知られる。この剣鉾差しは、祇園祭山鉾の原形ともいわれている。

49 解答

ウ 時代祭

⑤ 祭りと行事に関する記述について、最も適当なものを ア～エ から選びなさい。

問 50

冬至の日に食べると中風除けや諸病退散になるといわれることから、12月23日に一年の無病息災を祈願し、矢田寺で参拝者にふるまわれるものは何か。

ア 菊酒

イ びわ湯

ウ お粥

エ かぼちゃ

　寺社の催事の中には、参拝者らに食べ物や飲み物がふるまわれる行事もある。

　1月15日の小正月、下鴨神社の御粥祭（御扉開神事）では五穀豊穣と国家国民の安泰を祈願して、神前に小豆粥と大豆粥が奉じられ、一般の人たちにも**お粥**が供される。7月25日の真如堂の宝物虫払会では、当寺秘伝の暑気払いの**枇杷湯**の接待が行われる。9月9日の重陽の節句の日、車折神社の重陽祭においては、祭典の終了後に菊の花を浸した**菊酒**がふるまわれる。

　12月23日に矢田寺で開催されるかぼちゃ供養では「冬至の日に**かぼちゃ**を食べると中風などの諸病除けになる」とのいわれから、本堂前に置かれた大かぼちゃを参拝者が撫でて成就を祈る。さらに調理されたかぼちゃが提供され、健康を願う人々が列をなす。

50 解答

エ かぼちゃ

6 京料理、京菓子に関する記述について、最も適当なものを ア ～ エ から選びなさい。

問 51

昨年（2022）、「京料理」が国の登録無形文化財となった。京料理のルーツの一つとされ、禅宗寺院を中心に発展し、肉などを使わない料理を何というか。

ア 大饗料理　　イ 本膳料理

ウ 精進料理　　エ 有職料理

　中国より禅宗が本格的に伝来した鎌倉時代。禅宗寺院で調理され、禅僧に食されていた料理も伝えられた。肉食を忌避して、野菜や穀類などの植物性の食材を用いた**精進料理**と呼ばれる様式である。精進料理の特徴の一つは、味噌や胡麻油などの調味料を用いて動物性食物の持つ味わいを表現し、見た目も肉料理に似せるなどの調理技術を工夫したことにもあった。

　平安時代の貴族が儀式に供した**大饗料理**（オオアエとも）は、精進料理のような味付けを伴う調理法は少なく、食事時に調味料をつけて食べることが多かったと推測されている。室町時代の武家政権のもとでは、大饗料理の儀式形式を踏まえつつ、精進料理の調理法を取り入れた**本膳料理**が興った。本膳料理は昆布と鰹節による出汁を完成させるなど、今日の日本料理の基本を確立した。**有職料理**とは大饗料理から発展した公家風の料理のこと。

51 解答

ウ 精進料理

6 京料理、京菓子に関する記述について、最も適当なものをア～エから
選びなさい。

問
52

毎月決まった日の献立で、家中が「まめ」で暮
らせるようにと願い、毎月1日にうるち米と一
緒に炊くものはどれか。

ア 栗　　　　　　　イ ひじき

ウ 小豆　　　　　　エ 筍

京都には毎月の献立で、「何日には何を食べる」と決まった
日に食べるものがある。例えば毎月1日は、うるち米に**小豆**
を入れて炊く小豆ごはん。これは家中が「まめ」に暮らせるよ
うにと願ってのことだとされている。同様に1日に食べるに
しん昆布は、渋みのあるにしんと昆布で「しぶう、こぶう暮
らす」との願いが込められているのだとか。また、毎月8の
つく日（8日、18日、28日）はあらめとお揚げさん。毎月末日
はおから、といった具合である。

この出題は3級には一見難しそうだが、しかし落ち着いて
問題を読むと、答えはおのずと出てくるようになっている。
一年を通して毎月1日に食べる献立なのだから、**栗**や**筍**とい
う季節性のある食材はあり得ない。「まめ」に暮らせるように
といえば、**ひじき**でもないことが分かるだろう。

52 解答

ウ 小豆

6 京料理、京菓子に関する記述について、最も適当なものを ア ～ エ から
選びなさい。

問
53

若狭から届くひと塩ものを用い、季節を問わず
祭や行事に欠かせないものはどれか。

ア 鱧落とし
イ 鯖寿司
ウ 赤貝ととり貝のてっぱい
エ 錬蕎麦

交通手段が乏しかった昔、海から離れた京都では鮮魚の入
手が難しかったため、貴重な魚類を調理する特別の技術が見
出されて、京都ならではの魚料理の名物を作り出してきた。

若狭湾で水揚げされた鯖に塩を施した「ひと塩もの」は、若
狭と京都を結ぶ若狭街道（鯖街道）を「担ぎ」によって運ばれ
た。京都に到着するころには、塩がまわって身がしまり旨み
が熟成していた。この鯖を酢でしめ、寿司飯にのせて昆布で
風味をつけて、竹皮で包みこんだ**鯖寿司**は、祭りなどのハレ
の日のご馳走として各家庭で調理された。また、鯖寿司を得
意とする名店も現れた。

鱧落としは、小骨の多い鱧の身を「骨切り」という包丁さば
きで調理して、湯引きした料理。鱧料理は祇園祭には欠かせ
ない献立であり、祇園祭を「鱧祭」の異名で呼ぶほどである。
雛祭りには、**赤貝ととり貝のてっぱい**（鉄砲和え）などの貝料
理が調理される。**錬蕎麦**は、北海道の身欠き錬を水で戻して
甘辛く炊き、蕎麦の上に乗せて温かい出汁をかける。

53 解答

イ 鯖寿司

6 京料理、京菓子に関する記述について、最も適当なものをア～エから選びなさい。

問 **54**

「芽が出る」として縁起物に用いられ、正月料理に欠かせない京野菜はどれか。

ア くわい

イ 万願寺とうがらし

ウ みず菜

エ 京うど

正月料理には、縁起を担いだものが多い。お節料理のお重に詰める**くわい**＝写真＝の煮物もその一つ。くわいは地下茎の先端にできる塊茎を食用とする。くわいの塊茎は丸くて、大きな芽が出るのが特徴で、「芽が出る」ことにかけて「お目出度い」と転じているのだ。調理する折には、芽が取れないように心がけることが必定。煮崩れすることはなく、ホクホクとした食感で、ほのかな苦みがある。「京の伝統野菜」に認定されているくわいの栽培は古くて、豊臣秀吉が築いた御土居の造営によってできた低湿地帯に植え付けられたのを始まりとしている。

みず菜と**京うど**も京の伝統野菜。みず菜は10世紀前半に編まれた『倭名類聚抄』（和名抄とも）に菘（ミズナ）の名前が初めて記載された緑葉野菜。「京菜」とも呼ばれている。京うどは江戸時代に伏見の篤農家によって栽培法が確立された。茎が太くて白く、軟らかいのが特徴。万願寺甘とう（**万願寺とうがらし**）は「ブランド京野菜（京のブランド産品）」の第一号として認証された甘くて香り高い唐辛子。

提供：（公社）京のふるさと産品協会

54 解答

ア くわい

問
55

京都のうどんや鍋料理にも使われる、魚介の生
臭さを消したり、体を温めたりする効果がある
京野菜はどれか。

⑦ 花菜　　　　　☒ じゅんさい

☉ もぎなす　　　☲ 九条ねぎ

　九条ねぎ＝写真＝は、市内で栽培されている野菜の中でも、
栽培面積の広い品目の一つである。青い部分が多い葉ねぎで、
カロテンやビタミンBを含み、体を温める効果がある。味噌汁
や麺類などの薬味に適した細ねぎと、すき焼きや鴨ねぎなど
に合う太ねぎの2系統があり、料理によって使い分けられて
いる。「京の伝統野菜」の中で最もよく知られている野菜でも
あり、栽培の歴史はきわめて古く、京都に導入されて以来、
周辺で栽培が続けられていたと記録されている。

　もぎなすと**じゅんさい**も京の伝統野菜。もぎなすは、慶應
年間から明治の初年ごろに、在来のなすの中から偶然に早生
で草丈の低い系統が生まれたと考えられる。じゅんさいは、
深泥池（ミドロガイケとも）に自生していたものが知られてい
たが、京都での採取は減少した。**花菜**は京の伝統野菜に準じ
る。古くは燈火用の油を絞る用途であったが、明治時代以降
は北白川の「白川女の花売り」によって栽培され、観賞用の花
として扱われた。現在の花菜は切花用の「伏見寒咲なたね」を
食用に蕾だけ摘み取ったもの。

提供：（公社）京のふるさと産品協会

55 解答

☲ 九条ねぎ

6 京料理、京菓子に関する記述について、最も適当なものを **ア**〜**エ** から
選びなさい。

問
56

菱餅や草餅と並んで雛祭りに欠かせない菓子
で、宮中の祝儀に用いられた戴餅がルーツとさ
れるのはどれか。

ア はなびら餅   **イ** 引千切

ウ 豆餅   **エ** 真盛豆

　3月3日の雛祭りに欠かせない京の餅菓子は、**引千切**＝イ
ラストはイメージ＝である。これは宮中で祝儀に用いられた
戴餅がルーツとされている。餅の先端を引きちぎって作るの
で「引千切」。そこにきんとんや餡玉をのせてある。「あこや」
ともいう。

　はなびら餅は、茶の湯の裏千家初釜で用いられることから、
新春を寿ぐ京菓子となっているが、これは宮中での新年行事
にいただく御菱葩が原型である。白い丸餅に紅の菱餅と白味
噌餡を置き、ごぼうの甘煮をはさんで二つ折りにしてある。

　豆餅と**真盛豆**は、年中行事に食べる行事菓子ではない。黒
豆入りの豆餅は、京都の行列店として有名になっている餅屋
もある。

　真盛豆は、元来は天台真盛宗の開祖真盛上人が辻説法でふ
るまった伝統の豆菓子であり、北野大茶湯で豊臣秀吉がほめ
たことで知られるようになった。

56 解答

イ 引千切

問 57

祇園祭の長刀鉾の稚児社参が行われる7月13日
に供えられる菓子は何か。

ア あぶり餅 　　　イ 麦代餅

ウ 稚児餅 　　　エ 洲浜

　祇園祭の長刀鉾稚児社参と久世駒形稚児社参が行われる7
月13日、八坂神社の門前にある中村楼では、**稚児餅**＝写真＝
が調製される。稚児餅は竹串に刺した餅に味噌だれを塗り、
炭火で炙って調えられる。竹の皮に包まれた稚児餅は、正装
した中村楼主人によって、八坂神社の神前に奉納される。「お
位」を授かる社参の儀を終えて中村楼を訪れた稚児にも、稚
児餅がふるまわれる。

　稚児餅から発想されたお菓子もある。三條若狭屋の「祇園
ちご餅」は、求肥の中に白味噌餡を入れて表面に氷餅をまぶし、
竹串に刺して竹皮風の紙で包まれたもの。通年販売しており、
京土産としても人気がある。

　あぶり餅は、今宮神社の門前茶屋で古来売られていた名物。
白味噌のたれをからめた串餅である。**麦代餅**は、農繁期の間
食として食べられていた餅で、現在は中村軒が製菓する。**洲
浜**は大豆粉と砂糖、水飴を練り合わせて成形したお菓子。

57 解答

ウ 稚児餅

6 京料理、京菓子に関する記述について、最も適当なものを ア～エ から選びなさい。

問
58

1000年以上の歴史をもつ御霊神社（上御霊神社）の門前名物で、薄く伸ばした生地を短冊状に切り、両面を銅板で焼いた菓子は何か。

ア 唐板　　　　　　イ 松風

ウ 幽霊子育飴　　　エ やきもち

疫病が大流行した貞観5年（863）、時の清和天皇の勅命により神泉苑で御霊会が執り行われ、その折に誕生したのが疫病除けの「唐板煎餅」であった。ところが室町時代の応仁・文明の乱の混乱により、唐板煎餅も途絶えてしまった。乱後、御霊神社で茶店を営んだ水田玉雲堂の遠祖が、古書を頼りに唐板煎餅を復活。現在もなお上御霊神社の門前菓子「**唐板**」として作り続けられている。砂糖と小麦粉、卵を材料として、ごく薄くのばした生地を短冊状に切りそろえ、一文字鍋で手焼きにより製菓されている。上品な煎餅で、茶事の干菓子にも用いられている。

松風は西本願寺の門前に店を構える亀屋陸奥の代表銘菓。西本願寺の供饌菓子にも使われている。**幽霊子育飴**は六道参りの地である六原（六波羅とも）のみなとや幽霊子育飴本舗が、昔ながらの製法で作る麦芽糖の飴。**やきもち**は上賀茂神社の門前菓子。神馬堂が有名。

58 解答

ア 唐板

問
59

鳥羽の造り道の名物で、「せき」という娘が編み笠の上に餅を並べて売ったのが最初といわれる、餅の上につぶ餡をのせた菓子はどれか。

ア かしわ餅　　イ 鳩餅

ウ 粟餅　　エ おせき餅

交通の要衝(ようしょう)であった鳥羽街道の名物餅は、**おせき餅**である。現在は国道1号線城南宮前に店があり、参拝客にも土産として喜ばれている。江戸時代にはせきという娘が、鳥羽の街道を行く旅人を相手に茶菓として売ったのが最初であった。白餅と草餅の2種類があり、その上にたっぷりの粒餡がのっている。おせきさんはこれを編み笠の裏に並べて売ったという。

かしわ餅は、5月5日の端午(たんご)の節句にいただく。小豆餡(あずきあん)の他、味噌餡(みそあん)があるのが京都の特徴だ。

鳩餅(はと)は、三宅八幡宮の境内で販売されている名物餅。神の使いとされる鳩をかたどってあり、ニッキや抹茶の風味がある。

粟餅(あわ)は、北野天満宮の門前茶屋で売られている名物餅。つきたての粟餅をこし餡ときな粉の2種類でいただく。

59 解答

エ おせき餅

6 京料理、京菓子に関する記述について、最も適当なものをア～エから選びなさい。

<table>
<tr><td rowspan="1">問
60</td><td>文化庁が「100年フード」に認定した、家から持ってきたみそ玉となすや鰊(にしん)、自生しているみつばやセリなどを加え、番茶を注いで食す、インスタント味噌汁の先駆けともいわれる宇治田原町の郷土料理は何か。</td></tr>
</table>

ア	茶汁	イ	鱧寿司
ウ	湯豆腐	エ	からしそば

　文化庁が認定する「100年フード」に選ばれたのは、宇治田原町湯屋谷地区に伝わる郷土料理の**茶汁**(ちゃじる)＝写真＝。「世代を超えて受け継がれ、長く地域で愛されてきたもの」との選考基準を満たし、「江戸時代から続く郷土料理」部門での認定が決まった。町制60周年の記念献立として、学校給食に茶汁など郷土料理や地場産品中心のメニューを導入するなど、児童生徒に地域の食文化を伝える取り組みも評価につながった。

　茶汁は農作業の際の昼食として、家庭からみそ玉を入れたお椀を携行し、たき火で焼いたなすやニシン、自生しているみつばやセリを加えて、番茶を注いで食べてきたもの。地元では、これを地域おこしの強力な武器にしようと、現代風にアレンジした茶汁をメインにしたメニューを用意するなど、まちの魅力発信に力を入れている。

60 解答

ア 茶汁

7 ならわし、ことばと伝説、地名に関する記述について、最も適当なものを
ア～エから選びなさい。

問 61

婚礼時には橋を渡らないように遠回りをすると
いわれている橋はどこか。

ア 一文橋 　　**イ** 一条戻橋

ウ 観月橋 　　**エ** 巽橋

　歴史的エピソードのある京都の有名な橋、といえば、この
橋を忘れてはならない。それが洛中にある**一条戻橋**（いちじょうもどりばし）＝写真
＝。堀川に架かるささやかな橋だが、その位置は平安京造営
時から変わっていない。平安時代初期、文章博士（もんじょう）だった三善
清行（きよゆき）（キヨツラとも）を送る葬列に、修行先から駆けつけた息
子がこの橋の上で棺（ひつぎ）にすがって祈ると、父が一時生き返った
ことから、戻橋の名がある。第2次世界大戦中には出兵兵士
がこの橋から出発し、無事戻れるよう願ったことでも知られ
ている。一方、婚礼時には「戻り」はタブーなので、花嫁はこ
の橋を渡らず、遠回りするのが慣習となっていた。
　一文橋（いちもんばし）は西国街道（さいごく）に架かる橋。日本最初の有料橋として、
室町時代ごろに1回1文の通行料を取ったのでこの名がある。
　観月橋は宇治川に架かる橋。橋は古くから架けられていた
が、観月橋の名は明治時代以降のものである。
　巽橋（たつみばし）は祇園白川（しらかわ）に架かる小橋。橋の名は目の前にある辰巳（たつみ）
大明神にちなみ、石畳の道には吉井勇（いさむ）の歌碑がある。

61 解答

イ 一条戻橋

7 ならわし、ことばと伝説、地名に関する記述について、最も適当なものを
ア～エから選びなさい。

問 62

生後初めて食べ物を口にする儀式「食べ初め」
のとき、尾頭付き、赤飯、吸い物、なますとと
もに「歯が丈夫になるように」という願いを込
めて添えられる風習があるものはどれか。

ア 筆　　　　　　　イ 万年青

ウ 石　　　　　　　エ 炭

22回3級

23回3級

23回2級

23回1級

「食い初め」の膳に添えられるのが歯かため**石**である。「食
い初め」の発祥は、市比賣神社の「五十日百日之祝」。生後50
日目か100日目にこの社から五十顆之餅を授かり、子どもの口
に含ませていた。現在も歯かため石と五十顆之餅、箸をセッ
トで授与している。

胎毛筆は、生まれて初めて切った毛で作り頭脳明晰、達筆
祈願をする。

万年青は長寿を象徴する縁起物の植物で、徳川家康が江戸
城入城時に徳川家の繁栄を祈り献上された故事から、転居祝
いなどに使われる。久能山東照宮、北野天満宮国宝拝殿楽の
間の蟇股など、全国の文化財に万年青の彫刻がある。

炭は邪悪を祓うといい、茶道においてお正月の床の間の蓬
莱山飾りに使う。三宝の四方に奉書を垂れ、洗い米を敷き、
胴炭を2本縦に並べて置き、上に輪胴を載せ、昆布、熨斗鮑
を添える。上に橙、前に海老を飾る。

62 解答

ウ 石

7 ならわし、ことばと伝説、地名に関する記述について、最も適当なものを **ア**～**エ** から選びなさい。

問 **63**

「南北の通りを北へ行く」という意味の京ことばはどれか。

ア 上がる **イ** 下がる

ウ 東入る **エ** 西入る

　京都では「南北の通りを北へ行く」ことを「○○通を **上がる**」と言う。そして「南北の通りを南へ行く」場合は、「○○通を **下がる**」と言う。京都のまち歩きに即して言えば、烏丸通を四条から三条へ向かうときは「上がる」、四条から五条、京都駅方面へ行くときは「下がる」と言う。

　では「東西の通りを東へ行く」ことはどう言うか。例えば、四条通を烏丸から東へ行くときは「四条烏丸を **東入る**」、あるいは「四条烏丸を東に入ってください」と言う。また「西へ行く」場合は、「四条烏丸を **西入る**」、あるいは「四条烏丸を西に入ったら」などと言う。

　京都のまちを歩くときには、この「上がる」「下がる」「東入る」「西入る」をぜひとも理解しておきたい。これに加えて「まるたけえびす」の京の通り名歌が頭に入っていれば、京都の碁盤の目状のまちなか歩きに困ることはないだろう。

63 解答

ア 上がる

7 ならわし、ことばと伝説、地名に関する記述について、最も適当なものを
ア〜エから選びなさい。

問 64

京ことばで「ムシヤシナイ」とはどういう意味か。

ア 包丁　　　　　　　**イ** 着物
ウ 軽食　　　　　　　**エ** かまど

「ムシヤシナイ」とは、お腹の虫に食物を与えて養うの意味から、空腹を一時的にしのぐ軽い食事、すなわち**軽食**を指す。「ムシヤシナイにでも、しとおくれやす」と、差し入れをいただいたりする。まったく同じ意味で、「ムシオサエ」と言う場合もある。

着物は幼児語、あるいは女性語として「べべ」という。着物に必需だった紅染めの紅の「べ」を重ねたもので、古く室町時代からこういう言い方をしていたようだが、京ことばといえるかどうか。

包丁は京ことばで「ナガタン」。ただし、これは菜切包丁のこと。包丁は本来、魚や鳥を切るための道具で、野菜用の菜刀は区別して呼ばれ、「ナカタナ」が「ナガタン」に変化したとされている。

かまどの京ことばは「おくどさん」。かまどを指す火処が「くど」に変化したとされている。

64 解答

ウ 軽食

071

7 ならわし、ことばと伝説、地名に関する記述について、最も適当なものを ア～エ から選びなさい。

問 65

京ことばの上品さや奥ゆかしさをほめる一方で、何か裏があるのではと懐疑的に見る京都のことわざを何というか。

ア 白川夜船　　　　**イ** 京の底冷え

ウ 京はお口のべっぴん　　**エ** 東男に京女

「白川夜船（シラカワヨブネとも）」は、知ったかぶりをする例え。また、ぐっすり眠ることも指す。京へ行ったことのない人が、船など通れない京の白川を、船で通ったがぐっすり寝ていたため分からなかったと答えたことによる。

「京の底冷え」は、京都は盆地であるために、冬の寒さ、とりわけ冷え込みが厳しいことを言っている。

「東男に京女」は、男性は粋で気前のいい江戸の男がよく、女性はしとやかで優しい京都の女がよい、という意味である。

最後の「京はお口のべっぴん」が、ここでの解答。べっぴんは美人という意味で、京ことばの美しさ、上品さ、奥ゆかしさをほめながらも、それは口先だけのことで、実は何か裏があるのでは、と懐疑的に見てしまうという京のことわざである。

65 解答

ウ 京はお口のべっぴん

7 ならわし、ことばと伝説、地名に関する記述について、最も適当なものを
ア〜**エ**から選びなさい。

> **問 66**
>
> 京都のことわざには、風土や京都人の気質を表
> しているものは多いが、次の中で天気を表すこ
> とわざはどれか。
>
> **ア** 京の茶漬け
> **イ** 一見さん、お断り
> **ウ** 京では右と左が逆になる
> **エ** 稲荷詣でに愛宕詣で

　ここに並ぶ4つの選択肢のうち、天気を表すのは「**稲荷詣
でに愛宕詣で**」である。その意味は、雲がお稲荷さん（伏見稲
荷大社）の方角に流れていくと晴れ、愛宕さん（愛宕神社のあ
る愛宕山）の方角に流れていくと雨になる、というもの。京
のまちから見ると、お稲荷さんと愛宕さんは対角にあるので
わかりやすく、これは今でも役に立つ。

　「**京の茶漬け**」は、京都人気質を表すとしてよく知られるこ
とわざ。口先だけの実がない例えとして用いられることもあ
るが、京都で家を訪問する際のマナーと思えばいいだろう。

　「**一見さん、お断り**」は、格式のある店では初めての客（一
見さん）を断る。京のお茶屋などでは、これが習わしとなっ
てきた。

　「**京では右と左が逆になる**」とは、京都の地図で北を上にす
ると、右に左京区、左に右京区と、右と左が逆になっている
ことを表す。

66 解答

エ 稲荷詣でに愛宕詣で

7 ならわし、ことばと伝説、地名に関する記述について、最も適当なものを
ア〜エから選びなさい。

問 **67**

稲荷の狐の化身である童子を合槌に、刀匠の名
人として知られた三条小鍛冶宗近が名刀「小狐
丸」を打ち上げたという伝説のある神社はどこ
か。

ア 合槌稲荷神社　　　イ 豊国神社

ウ 建勲神社　　　エ 藤森神社

　平安時代中期、天皇に鎮護の刀を作るよう命じられた刀匠
三条小鍛冶宗近が、刀工になりたいとやって来た童子（若者）
を相槌にして名刀「小狐丸」を打ち上げたとの逸話が、**合槌稲
荷神社**＝写真＝にある。童子の正体は、宗近が日頃からあつ
く信仰していた近くの稲荷明神の狐の化身。宗近の大願成就
をかなえるために現れたとされる。同神社は鍛冶の手伝いを
した狐を祀り、念願成就、難関突破の神社として信仰を集め
ている。この逸話は、謡曲『小鍛冶』をはじめ能や歌舞伎の演
目として上演されている。
　豊国神社は、豊臣秀吉を祀る社で、豊臣氏滅亡後は荒廃し
たが、明治時代に入って再興された。**建勲神社**（正式にはタケ
イサオ神社）の祭神は織田信長と子の信忠。戦国乱世におい
て天下統一、朝儀復興などの事業を進めた信長の偉勲に対し
明治天皇が創建した。**藤森神社**は、平安京以前からの古社。
菖蒲の節句発祥の祭りがあり、勝運と馬
の神社として知られる。

67 解答

ア 合槌稲荷神社

7 ならわし、ことばと伝説、地名に関する記述について、最も適当なものを
ア～エから選びなさい。

「一切の衆生よ、わが前に参ぜよ、諸病ことごとく除くべきに、こぬか、こぬか」と告げた薬師如来に治療を祈ると疫病諸病が平癒した。この逸話が残る薬師院は何と呼ばれているか。

ア 浜の薬師 　　　　**イ** 因幡薬師

ウ 蛸薬師 　　　　　**エ** こぬか薬師

　こぬか薬師は、正式名称を黄檗宗医徳山薬師院という。「こぬかこぬか」と告げた本尊の薬師如来は、最澄が一刀三拝して彫った尊像である。元は美濃国に安置されていたが、織田信長が京都の薬師堂に勧請した。

　浜の薬師は、天明7年（1787）刊行の『拾遺都名所図会』に村上寺の本尊薬師如来で、海の浜から出現した像を安置したとある。宇治市木幡の願行寺に安置されている。

　因幡薬師は、真言宗智山派平等寺の通称。勅命で因幡国一之宮に赴いた中納言 橘 行平が、海上に浮かんでいた薬師如来が京まで追ってきたのを邸宅に安置したのが創始。本尊薬師如来は日本三如来の一尊。

　永福寺の通称**蛸薬師**は、寺の僧侶が戒めに背きつつも病気の母の好物であったタコを買ったという言い伝えから命名された。

68 解答

エ こぬか薬師

問
69

下京区の西洞院通と油小路通の間にあり、天使社とも呼ばれる五條天神宮の境内を貫通していたことから名前が付いた通りはどれか。

ア 寺町通 　　　イ 烏丸通

ウ 天使突抜通 　エ 御前通

五條天神宮境内を通るのが**天使突抜通**＝写真＝である。京都には突抜という地名が多く、宝暦12年（1762）刊行の『京町鑑』等によれば27カ所あるという。豊臣秀吉が都市計画として「天正地割」行い、多くの南北道路をつくった時にできた通りや町名だという。

寺町通は平安京の東京極大路に相当する。秀吉が点在していた寺院を東部と北部に集め、寺之内や寺町と呼ばれる区域を造ったときに**寺町通**と改名された。

烏丸通は、平安京の烏丸小路である。京都御所に通じるので、大正天皇や昭和天皇の即位大礼の際には「行幸道路」になった。京都三大事業により明治45年（1912）に拡張された京都の南北を貫く主要道路の一つである。

御前通は、平安京の西大宮大路。北野天満宮の門前を通るので、この名がついたという。平安時代中期には右京の衰退とともに廃れていたが、一条通より北は天満宮や右近馬場があって栄え、右近馬場通という名称となり、江戸時代まで使われた。

69 解答

ウ 天使突抜通

7 ならわし、ことばと伝説、地名に関する記述について、最も適当なものを
ア～エから選びなさい。

問 70

松並木に沿うように人工の小川が流れている、川端通四条から北へ若松通あたりまで続く散歩道を何というか。

ア せせらぎの道　　　イ 哲学の道

ウ 竹林の小径　　　エ ねねの道

せせらぎの道は、東山区川端通四条上ル付近から川端通の東側に沿って北へ三条通手前の若松通辺りまで続く松並木のある短い散歩道。昭和62年（1987）の京阪電車本線地下化工事で、琵琶湖疏水の三条―七条間が暗渠（あんきょ）になって川端通が整備拡張されたことに伴って誕生した。琵琶湖疏水の水を引いて人工の小川も造られた。名前は公募によって決められた。入り口付近に石碑＝写真＝が建っている。

哲学の道は、左京区の琵琶湖疏水分線に架かる若王子橋（にゃくおうじ）から銀閣寺橋までの道。哲学者西田幾多郎（にしだきたろう）らが思索しながらよく歩いたことから名付けられたといわれる。**竹林の小径**（こみち）は、右京区嵯峨の野宮神社から天龍寺北門付近を通り大河内山荘へと続く道で、手入れされた竹林の中を歩く。**ねねの道**は、東山区の高台寺から円山公園へ続く石畳の道。豊臣秀吉の正室・北政所（きたのまんどころ）（ねね）がこの地で余生を送ったとされることにちなんでその名が付いた。

70 解答

ア せせらぎの道

22回3級

23回3級

23回2級

23回1級

8 【公開テーマ問題】京都のロケ地に関する記述について、（　　　）に入れる最も適当なものをア～エから選びなさい。

問 71

映画「HELLO WORLD」や数々のロケ地としても使用され、川を東西に渡る「飛び石」でも有名な、賀茂川と高野川の合流点は（　　　）である。

ア 出水の小川　　　イ 鴨川デルタ

ウ 臥龍橋（がりゅうきょう）　　　エ 山科デルタ

　ギリシャ文字のΔ（デルタ）に地形が似ていることから「鴨川デルタ」＝写真＝と呼ばれ、四季折々、家族連れや学生グループなどで賑わう。この地が登場する代表的な作品にはアニメーション「けいおん！」、万城目学の小説『鴨川ホルモー』などがある。

　京都御苑敷地内の南西部に流れる出水（でみず）の小川は、母子で水にふれあう場として整備された100メートルほどの人工の小川。かつて御所に防火などのために引かれていた専用水路「御所水道」から導水して作られた。

　臥龍橋（がりゅうきょう）は平安神宮の中神苑にある、池を渡るように配置された飛び石。曲線を描く石の配置が龍の背中を思わせることから名付けられた。この飛び石は、16世紀に建設され、鴨川の橋を支えてきた橋脚から切り出されている。

　山科デルタは、山科区の勧修寺（かじゅうじ）公園の南側、山科川と旧安祥寺川の合流地点にある三角州。

71 解答

イ 鴨川デルタ

8 【公開テーマ問題】京都のロケ地に関する記述について、（　　　）に入れる最も適当なものを ア〜エ から選びなさい。

問 72

映画「陰陽師」や数々の時代劇でも使用されている、通称「流れ橋」と呼ばれる日本最長級の木造橋の正式名称は（　　　）という。

ア 上津屋橋　　　　イ 観月橋
ウ 宇治橋　　　　　エ 淀大橋

　木津川を八幡市上津屋から久御山町側へ渡る地点に、**上津屋橋**＝写真＝が架かる。昭和28年（1953）に現在の形状になり全長356.5メートル、幅3.3メートル。「流れ橋」の名で知られ、ロケによく使われる。流れ橋は、水位が上がると橋桁が浮いて、水流の圧力を受け流す仕組み。洪水時は、橋脚を残して橋が流されることもあるが、ワイヤでつないでおけば、後で回収してすぐに復旧できる利点がある。上津屋橋は令和元年（2019）までに計23回、令和5年にも1回流れた。

　観月橋は奈良に向かう大和街道が、伏見で宇治川を渡る地点に架かり、豊後橋などと呼ばれた。戊辰戦争で焼け、明治6年（1873）の再建時に観月橋の名が付いた。今は直上に新観月橋（高架）も架かる。橋姫伝説で知られる**宇治橋**は、7世紀に造られた日本最古級の橋。架橋由緒を記す断碑が残る。久御山町の**淀大橋**は江戸時代まで木津川に架かり、淀城下の南玄関口だった。明治の河川つけ替えで、宇治川を渡るようになった。

72 解答

ア 上津屋橋

⑧【公開テーマ問題】京都のロケ地に関する記述について、（　　　）に入れる
最も適当なものを　ア　～　エ　から選びなさい。

問
73

映画「男はつらいよ　寅次郎あじさいの恋」や
映画「釣りバカ日誌5」で撮影された、京都府
北部の重要伝統的建造物群保存地区である舟屋
群は（　　　）にある。

ア　舞鶴市　　　　　　　イ　伊根町

ウ　京丹後市　　　　　　エ　宮津市

　丹後半島の北東部に位置する**伊根町**の湾に面した伊根浦地
区は、約230戸の舟屋が水際に建ち並び＝写真＝、国の重要伝
統的建造物群保存地区に指定されている。この風景は全国的
に珍しく、映画やテレビドラマのロケ地に幾度となく選ばれ
ている。上映される度に観光客が増えているという。舟屋は、
もともとワラ葺きが多く、江戸時代中期頃から舟のガレージ
として使われてきたといわれている。今では瓦葺き2階建て
で2階部分が住居や物置になっている所が多い。伊根湾の周
囲は山が迫り平地が少ないのと、湾入口にある青島によって
海面が穏やかに保たれることが舟屋発達の要因と考えられて
いる。

　舞鶴市は、元軍港で赤レンガの倉庫群でロケがよく行われ
る。**京丹後市**は、山陰海岸ジオパークになっている海岸線一
体の美しさが特徴。**宮津市**には、日本三景の一つ天橋立があり、
映画やドラマによく登場する。

73 解答

イ　伊根町

⑧【公開テーマ問題】京都のロケ地に関する記述について、（　　　）に入れる最も適当なものを**ア**〜**エ**から選びなさい。

問 74

劇場版「四畳半タイムマシンブルース」の大家さん宅は、葵祭の再興に尽力した（　　　）が幽棲し住居とした旧宅がモデルである。

ア 山県有朋
イ 木戸孝允
ウ 山本覚馬
エ 岩倉具視

　明治4年（1871）から中断した葵祭の再興を建議して同17年に実現させたのは、**岩倉具視**（いわくらともみ）（1825〜83）。具視は幕末、孝明天皇に仕え、公武合体を図って和宮の将軍家降嫁を推進。「佐幕派の主魁」と見なされ、尊王攘夷派の公家たちから弾劾されたため官職を退き、文久2年（1862）から岩倉村に約5年間住んだ。途中、元治元年（1864）からの約3年間にわたり現存の旧宅に暮らした。建物は現在、国指定史跡の岩倉具視幽棲旧宅＝写真＝として京都市が一般公開している。

　山県有朋（やまがたありとも）（1838〜1922）は明治29年、京都の別荘として「無鄰菴（むりんあん）」を造営した。庭園は七代目小川治兵衛の作で国の名勝。**木戸孝允**（きどたかよし）（1833〜77）は晩年、鴨川の西側にあった近衛家の建物を買い取り別邸とした。現在は、2階建ての1棟だけが「木戸孝允旧邸」として京都市職員厚生会の敷地に残る。元会津藩士で維新後は同志社創立に協力、京都府顧問も務めた**山本覚馬**（やまもとかくま）（1828〜92）は河原町御池南西角に居宅を構えた。跡地には石碑が建つ。

提供：植彌加藤造園

74 解答

エ 岩倉具視

問 75

映画「炎上」の舞台になった（　　　）は、国の天然記念物及び名勝に指定され、砂の上を歩くとキュッキュッという音が鳴る「鳴き砂」で有名である。

ア 後ヶ浜　　　イ 由良海岸

ウ カマヤ海岸　　エ 琴引浜

鳴砂（なきすな）で有名なのは、京丹後市の白砂青松の地として知られる**琴引浜**＝写真＝。約1.8キロの砂浜で、歩くと細かな石英粒がこすれて音が鳴る。映画「炎上」は、三島由紀夫の小説『金閣寺』が原作。監督は市川崑、大映が製作したモノクロ映画で昭和33年（1958）に公開された。主演は市川雷蔵。仲代達矢や中村玉緒、中村鴈治郎、新珠三千代らが出演した。琴引浜では、主人公の青年僧が父の葬式に出席するために帰郷し、葬列と棺桶を荼毘（だび）に付すシーンが撮影された。同市の後ヶ浜、湊宮も撮影の舞台になっている。

後ヶ浜（のちがはま）は、琴引浜から約9.5キロ北東にある砂浜でジオスポット「立岩」のすぐそばにある。**由良海岸**は、宮津市の由良川河口近くにあり、「安寿と厨子王」（あんじゅ　ずしおう）の説話に登場する安寿姫の汐汲浜がある。**カマヤ海岸**は、伊根町の北側にある断崖絶壁の海岸。縫うように走る道路から見下ろす日本海は絶景。

75 解答

エ 琴引浜

8 【公開テーマ問題】京都のロケ地に関する記述について、（　　　）に入れる
最も適当なものをア～エから選びなさい。

問
76

ドラマ「ちょこっと京都に住んでみた」では、
毎回、お店やスポットが沢山紹介されていた。
主人公が水を汲むシーンで登場した梨木神社の
名水は（　　　）である。

ア 染井 　　　　　イ 御香水

ウ 亀の井 　　　　エ 桐原水

　京都御苑の東側に鎮座する梨木（なしのき）神社は、明治18年（1885）に
創建された。境内の井戸、**染井**（そめのい）＝写真＝の水は、京都三名水
の一つとして有名。参拝者は境内の手水（ちょうず）舎で水を汲み持ち帰
ることができる。萩の名所としても知られ、「萩の宮」と称す
るほど境内には萩が咲き誇り、毎年秋には「萩まつり」も行わ
れる。

　伏見区の御香宮（ごこうのみや）神社は、**御香水**と呼ばれる名水で有名。こ
の水を飲むと、どんな病気でも治る奇跡が起きたと伝わる。
昭和60年（1985）には環境庁（現・環境省）より京都市内で唯
一、名水百選に認定された。

　西京区の松尾（まつのお）大社は、古くから酒の神として信仰を集めて
きた。酒を醸造する際に、境内の霊泉**亀の井**の水をまぜると、
酒が腐らないと伝えられる。

　桐原水は宇治市の宇治上（うじかみ）神社内の湧水。宇治七名水のうち、
現在でも唯一湧き出している。

76 解答

ア 染井

問 77

映画「ALWAYS三丁目の夕日」で登場人物の
上京シーンに蒸気機関車と旧型客車が使用され
た。その蒸気機関車や梅小路機関車庫などがあ
る（　　　）では、本物の蒸気機関車が牽引する
客車に乗車できる。

ア 嵯峨野観光鉄道「19世紀ホール」
イ 稲荷駅ランプ小屋
ウ 京都鉄道博物館
エ 福知山鉄道館ポッポランド2号館

　京都鉄道博物館＝写真＝は平成28年（2016）に開館。主に交
通科学博物館、梅小路蒸気機関車館に収蔵展示していた蒸気
機関車から新幹線まで、歴史的な価値を持つ54両の貴重な車
両を収蔵している。

　伏見区の**稲荷駅ランプ小屋**は旧国鉄最古の建物で、準鉄道
記念物。石油など危険物を扱う建物であったことから、わず
か8平方メートルでありながら堅牢な煉瓦で造られている。
機関車の前照灯として使われていたランプや合図灯などが展
示されている。**福知山鉄道館ポッポランド2号館**は、「福知山
鉄道館フクレル別館」の旧称。令和5年（2023）8月に福知山
城公園内に福知山鉄道館フクレルが開館したことに合わせ改
称となった。舞鶴線・小浜線で活躍した蒸気機関車C5856を
展示している。右京区の**嵯峨野観光鉄道「19世紀ホール」**は、

産業革命の世紀である19世紀をテーマ
に、蒸気機関車やピアノなどを展示し
ている。

提供：京都鉄道博物館

77 解答

ウ 京都鉄道博物館

8 【公開テーマ問題】京都のロケ地に関する記述について、(　　　)に入れる最も適当なものを**ア**〜**エ**から選びなさい。

問 78

ドラマ「鬼平犯科帳」など多くの時代劇でも使用されている(　　　)は、通称「嵯峨釈迦堂」と呼ばれ、絹製の五臓六腑などが胎内に納められていたことで有名な釈迦如来立像（国宝）を本尊としている。

ア 廬山寺　　　　　　**イ** 東寺

ウ 浄瑠璃寺　　　　　**エ** 清凉寺

　テレビ時代劇などのロケ地としてしばしば画面に登場する**清凉寺**（嵯峨釈迦堂）＝写真＝は、源融（みなもとのとおる）の没後、その山荘であった棲霞観（せいかかん）に阿弥陀堂を建て、棲霞寺と名付けたことに始まる。後に東大寺の僧奝然（ちょうねん）が宋から持ち帰った釈迦如来像を弟子の盛算（じょうさん）が棲霞寺釈迦堂に本尊として安置し、華厳（けごん）宗の寺として開山、五台山清凉寺と名付けた。その本尊はインド、中国、日本の「三国伝来の釈迦像」として日本三如来像の一つに数えられる。

　廬山寺（ろざんじ）は紫式部の邸宅跡と伝わり、庭園にそれを記す碑があることで知られる天台圓浄宗の大本山。**東寺**は平安京の二大官寺の一つとして創建、嵯峨天皇から空海に下賜され真言密教の根本道場となった。**浄瑠璃寺**（じょうるりじ）は、「石仏の里」で知られる木津川市当尾地区にあり、本尊として9体の阿弥陀仏を祀ることから九体寺とも呼ばれる真言律宗の寺院。

78 解答

エ 清凉寺

⑧ 【公開テーマ問題】京都のロケ地に関する記述について、（　　　）に入れる
最も適当なものをア～エから選びなさい。

問
79

「京都映画誕生の碑」が建つ天台宗の寺院（　　　）
は、牧野省三が時代劇の先駆けとなった劇映画
「本能寺合戦」を撮ったことでも知られ、紅葉
の名所である。

ア 二尊院　　　　　イ 真如堂

ウ 延暦寺　　　　　エ 妙法院

　牧野省三により、日本初の劇映画となる「本能寺合戦」が撮
られたのは**真如堂**で、円仁が彫って延暦寺常行堂に祀ってあっ
た阿弥陀如来像を戒算が東三条院に移したのが始まりと伝わ
る。千本座という芝居小屋主だった牧野はこの地での撮影を
機に映画監督の道を進み、境内には後の「映画の都」への先駆
けとなったことを記す「京都・映画誕生の碑」＝写真＝が建つ。
　二尊院は釈迦如来と阿弥陀如来の2体の本尊にちなむ寺名
の天台宗寺院で、円仁が承和年間（834～48）に創建した。**延
暦寺**は誰もが知る天台宗総本山。延暦7年（788）に最澄が比
叡山に建てた一乗止観院を起源とし、その教学が禅宗、浄土宗、
日蓮宗など、後の鎌倉新仏教の台頭を生む端緒ともなった。
妙法院は後白河上皇が新日吉、今熊野神社の勧請に際して開
創。鎌倉時代初期に尊性法親王が入寺してより、三千院、青
蓮院とともに天台宗三門跡の一つに数えられた。

79 解答

イ 真如堂

8【公開テーマ問題】京都のロケ地に関する記述について、（　　　）に入れる
最も適当なものを **ア** ～ **エ** から選びなさい。

問
80

ドラマ「京都地検の女」や映画「ぼくは明日、
昨日のきみとデートする」などでも登場する
（　　　）は、京都市営地下鉄東西線「東山」駅
近くに位置し、古くは「京の東の台所」とも呼
ばれたレトロな雰囲気が人気の商店街である。

ア 京都三条会商店街　　**イ** 出町桝形商店街

ウ 伏見大手筋商店街　　**エ** 古川町商店街

　安土桃山時代以前から京都に若狭からの水産物を運ぶルー
トとして「鯖街道」と呼ばれた若狭街道の終点が**古川町商店街**
＝写真＝の入り口である。現在の商店街の北入口と交差する
三条通はかつての東海道であり、京都の表玄関として交通の
要点であった。

　中京区の**京都三条会商店街**は、堀川三条から千本三条まで、
西日本最大級のアーケードを持ち、東西800メートルに及ぶ商
店街。大正3年（1914）に油小路通から大宮通の間で発足し、
昭和初期には千本通まで延伸した。

　上京区の**出町桝形商店街**は、東側は鴨川、西側は同志社大学、
南側は京都御所に囲まれた商店街。

　伏見区の**伏見大手筋商店街**は、豊臣秀吉が築城した伏見城
の大手門に続く道、大手筋通に大正12年に「すずらん灯」を設

置したおしゃれな商店街として誕生した。

80 解答

エ 古川町商店街

9 「京の年中行事で食べるもの」に関する記述について、（　　　）に入れる最も適当なものを ア～エ から選びなさい。

　京の正月、大方の家では（　81　）餅の白味噌雑煮で祝う。三が日眺めるばかりで箸をつけない（　82　）も京都特有の習慣であろう。この三が日、六波羅蜜寺では皇服茶がふるまわれる。これは都に疫病が流行った際、空也上人がふるまった薬茶に由来するといわれており、結び昆布と小粒の（　83　）を煎茶に入れていただく。2月初午の日には、初午大祭の行われる伏見稲荷大社を建立した秦氏を偲び、畑菜の辛子和えを食べる習慣がある。3月の雛祭りの料理といえば、（　84　）に蜆や蛤などの貝料理、姫鰈が知られるところである。

　（　85　）の夏越祓には、神社に設けられた茅の輪をくぐり、半年間の穢れを払う。そして水無月を食べるのが習わしだ。7月1日には祇園祭が始まる。別名、鱧祭ともいわれ、落としや吸い物、酢の物など、鱧づくしで祭を祝う。夏の土用の行事では、毎年7月25日、鹿ヶ谷かぼちゃ供養が安楽寺で行われる。鹿ヶ谷かぼちゃは（　86　）型をした、独特の京野菜である。

　水辺の涼しい風を感じながら食事を楽しむ（　87　）納涼床、貴船や高雄の川床は、夏の京都の代名詞として観光客を中心に人気となっている。

　中秋の名月は、この季節が収穫時期にあたることから（　88　）名月と呼ばれ、その料理を食べる。また11月最初の亥の日に食べる（　89　）は、万病を除き長寿を保つとともに、子孫繁栄の願いも込められている。

　12月には、中風除けとしてご利益がある（　90　）焚き行事があり、12月7、8日は千本釈迦堂で、9、10日は了徳寺で行われるなど、冬の風物詩になっている。

(81)　ア 角　　　　　　　　イ 丸
　　　ウ 餡　　　　　　　　エ よもぎ

(82)　ア 鰊昆布　　　　　　イ 塩いわし
　　　ウ にらみ鯛　　　　　エ うなぎ

(83)　ア 大豆　　　　　　　イ 梅
　　　ウ 柚子　　　　　　　エ 金柑

(84)　ア ばら寿司
　　　イ 荒布と揚げの炊き物
　　　ウ 棒鱈とえびいもの炊き合わせ
　　　エ 七草粥

(85)　ア 6月1日　　　　　イ 6月10日
　　　ウ 6月20日　　　　 エ 6月30日

(86)　ア ひょうたん　　　　イ 星
　　　ウ 円すい　　　　　　エ 扇

(87)　ア 木津川　　　　　　イ 宇治川
　　　ウ 鴨川　　　　　　　エ 桂川

(88)　ア 筍　　　　　　　　イ 茄子
　　　ウ 芋　　　　　　　　エ 栗

(89)　ア さくら餅　　　　　イ 粽
　　　ウ 嘉祥菓子　　　　　エ 亥の子餅

(90)　ア かぶ　　　　　　　イ 大根
　　　ウ 瓜　　　　　　　　エ 水菜

(81) 解説

　正月にいただく雑煮には地方色がある。たとえば餅の形は大まかにいって、岐阜県辺りを境にして西日本は**丸**餅、東日本は**角**餅を用いることが多い。また、さとうきび栽培が盛んであった香川県などでは、<ruby>餡<rt>あん</rt></ruby>餅を使った雑煮がある。地域によって、味噌仕立てとすまし汁仕立てに分かれ、関西では味噌仕立てが中心。

　京都の雑煮＝イラストはイメージ＝は、昆布出汁による白味噌仕立て。餅は小丸餅で、雑煮だいこんや金時にんじん、小芋

などを丸く切って調理する。「丸」の形にこだわるのは、何事も円満にという祈りがこめられているからである。

81 解答　イ　丸

---

(82) 解説

　「にらみ<ruby>鯛<rt>だい</rt></ruby>」＝イラストはイメージ＝という言葉は、祝賀の場などに飾り物として置いておく鯛のことを指す。京都の正月に登場する「にらみ鯛」とは、<ruby>尾頭<rt>おかしら</rt></ruby>つきの鯛の塩焼きを、三が日の間は食べないで飾っておき、4日目にやっと箸をつける故習のこと。3日間は食べるのを我慢して、鯛をにらんでいるだけなので、この名がついたらしい。

　塩いわしは、節分の日に食べる行事食。<ruby>鰯<rt>いわし</rt></ruby>を焼く匂いを鬼

が嫌い、さまざまな厄が逃げていくなどの理由がある。<ruby>鰊<rt>にしん</rt></ruby>昆布は、もどした身欠き鰊と昆布を甘辛く煮たおばんざい。朔日（1日）にいただく「お決まりの料理」でもある。

82 解答　ウ　にらみ鯛

(83) 解説

　一年の邪気を払い無病息災を祈って、正月に「大福茶」を飲む習わしがある。大福茶の始まりは、六波羅蜜寺の開山空也上人が天暦5年（951）に疫病に苦しむ民衆に、茶をふるまったという故事による。この茶は**梅**干しと昆布が入った薬茶であったという。茶の徳にあやかって、村上天皇も服されたことから「帝が服した茶」として、六波羅蜜寺で供される茶を「皇服茶」と呼んでいる。

　六波羅蜜寺では、元旦に若水で淹れた皇服茶を本尊に供える。参拝者には三が日の間、小梅と結び昆布の入った皇服茶と「厄難除観世音御守護」のお札が授与される。

83 解答　イ　梅

22回3級

22回3級

(84) 解説

　雛祭りの献立に必ず調理されるのが、**ばら寿司**（ちらし寿司）。具材にはチリメンジャコや干瓢、そのほか高野豆腐やかまぼこ、人参などの彩りのよい野菜が寿司飯に混ぜ込まれる。上には錦糸卵やシイタケ、紅生姜をのせる。ばら寿司の他には、貝のすましや和え物、カレイの焼き物などが雛祭りのご馳走となる。これらの料理は小さな漆器に盛り付けられて、雛壇の前にも並べられる。

　荒布と揚げの炊き物は8のつく日、**棒鱈とえびいもの炊き合わせ**は15日に食べる「おきまり料理」。**七草粥は**、七日正月（1月7日）にいただく。

84 解答　ア　ばら寿司

22回2級

22回1級

(85) 解説

　奈良時代に宮中で始まったといわれる夏越祓は、年初めから半年間の厄や穢れを払いのける行事。京都の多くの神社では6月30日（晦日）に、疫神社（八坂神社摂社）や御香宮神社では月送りの7月晦日に行う。参拝者は茅で編んだ茅の輪をくぐり、人形を川に流してみそぎとする。この日、和菓子の水無月を食べる習慣がある。

　旧習を守る家では、半紙を着物姿に切って人形を作る。自分の歳と名前を書いて体を撫で3度息を吹きかけ、枕の下に敷いて寝る。穢れを移すためといわれ、翌日に流す。上賀茂神社の夏越祓は、藤原家隆の歌（『新勅撰和歌集』）にも詠まれた。

85 解答　**エ** 6月30日

(86) 解説

　安楽寺で毎年7月25日に行われる「中風まじない鹿ヶ谷カボチャ供養」は、土用の日にちなむ行事。江戸時代に当寺の真空益随住職が本尊の阿弥陀如来から「夏の土用のころに、かぼちゃを供養すると中風にならない」とのお告げを受けたことに始まる。以来、供養の日には本尊にかぼちゃが供えられ、参拝者には鹿ヶ谷かぼちゃの煮つけがふるまわれるようになった。使われるかぼちゃは、**ひょうたん**の形をした「京の伝統野菜」の鹿ヶ谷かぼちゃ。粟田口の農家が津軽から持ち帰ったかぼちゃの種を、鹿ヶ谷の農家が栽培したところ、ひょうたんの形をしたかぼちゃができたとされる。

86 解答　**ア** ひょうたん

(87) 解説

　鴨川納涼床(のうりょうゆか)は、二条通から五条通までの鴨川右岸に並ぶ高床の貸席で、京の夏の風物詩。五条や四条の河原一帯が祇園祭と相まって芸能や遊興の場としてにぎわい出した16世紀末から始まったとされる。東西両岸と中洲にまで茶屋の床几(しょうぎ)が並び、江戸時代中期には京都の年中行事に定着して、茶屋の数400軒という記録も残る。京阪電鉄鴨東線の三条延伸などで東岸の納涼床が廃止された大正時代には、治水工事により西岸側にみそそぎ川が通水。これを跨ぐ高床式の納涼床が登場するようになった。現在は京都鴨川納涼床協同組合が出店を統括。開催期間は5〜9月末まで。

87 解答　ウ　鴨川

(88) 解説

　京都の年中行事を記した『日次紀事』(ひなみきじ)(1676)には、「旧暦の8月15日は貴賤上下にかかわらず月を愛で、**芋**を煮て食べるので芋名月という」とある。

　食用**筍**の代表的な品種が孟宗竹(もうそうちく)である。京たけのこは孟宗竹を独特の方法で栽培し、3月末から5月ごろまで出荷される。

　夏に旬を迎えるのが**茄子**で、京都府の「京のブランド産品」には賀茂なす、京山科なすが登録されている。

　『延喜式』(10世紀)には丹波国の**栗**が献上されたと記述があり、『新猿楽記』(しんさるがくき)(11世紀)には、世に丹波栗といい、とあり古くから名物だった。

88 解答　ウ　芋

(89) 解説

　『源氏物語』にも登場する**亥の子餅**＝イラストはイメージ＝
は、旧暦の10月最初の亥の日につくる習慣があった。平安時
代には天皇から臣下へ賜る行事ともなり、やがて民間にも広
がった。現在では新暦の11月に、万病除けや子孫繁栄などの
願いをこめて食べられている。また茶道の炉開きの主菓子と
しても用いられる。11月1日に護王神社では「亥子祭」が催さ
れ、亥の子餅の儀式を再現した古式豊かな儀式が行われる。

　嘉祥菓子は、旧暦6月16日に菓子を食べて厄を祓う「嘉祥
食」という故習に由来し、現在、
この日を和菓子業界によって「和
菓子の日」と定められている。

89 解答　エ　亥の子餅

(90) 解説

　中風などの諸病退散を祈って12月に、千本釈迦堂（大報恩寺）
をはじめ京都の諸寺で行われるのは**大根**焚き。釈迦が悟りを
開いた日（12月8日）を祝う「成道会」の行事とするところが
多い。千本釈迦堂では鎌倉時代の住職、慈禅上人が大根の切
り口に釈迦を意味する梵字を書いて厄除けにしたのが始まり
という。12月7、8の両日に梵字を書いた大根を油揚げとと
もに大鍋で炊き上げ、参拝者にふるまう。湯気の中で大根を
ほおばる光景は、師走の風物詩として定着している。日程は
前後するが、西京区の華厳寺、左京区の妙満寺などでも同時
期に催行される。

90 解答　イ　大根

10 京都検定は、本年20周年を迎える。20にちなんだ京都に関する記述について、最も適当なものを**ア**～**エ**から選びなさい。

問 91

毎年10月に平安神宮前・岡崎プロムナード一帯を会場に、創作演舞「京炎 そでふれ！」などが披露される、今年（2023）に20周年を迎える学生主体の市民参加型イベントは何か。

ア 京都音楽博覧会　　**イ** 京都学生祭典

ウ 京都国際映画祭　　**エ** 京都大作戦

京都学生祭典＝写真＝は、ダンスや音楽をはじめ、食やスポーツ、アートなど、さまざまな企画で毎年10万人以上を集めるイベント。ここで披露される「京炎 そでふれ！」とは、第3回京都学生祭典に誕生した京都学生祭典オリジナルの創作おどり。

京都音楽博覧会は、京都出身のロックバンドくるりが主催する音楽フェスティバル。平成19年（2007）から下京区の梅小路公園で開催されている。

京都国際映画祭は、平成26年に創設された映画祭。前身の「京都映画祭」の内容を引き継ぎながら、映画だけでなくアート、パフォーマンス、工芸、演芸などあらゆる分野を対象に開催されている。

京都大作戦は、京都出身のアーティスト10-FEETが企画する野外フェスティバル。毎年7月に宇治市の京都府立山城総合運動公園（太陽が丘）特設野外ステージにて開催されている。

91 解答

イ 京都学生祭典

問92

京都市バス20号系統の「京橋」停留所の近くにある、坂本龍馬が伏見奉行所の捕り方に襲撃され、妻となるお龍の機転によって難を逃れたとされる船宿はどれか。

ア 池田屋 　　　　イ 寺田屋

ウ 酢屋 　　　　　エ 近江屋

　伏見の船宿**寺田屋**＝写真＝で、幕末に大きな事件が2つ起こった。

　1つ目が寺田屋騒動で、文久2年（1862）4月23日、薩摩藩の尊攘激派が薩摩藩の国父島津久光が派遣した鎮撫使に鎮圧された。

　もう1つが土佐脱藩の坂本龍馬が寺田屋で襲撃された事件である。慶応2年（1866）1月23日の深夜、龍馬は伏見奉行配下の捕り方約100名に襲われた。龍馬は長州藩士高杉晋作から贈られた短銃（リボルバー）で応戦し、龍馬の同志である長府藩士・三吉慎蔵は宝蔵院流の槍の名人だったため槍を構えた。龍馬は両手の指を斬られたため逃走し、材木小屋に隠れたが、三吉が伏見の薩摩屋敷に駆け込んで救助を求めた。薩摩藩士の大山彦八が船を出して龍馬を救出した。

　寺田屋は慶応4年（1868）1月3日に勃発した鳥羽・伏見の戦いで焼失したが、その後に再建された。

92 解答

イ 寺田屋

10 京都検定は、本年20周年を迎える。20にちなんだ京都に関する記述について、最も適当なものを**ア**～**エ**から選びなさい。

問 93

西国三十三所観音霊場の第二十番札所で、五代将軍徳川綱吉の母である桂昌院の遺髪を納めた廟所や樹齢600年以上の「遊龍松」があることでも知られる寺はどこか。

ア 善峯寺　　　　**イ** 行願寺

ウ 成相寺　　　　**エ** 穴太寺

22回3級

23回3級

23回2級

23回1級

　西国三十三所観音霊場第二十番札所は**善峯寺**（よしみね）。応仁・文明の乱で伽藍（がらん）の大半を焼亡したが、現存する多くの伽藍は江戸幕府第五代将軍徳川綱吉の母桂昌院（けいしょういん）の寄進および改修整備等による。二条家の家臣、本庄氏が寺の薬師如来に願い、女の子（桂昌院）を得た縁によるとされる。境内の「遊龍松」（ゆうりゅうのまつ）＝写真＝は五葉松で全長約37メートル、主幹が地を這うように伸びる国の天然記念物。

　「革堂」（こうどう）の名で呼ばれる**行願寺**（ぎょうがんじ）は西国三十三所観音霊場の第十九番札所。奉公先の主人に殺された子守りの娘にまつわる「幽霊絵馬」（ゆうれい）の伝説が残る。同二十八番札所、宮津市にある**成相寺**（あいじ・なり）は修験場としても栄え、天橋立（あまのはしだて）を眼下に一望する立地。左甚五郎作と伝わる木彫「真向の龍」（まむき）などで知られる。同二十一番札所、亀岡市の**穴太寺**（あなおじ）は8世紀創建とされる古刹。札所本尊の聖観音（しょうかんのん）にまつわる「身代わり観音」伝説や、安寿（あんじゅ）と厨子王（ずしおう）の悲話が残り、本堂には姉弟を守った「厨子王丸肌守仏」などを安置する。

93 解答

ア 善峯寺

10 京都検定は、本年20周年を迎える。20にちなんだ京都に関する記述について、最も適当なものを ア～エ から選びなさい。

問 94

法然上人二十五霊場の中の第二十番札所であり門前に「迷子道しるべ」と刻んだ石標が立つ、新京極にある寺院はどこか。

ア 誓願寺　　　イ 永観堂
ウ 知恩院　　　エ 粟生光明寺

　法然上人二十五霊場の二十番札所は**誓願寺**＝写真＝。浄土宗西山深草派総本山で、元は上京にあり、天正年間に現在地へ移った。火災が多く、慶長2年（1597）の再建は豊臣秀吉の側室松の丸殿の援助で行われたといわれる。中世には清少納言や和泉式部も帰依したとされ、「女人往生の寺」とも呼ばれる。

　同じ霊場十六番の**粟生光明寺**（長岡京市）は西山浄土宗総本山。法然上人の弟子、熊谷次郎直実（蓮生法師）を開祖とする。250本のカエデが立ち並ぶ「もみじ参道」は秋季に参詣客でにぎわう。浄土宗総本山の**知恩院**は霊場二十五番で、華頂山知恩教院大谷寺が正式名称。承安5年（1175）、法然上人が草庵を結び布教を始めた場所で、入寂の地でもある。徳川家康の菩提所となり幕府の庇護の下で寺域を広げた。番外の縁故霊場**永観堂**は浄土宗西山禅林寺派総本山。元は真言密教寺院で13世紀に浄土宗に転じた。本尊の阿弥陀如来立像（重文）

は、振り返る姿の「みかえり阿弥陀」として有名。紅葉の名所でもある。

94 解答

ア 誓願寺

問 95

江戸時代の「通し矢」にちなむ「大的大会」が行われ、特に20歳になった新成人の晴れ着姿での競技が正月の風物詩となっている寺院はどこか。

ア 楊谷寺　　　　イ 養源院

ウ 即成院　　　　エ 三十三間堂

「通し矢」にちなんだ「大的大会」が行われる**三十三間堂**は正式には蓮華王院といい、長寛2年（1164）、後白河上皇の院御所に造営された。その約80年後に火災で焼失し後嵯峨上皇により再建された。ここでは平安時代の記録が残る「楊枝（柳）のお加持」が行われる。聖樹である柳の枝で、参拝者に祈願した霊水をかける。特に頭痛に霊験（功徳）があるという。

楊谷寺は、大同元年（806）、清水寺の開山でもある延鎮僧都により創建。眼病平癒の祈願所として、天皇や公家から庶民まで幅広く信仰されてきた。

養源院は豊臣秀吉の側室淀殿が、父浅井長政の二十一回忌に追善として創建した。火災に遭うが、徳川幕府第二代将軍秀忠の正室お江（淀殿妹）により再建され、徳川家の菩提所となった。

即成院は御寺泉涌寺の塔頭で、「二十五菩薩お練り供養法会」で知られる。平安時代末に藤原頼道の三男 橘 俊綱が創建。阿弥陀如来を中心に二十五菩薩を安置し、来迎の様子を再現した。

95 解答

エ 三十三間堂

京都検定は、本年20周年を迎える。20にちなんだ京都に関する記述について、最も適当なものを ア〜エ から選びなさい。

問 96

青蓮院の飛地境内で、青龍殿の隣に位置する、約20メートル四方の塚はどれか。

ア 小町塚 　　　　イ 蜘蛛塚

ウ 将軍塚 　　　　エ おかめ塚

青蓮院（しょうれんいん）の飛地境内に当たる東山区の華頂山（かちょう）山頂（標高216メートル）には、**将軍塚**＝写真＝と呼ばれる古代の円墳（直径約20メートル）がある。桓武天皇の平安遷都に際して、王城守護のため高さ約2.5メートルの土人形に鉄の甲冑を着せ弓矢を持たせて埋めた場所とされてきた。将軍塚は、大火や洪水などの変事には必ず鳴動すると信じられ、『平家物語』や『太平記』にも異変の前に鳴動したという記述がある。華頂山に埋めたのは、征夷大将軍坂上田村麻呂（さかのうえのたむらまろ）の遺骸とする説もあるが、田村麻呂の墓は山科区にあって将軍塚とも呼ばれ、こちらにも鳴動伝説が残る。

小町塚は井手町の玉津岡神社参道脇にあり、基礎の石を含む5個の自然石が組まれ小野小町の墓と伝わる。上品蓮台寺（じょうぼんれんだいじ）の「源頼光朝臣塚」は、別名**蜘蛛塚**（くもづか）と呼ばれる。頼光と家来の四天王が、大蜘蛛を退治したという伝説にちなむ。**おかめ塚**は千本釈迦堂（大報恩寺）にある供養塔。鎌倉時代に大工の女房阿亀が、仕事でミスをした夫に助言して成功に導きながら、「恥をかかせたくない」と自死した話を元に、江戸時代に建てられた。

96 解答

ウ 将軍塚

10 京都検定は、本年20周年を迎える。20にちなんだ京都に関する記述について、最も適当なものを ア ～ エ から選びなさい。

問 97

昨年（2022）から運行が開始された京都市営地下鉄烏丸線の20系車両には、「京都ならではの地下鉄に」をコンセプトに、「京都府の木」に制定されている杉を加工したものが活用されている。その産地はどこか。

ア 北山
イ 丹波
ウ 夜久野
エ 美山

　北区中川を中心とした**北山**で育てられた杉は「北山杉」の名で知られる。磨丸太の生産地としても有名。室町時代から林業が始まったとされ、茶の湯が盛んになるにつれて、茶室などの数寄屋建築に盛んに利用されるようになった。桂離宮や修学院離宮にも用いられている。和室に欠かせない床柱の多くは北山杉が使われ、昭和41年（1966）に「京都府の木」、平成10年（1998）には「京都府伝統工芸品」に指定された。令和4年（2022）に京都市営地下鉄烏丸線20系車両の吊手の一部に北山杉が採用されている。

　丹波、夜久野、美山はいずれも林業が営まれている地域。丹波は「丹波まつたけ」「丹波くり」の生産地。夜久野は、希少な「丹波漆」の産地としても知られる。美山には西日本屈指の貴重な原生林がある。

97 解答

ア 北山

10 京都検定は、本年20周年を迎える。20にちなんだ京都に関する記述について、最も適当なものを ア 〜 エ から選びなさい。

問 98

10月22日に開催される時代祭の還幸祭は、現在20列で構成される。太刀を差し、弓箭を携え、時代祭創設当初より祭神の警護役を担っている最後尾の20番目は何か。

ア 維新勤王隊列　　**イ** 室町幕府執政列

ウ 平安時代婦人列　　**エ** 弓箭組列

　時代祭の行列は、明治28年（1895）に行列が創始された当初より、はるかに増えている。全京都市民の祭りとして、京都市に区が増えるに従い、参加する市民も増加し、行列の種類は増えていった。その結果、現在は祭神の行列である神幸列（しんこうれつ）のさまざまを含めると、ちょうど20列を数える。そのうちの最後尾は警護に当たる**弓箭組列**（きゅうせんぐみれつ）＝写真＝で、これは祭りが始まった当初から変わらない。

　室町幕府執政列は、室町洛中風俗列（らくちゅうふうぞくれつ）とともに平成19年（2007）に加わった最も新しい行列である。

　平安時代婦人列は、戦時下での中断を経て復活した昭和25年（1950）、江戸時代、中世、平安時代の婦人列が新たに加わったものの一つ。

　維新勤王隊列（いしんきんのうたいれつ）は、鼓笛隊（こてきたい）が行列の先頭を行く象徴的な列で、祭りの創始当初は維新で実際に活躍した山国隊（やまぐにたい）であった。大正10年（1921）に朱雀学区（すざく）が継承して今日に至っている。

98 解答

エ 弓箭組列

10 京都検定は、本年20周年を迎える。20にちなんだ京都に関する記述について、最も適当なものを**ア**〜**エ**から選びなさい。

問99

京都の番組小学校上京20番にあたる梅屋小学校の出身の芸術家で、上賀茂にある大田神社の前に誕生地の碑があり、陶芸家・美食家でも知られる人物は誰か。

ア 堂本印象　　　　イ 木島櫻谷

ウ 北大路魯山人　　エ 竹内栖鳳

22回3級

23回3級

23回2級

23回1級

北大路魯山人（ろさんじん）（1883〜1959）＝写真＝が正解。上賀茂神社の社家の生まれ。10代の半ばから当時流行の「一字書き」で次々に受賞、日本美術展覧会に出品した隷書「千字文」（せんじもん）が一等賞を受賞するなど書家として活躍する一方、篆刻や刻字看板でも天分を発揮、古美術の鑑識や料理にも非凡な才を示した。大正14年（1925）、42歳のときに東京・赤坂に星岡茶寮（ほしがおかさりょう）を開設、顧問兼料理長として美と食の演出に優れた手腕をふるう一方、2年後、北鎌倉に星岡窯を築き、自慢の料理を盛る食器の作陶を本格的に開始。美濃、備前、信楽、染付、色絵、青磁など多彩、斬新奔放な創作で、当代屈指の陶芸家として名を成した。

堂本印象（どうもといんしょう）（1891〜1975）は京都画壇の巨匠。日本画表現に抽象画も試みるなど多彩な制作で知られる。北区には自ら設計デザインした堂本印象美術館がある。

木島櫻谷（このしまおうこく）（1877〜1938）は明治から大正、昭和にかけて活躍した京都画壇の巨匠。

竹内栖鳳（たけうちせいほう）（1864〜1942）は京都画壇の近代化を実現した巨匠。第1回文化勲章の受章者。

99 解答

ウ 北大路魯山人

10 京都検定は、本年20周年を迎える。20にちなんだ京都に関する記述について、最も適当なものを **ア** 〜 **エ** から選びなさい。

問 100

今年20周年を迎える京都・観光文化検定試験3級の問題の中で最も多く解答となった、紅しだれコンサートや京都薪能が行われることでも知られ、桓武天皇と孝明天皇を祭神とする岡崎にある神社はどこか。

ア 松尾大社
イ 平安神宮
ウ 下鴨神社
エ 八坂神社

　平安神宮は、平安京を開いた桓武天皇を祭神とする神社。明治28年（1895）の平安奠都千百年紀年祭の際に創建され、京都総鎮守の社とされた。社殿は平安京の朝堂院や大極殿を模して造られている。皇紀二千六百年に当たる昭和15年（1940）には、事実上の東京遷都で平安京最後の天皇となった孝明天皇を祭神として合祀した。その時に社殿や回廊が増改築されて現在の姿になった。桜の季節には神苑がライトアップされ紅しだれコンサート（令和5年〈2023〉より平安神宮 桜音夜）が催される他、初夏には能舞台が特設され、京都薪能が開催される。
　松尾大社、**下鴨神社**、**八坂神社**はいずれも平安京以前からある古社。松尾大社と賀茂社（上賀茂神社と下鴨神社）は、平安京遷都後は王城鎮護の神となった。八坂神社は、賀茂社の葵祭とともに京都三大祭に数えられる祇園祭の社として有名。

100 解答

イ 平安神宮

問1

延暦13年（794）10月、京の地に新しい都が遷された。新都は「平安京」とされたが、その国名はどれか。

ア 丹後　　　イ 近江

ウ 山城　　　エ 丹波

　平安京は、**山城**国北部（現在の京都市）に設けられた。山城国は畿内で、現在の京都府南東部に相当する。『延喜式』の等級は上国。『和名抄』では乙訓・葛野・愛宕・紀伊・宇治・久世・綴喜・相楽の8郡からなる。古くは「山代」「山背」と記された。大和から見て山の後ろ（背後）に当たることによる。平安京へ遷都したときの詔に、「此の国の山河襟帯にして自然に城を作す。斯の形勝に因りて新号を制すべし。宜しく山背国を改め山城国となすべし」とあり、これ以後「山城」に改められた。

　丹後国は、和銅6年（713）に丹波国から分割されて建国された。『延喜式』の等級は中国。山陰道の国で、現在の京都府北部に相当する。

　近江国は、東山道の国。現在の滋賀県に相当する。『延喜式』の等級は大国。

　丹波国は、現在の京都府中央部と兵庫県東部に相当する。山陰道の一国で、『延喜式』の等級は上国。

1 解答

ウ 山城

1 歴史・史跡に関する記述について、最も適当なものをア〜エから選びなさい。

問2

平安京は四神相応の地に造られたといわれる。四神のうち東の青竜に相当するとされたのは何という川か。

ア 由良川

イ 桂川

ウ 鴨川

エ 宇治川

　四神相応の地に造られたとされる平安京で、東の青龍に相当するとされたのは**鴨川**＝写真＝である。鴨川は京都市を流れる淀川水系の一級河川で、水源は北区雲ケ畑辺りである。上流域は賀茂県主の本拠地で、上賀茂・下鴨神社が祀られる。平安京においては京の東端であった。四神相応の地とは、一般的に天の四神に対応した地の東に流水（青龍）、西に大道（白虎）、南にくぼ地（朱雀）、北に丘陵（玄武）が備わる土地のことをいい、その空間は万物が繁栄する吉祥地であると考えられてきた。

　由良川は、京都府北部を流れる一級河川。京都・滋賀・福井の県境である三国岳から、綾部、福知山を流れ、舞鶴と宮津市で、日本海へ注ぐ。

　桂川は、京都市南西部を流れる淀川水系の一級河川。上流は保津川で、渓谷を経て嵐山の渡月橋辺りは大堰川、その下流が桂川である。

　宇治川は、宇治市から伏見区へと流れ、途中で木津川や桂川と合流し、淀川となる。水源は滋賀県の琵琶湖である。

2 解答

ウ 鴨川

1 歴史・史跡に関する記述について、最も適当なものを**ア**〜**エ**から選びなさい。

問 3

平安京のメインストリートである朱雀大路の南端にあり、平安京の玄関としての役割を果たしてきた門はどれか。

ア 朱雀門　　　　**イ** 応天門

ウ 建礼門　　　　**エ** 羅城門

平安京のメインストリートである朱雀大路の南端にあり、平安京の玄関としての役割を果たしてきた門は**羅城門**（らじょう）＝写真は跡碑＝である。羅城門は羅城に開かれた門で、羅城とは古代都市を取り囲む城壁のことである。日本では藤原京以来、京城の南面の羅城門の両翼のみに造られた。周囲には簡単な垣（土塁）と溝が設けられていた。門は重層で入母屋造（いりもやづくり）、瓦屋根に鴟尾（しび）がのっていた。

朱雀門は、平安宮南面の正門。大内裏の外郭十二門のうち、一番重要な門。朱雀大路の北端に当たる。

応天門は、平安宮大内裏八省院南面の正門で、朱雀門と相対する。東西に栖鳳（せいほう）、翔鸞（しょうらん）の両楼があった。

建礼門は平安宮内裏外郭の南正門で、内郭承明門に対する。建礼門の前に南庭があり、白馬節会（あおうまのせちえ）、射礼（じゃらい）、相撲節（すまいのせち）などの儀式に使用された。白馬節会が行われたことから青（白）馬陣ともいわれた。

3 解答

エ 羅城門

問 4

現在の京都市動物園のあたりにあったとされ、東寺の五重塔よりも高かった白河天皇の御願寺「法勝寺」の塔はどれか。

ア 一夜の塔　　　　**イ** 浮島十三重塔

ウ 八角九重塔　　　**エ** 子安塔

白河天皇の御願寺である法勝寺には**八角九重塔**がそびえていた。法勝寺は、金堂などが承暦元年（1077）に、永保3年（1083）にこの八角九重塔が完成している。この塔は高さ約81メートルであったと推定されており、現存の東寺五重塔（高さ約55メートル）をはるかに上回っていた。京都市動物園内における発掘調査では、石と粘土で突き固めたこの塔の地業（基礎工事部分）が検出されている。

一夜の塔は乙訓郡大山崎町の宝積寺（宝寺）の三重塔のことである。この塔は慶長9年（1604）の建立と推定されているが、羽柴（豊臣）秀吉が明智光秀を破った山崎合戦を記念するために、あるいは合戦で亡くなった人を弔うために一夜で建てたという伝承を持っている。**浮島十三重塔**は宇治市の宇治川の中島に建てられた石造十三重塔で、弘安9年（1286）に奈良の西大寺の僧叡尊によって建立された。**子安塔**は清水寺にある室町時代後期再建の木造三重塔である。

4 解答

ウ 八角九重塔

問
5

浄土真宗の開祖であり、今年(2023)生誕850
年を迎えた高僧は誰か。

ア 栄西 　　　 **イ** 日蓮

ウ 空海 　　　 **エ** 親鸞

　浄土真宗の開祖は**親鸞**である。親鸞は鎌倉時代の僧侶で、承安3年(1173)に下級貴族の日野有範の子として生まれ、9歳で出家。その後、比叡山で学問修業に励んだ。やがて法然(源空)の弟子として専修念仏に帰依するようになる。念仏禁止の迫害を受けて越後国に配流、さらに東国で念仏を布教、やがて京都に帰って弘長2年(1262)に没した。その墓所は大谷廟堂と呼ばれ、それが後に浄土真宗の本山としての本願寺になる。

　栄西（ヨウサイとも）は鎌倉時代の僧で日本の臨済宗の開祖である。比叡山で学んだ後に中国・宋に渡り、臨済禅を日本にもたらした。京都では建仁寺を建立している。**日蓮**も鎌倉時代の僧で、日蓮宗(法華宗)の開祖である。法華経の信仰を高唱し、激しく他宗を批判したためたびたびの弾圧を受けた。**空海**は平安時代初期の僧で、真言宗の開祖。弘法大師の諡号で知られる。紀伊国の高野山金剛峯寺や平安京の東寺を根本道場とした。

5 解答

エ 親鸞

問6

室町幕府を成立し、等持院を創建した初代征夷大将軍は誰か。

ア 足利尊氏　　　イ 足利義教

ウ 足利義尚　　　エ 足利義昭

　室町幕府の初代将軍は、**足利尊氏**（初名は高氏）（1305～58）である。鎌倉幕府の有力御家人であったが、倒幕の企てに乗り出した後醍醐天皇に通じ、機を見て幕府の六波羅探題を攻め滅ぼした。後醍醐天皇の建武の新政では功を賞されたが、やがて新政への武士の不満が高まると建武政権へ反旗を翻した。そして、持明院統の光厳上皇を担ぎ、その弟を光明天皇として即位させ、その下で将軍となって室町幕府を開いた。

　足利義教（1394～1441）は室町幕府の第六代将軍である。最初は僧侶になっていたが、兄の義持の死後にくじ引きで将軍に選ばれた。しかし、あまりの専制政治に反発を受け、播磨の大名だった赤松満祐によって殺害された（嘉吉の変）。**足利義尚**（1465～89）は第九代将軍。応仁・文明の大乱で低下した将軍の権力の復興のために近江の六角高頼の討伐に乗り出すが、その陣中で死去した。**足利義昭**（1537～97）は第十五代にして室町幕府最後の将軍。織田信長に擁立されて将軍職に就くが、やがて信長と敵対して京都から追放され、室町幕府はここに滅亡した。

6 解答

ア 足利尊氏

1 歴史・史跡に関する記述について、最も適当なものを ア～エ から選びなさい。

問
7

応仁・文明の乱が勃発した場所としても知られ、御霊信仰が高まるにつれて広く信仰を集めた神社はどこか。

ア 御香宮神社　　　　　イ 城南宮

ウ 御霊神社（上御霊神社）エ 石清水八幡宮

　応仁・文明の乱の勃発地として知られているのは、**御霊神社（上御霊神社）**＝写真＝である。平安京遷都の前後において政争のために非業の死を遂げた人々の御霊を祀った神社である。文正2年（1467）正月に室町幕府の前管領畠山政長が、畠山氏の家督をめぐるライバルであった畠山義就（ヨシヒロとも）に対抗するためにこの神社の杜に陣を敷き、両軍が戦闘状態に入った（御霊合戦）。この戦いは義就側の勝利に終わったが、これが応仁・文明の乱へと拡大していくことになる。

　御香宮神社は神功皇后、仲哀天皇、応神天皇を祭神とし、室町時代以降、伏見荘の鎮守社としてこの地域の中心的な役割を果たした神社である。**城南宮**は平安時代後期に白河上皇が造営した鳥羽殿（城南離宮）の鎮守社でもある。承久3年（1221）に後鳥羽上皇がここで城南流鏑馬を催すと称して諸国の武士を集めたことが承久の乱の発火点となった。**石清水八幡宮**は八幡市の男山に鎮座し、貞観元年（859）に奈良の大安寺の僧行教によって創建された神社である。

7 解答

ウ 御霊神社（上御霊神社）

1 歴史・史跡に関する記述について、最も適当なものを ア～エ から選びなさい。

22
回
3
級

23
回
3
級

23
回
2
級

23
回
1
級

問 8

徳川家康・秀忠・家光の3代が征夷大将軍の宣下を受けた城で、元和9年(1623)に廃城となったのはどれか。

|ア| 八木城 |イ| 伏見城

|ウ| 周山城 |エ| 園部城

徳川家康・秀忠・家光の3代が征夷大将軍の宣下を受けた城で、元和9年（1623）に廃城となったのは**伏見城**である。伏見城は、伏見区桃山の丘陵に豊臣秀吉と徳川家康によって築かれた複数の城のこと。伏見城の前身は、秀吉の別荘であった指月城。慶長の大地震で倒壊し、木幡山に新しく築城された。秀吉の死後、家康が入るが、関ヶ原の前哨戦で落城。慶長7年（1602）に家康が再建し、その翌年に伏見城で征夷大将軍に就任した。大坂の陣で豊臣氏が滅亡した後、一国一城令により京都に二条城と伏見城の2つの城を維持する名目がなくなり、徳川家光の将軍宣下を最後に廃城となった。

八木城は南丹市にあった山城。丹波守護細川氏の守護代を務めた内藤氏の居城。

周山城は、右京区京北周山町にあった山城。明智光秀の築城。京都と若狭を結ぶ周山街道の中間地点に築かれた。

園部城は、園部陣屋ともいわれ、南丹市園部町にあった城、陣屋。日本の城郭史上、最後に築かれた建物である。

8 解答

|イ| 伏見城

問9

岩倉具視や大久保利通らとともに王政復古の
クーデターを断行した明治維新の立役者は誰か。

ア 松平容保　　　　イ 中岡慎太郎

ウ 徳川慶喜　　　　エ 西郷隆盛

　慶応3年（1867）10月14日、江戸幕府第十五代将軍の**徳川慶喜**（1837〜1913）が朝廷に大政奉還を奏上した。しかし公家の岩倉具視や薩摩藩士の**西郷隆盛**（1828〜1877）、大久保利通らは大政奉還後も慶喜が実権を握ると考えていた。これを阻止するため、西郷らは同年12月9日、「王政復古の大号令」というクーデターを起こした。

　親徳川派の摂政二条斉敬（なりゆき）や皇族である賀陽宮朝彦親王（かやのみや）の参内を禁止して、明治天皇が臨席し、「王政復古の大号令」が下された。そして「慶喜の将軍職辞職を許す」「京都守護職や京都所司代の廃止」「江戸幕府（将軍、老中、奉行所など）の廃止」「摂政・関白の廃止」「総裁、議定、参与の三職を新設すること」が決定した。

　これにより朝廷内の親徳川勢力が一掃され、天皇を中心とした新政府が発足した。またその日の夜に「小御所会議」が開かれ、慶喜の辞官納地（内大臣の辞職と徳川領400万石の返上）が決定した。

　松平容保（1836〜1893）は陸奥国会津藩主。文久2年（1862）の幕政改革で新設された京都守護職に任命された。**中岡慎太郎**（1838〜1867）は幕末の志士。土佐藩を脱藩後、倒幕運動に奔走するも、坂本龍馬とともに京都で殺害された。

9 解答

エ 西郷隆盛

現存する日本最古の鉄道関係施設である煉瓦造のランプ小屋があるJR奈良線の駅はどこか。

ア 加茂駅 　　　　 イ 稲荷駅

ウ 二条駅 　　　　 エ 西舞鶴駅

　明治12年（1879）に建設された**稲荷駅**で、同時にランプ小屋と呼ばれる平屋建ての施設が駅構内に建てられた。当時は電気のない時代で、汽車や駅舎内外の照明や信号灯などに石油ランプが使われており、ランプ小屋はこれら照明器具や灯油を保管する基地であった。旧国鉄最古級の建物で、昭和45年（1970）に準鉄道記念物に指定され、ランプ類の他、かつての鉄道標識も収納されている。

　ちなみに当時の東海道線は京都駅から南に大きく迂回して稲荷駅を経由後、山越えで山科盆地に抜けていた。山科から再び北上し、現在の名神高速道路のルートに沿って大津の大谷駅（当時）から、開削した逢坂山隧道を抜けて馬場駅（現・膳所駅）に至り、そこからスイッチバックで大津駅（現・浜大津）に出ていた。

　大正10年（1921）に東山トンネルが開通したことで、現在の東海道線のルートになった。京都―稲荷駅間は奈良線に転用された。

10 解答

イ 稲荷駅

115

問 11

「京の台所」と呼ばれる錦市場の東に位置し、鳥居の上部の両端が建物の中に入り込んでいることでも知られる神社はどこか。

ア 平安神宮 　　　 イ 野宮神社

ウ 御金神社 　　　 エ 錦天満宮

　平安時代の長保年間（999～1004）、菅原道真の生家である菅原院に創建された**錦天満宮**＝写真＝は、天正年間（1573～92）に豊臣秀吉によって現在の地に移転し「錦の天神さん」として人々に親しまれている。京都市内の中心部にある約200坪の境内は四季折々の花に彩られ、良質な名水として有名な錦の水が湧出している。

　昭和3年（1928）に昭和天皇の御大典が京都で行われたことを記念し造営された**平安神宮**の大鳥居は高さ約24メートル、幅約18メートルの大きさを誇り、国の登録有形文化財に指定されている。

　右京区嵯峨野にある**野宮神社**は、縁結びと安産の神様として有名。伊勢神宮の斎宮に選ばれた皇女が伊勢に向かう前、1年間ここに籠って精進潔斎する習わしがあったとされ、毎年秋には、斎王の一行が伊勢の斎宮に向かう旅を再現した「斎宮行列」が開催されている。

　中京区の**御金神社**は、金融・証券、金属加工、宝くじ当選など、金属やお金を守る神社として信仰を集めている。

11 解答

エ 錦天満宮

問
12

香りの良い清泉が湧き出すことから清和天皇より名を賜ったといわれ、鳥羽・伏見の戦いで薩摩軍の陣営になった神社はどこか。

ア 籠神社　　　　　イ 梨木神社

ウ 御香宮神社　　　エ 貴船神社

御香宮神社に湧出する水は「御香水」と呼ばれ、この水を飲むと、どんな病気でも治る奇跡が起きたと伝わる。明治時代以降涸れていたが、昭和57年（1982）に復元された。昭和60年、環境庁（現・環境省）より「日本名水百選」に京都市内で唯一、認定されている。

宮津市の**籠神社**は、雪舟が描いた国宝の「天橋立図」にもその姿が描かれている。

京都御所の東側に隣接する**梨木神社**境内の井戸に湧き出す染井（ソメイとも）の水は、京の三名水の一つとして有名。梨木神社は萩の名所としても有名で、別名「萩の宮」とも呼ばれ、毎年秋には「萩まつり」が行われる。

左京区の**貴船神社**は、鴨川の水源地に当たることから水の神である高龗神が祀られ、水源の水神として信仰を集めてきた。本宮社殿の前の石垣からは、貴船山の良質の水が湧き出している。

12 解答

ウ 御香宮神社

2 神社・寺院に関する記述について、最も適当なものを ア〜エ から選びなさい。

賀茂川と高野川との合流点に位置し、世界遺産の下鴨神社の鎮守の森は何か。

ア 糺の森　　　　　イ 鵺の森

ウ なからぎの森　　エ 芦生の森

糺の森＝写真＝は現在も縄文時代の原生林と同じ植生を保ち続けている。ケヤキ、エノキ、ムクノキなどの広葉樹を中心に、古代山背原野の樹林を構成していた樹種が自生。樹齢600年から200年の樹木が約600本も数えられ、奈良・平安時代より数々の文学作品にも描かれてきた貴重な森である。

京都府立植物園内にある**なからぎの森**は、山城盆地の原植生をうかがい知ることのできる貴重な自然林。落葉樹の古木や常緑樹が混生する。広さは約5,500平方メートルで、ほぼ中央に上賀茂神社の境外末社である半木神社がある。

南丹市美山町にある京都大学の芦生研究林は別名「**芦生の森**」と呼ばれている。全面積（約4,200ヘクタール）の約半分はほとんど人の手が加わっていない天然林のため、豊かな自然が手つかずで残されており、多種多様な植物や動物が確認されている。

東山区の大将軍神社は東三條社とも呼ばれ、境内には樹齢800年を超えると伝わるイチョウの大樹がある。ここで源頼政が鵺退治をした伝説があり、「**鵺の森**」とも呼ばれている。

13 解答

ア 糺の森

2 神社・寺院に関する記述について、最も適当なものをア～エから選びなさい。

問14

後白河上皇が紀州の熊野権現を勧請したともいわれる京都三熊野社の一つで、哲学の道の若王子橋のたもとに位置し、御神木のナギにちなんだ梛守（なぎ）や八咫烏おみくじなどの授与品がある神社はどこか。

ア 由岐神社　　イ 熊野若王子神社
ウ 満足稲荷神社　　エ 平野神社

京都市内の熊野神社、**熊野若王子神社**＝写真＝、新熊野（いまくまの）神社を総称して「京都三熊野」と呼ぶ。いずれも、生涯に34度も熊野御幸を行った後白河法皇にゆかりが深い。

熊野若王子神社は熊野御幸の起点であり、永暦元年（1160）に後白河上皇が永観堂の守護神として創祀した。神社南側の裏山には、同志社を創立した新島襄の墓がある。

京都三大奇祭の一つである「鞍馬の火祭」が行われるのが、左京区の**由岐神社**。毎年、時代祭と同じ10月22日に、燃え盛る松明を手に境内を練り歩く。

左京区の**満足稲荷神社**は、豊臣秀吉が伏見城の守護神として伏見稲荷大社の祭神を勧請した神社。

北区の**平野神社**は、市内でも有数の桜の名所として古くから市民に愛されている。

14 解答

イ 熊野若王子神社

2 神社・寺院に関する記述について、最も適当なものを**ア**～**エ**から選びなさい。

問
15

当初は聚楽第内に建立され、現在は左京区大原に移転し、社名や授与品の「出世鈴」は豊臣秀吉の出世にちなむ神社はどこか。

ア 伏見稲荷大社　　**イ** 豊国神社

ウ 北野天満宮　　　**エ** 出世稲荷神社

解答は**出世稲荷神社**。豊臣秀吉が勧請した神社で、開運出世にご利益があるとして古くから信仰があつい。平成24年（2012）に上京区より左京区大原に移転した。

伏見区の**伏見稲荷大社**は、全国に約3万社あるといわれる稲荷神社の総本宮。稲荷山の麓に本殿があり、稲荷山全体が神域とされている。五穀豊穣、商売繁盛の神として信仰を集めている。

上京区の**北野天満宮**は学業成就の神社として有名。「学問の神さま」と崇められる菅原道真を祀り、全国に約1万2千社ある天満宮・天神社の総本社。「天神さん」と呼ばれて親しまれている。

東山区の**豊国神社**は豊臣秀吉を祀っており、明治天皇によって再興された。現在の社殿は明治13年（1880）に旧方広寺境内に再興されたもの。唐門（国宝）は伏見城の遺構で、桃山時代の逸品である。

15 解答

エ 出世稲荷神社

2 神社・寺院に関する記述について、最も適当なものをア～エから選びなさい。

問16

足利義満によって「五山之上」となり、歌舞伎『楼門五三桐』で石川五右衛門の「絶景かな絶景かな」のセリフで知られる三門を持つ寺院はどこか。

ア 志明院　　　　イ 南禅寺

ウ 妙傳寺　　　　エ 常照寺

南禅寺は正応4年（1291）、亀山法皇が離宮の禅林寺殿を寺に改め、禅林禅寺と名付けたのが始まり。二世住持の規庵祖圓が伽藍を整え、寺名も太平興国南禅禅寺とした。後醍醐天皇により、京都五山の第一に列せられたが、その後、足利義満が相国寺を開創して五山の第二、それまで第二であった天龍寺を第一と定めたことで、別格の「五山之上」と遇されることとなり、武家からとりわけあつい信仰を集めるようになった。現在の建物はいずれも江戸時代以降に再建されたもので、三門（重文）＝写真＝は寛永5年（1628）に藤堂高虎の寄進により造営された。

志明院は雲ケ畑にある真言宗系の単立寺院。通称は岩屋不動で、歌舞伎「鳴神」の舞台として知られる。**妙傳寺**は東大路通二条に伽藍を構える日蓮宗寺院で、日蓮宗京都八本山の一つ。**常照寺**は鷹峯にある吉野太夫ゆかりの日蓮宗寺院で、太夫の墓や夫の灰屋紹益との比翼塚がある。

16 解答

イ 南禅寺

2 神社・寺院に関する記述について、最も適当なものを ア～エ から選びなさい。

問
17

足利義満が創建した禅寺で、鹿苑寺（金閣寺）、
慈照寺（銀閣寺）を塔頭に持ち、同志社大学今出
川キャンパスに隣接する寺院はどこか。

ア 相国寺　　　　イ 妙心寺

ウ 大徳寺　　　　エ 東福寺

　室町幕府第三代将軍足利義満が勧請開山に夢窓疎石を仰ぎ、
「花の御所」の隣接地に造営した**相国寺**は、二世住持の春屋妙
葩が伽藍を整え、明徳3年（1392）に完成。将軍家歴代の位牌
を祀る寺として栄え、禅教道の中心を担って多くの高僧を世
に出し、室町時代の禅文化興隆に寄与した。境内では、豊臣
秀頼の寄進で再建された法堂（重文）の天井画「蟠龍図」（狩
野光信筆）が音に共鳴する鳴き龍として広く知られる。
　妙心寺は花園法皇が自らの離宮を禅寺として開創。大徳寺
の末寺的存在から独立後、江戸時代には白隠慧鶴ら多くの禅
傑を輩出、臨済禅の本流をなした。鎌倉時代末に宗峰妙超が
建立した**大徳寺**は、新興の武士や商人層に支持を拡大、茶人
との交流も深め、豊臣秀吉ら戦国大名の手厚い支援を受けて
繁栄した。紅葉の名所として名高い**東福寺**は、摂政九条道家
により創建された同家菩提寺で、三門（国宝）をはじめ往時の
威容を今に伝えている。

17 解答

ア 相国寺

2 神社・寺院に関する記述について、最も適当なものを **ア**～**エ** から選びなさい。

問 18

本尊の阿弥陀如来立像は振り向いた姿から「みかえり阿弥陀」と呼ばれ、紅葉の名所としても有名な寺院はどこか。

ア 永観堂 **イ** 真如堂
ウ 安祥院 **エ** 倒蓮華安養寺

京都有数の紅葉の名所で、本尊の阿弥陀如来立像が左に首を傾けた姿から「みかえり阿弥陀」＝写真＝の名で呼ばれ、あつい信仰を集める**永観堂**は、貞観5年（863）開創で、後に中興の祖である第七世永観のとき、本尊を阿弥陀如来として念仏道場となった。本尊の呼び名の由来は、永観が日課とした念仏を唱えての堂内行道の折、須弥壇を下りた本尊が行をともにし、永観が驚き立ち止まると振り向いて「永観、おそし」と一喝。以来、そのままの姿を今に留めているのだという。洛陽六阿弥陀めぐりの第二番札所で、その本尊は拝観順路一番奥の阿弥陀堂（本堂）に安置されている。

真如堂は洛陽六阿弥陀めぐり第一番札所で、本尊は「うなずきの弥陀」の別名で知られる。同じく第四番札所の**安祥院**は洛陽六阿弥陀めぐりを発願した木食上人正禅養阿が建立した寺院で清水寺近くに堂舎を構える。第五番札所の**倒蓮華安養寺**は新京極にあり、「女人往生の寺」として信仰を集めている。

18 解答

ア 永観堂

2 神社・寺院に関する記述について、最も適当なものを ア～エ から選びなさい。

問 **19**

境内に明恵ゆかりの茶園があり「日本最古之茶園」の碑が建つ、「鳥獣人物戯画」（国宝）でも有名な寺院はどこか。

ア 興聖寺 　　　　イ 建仁寺

ウ 高山寺 　　　　エ 妙喜庵

栂尾(とがのお)には古くより小坊が営まれていたが、後鳥羽上皇から寺地を与えられた明恵(みょうえ)が、建永元年（1206）に華厳宗(けごんしゅう)の道場として再興、**高山寺**(こうさんじ)に名を改めた。境内伽藍は石水院（国宝）が鎌倉時代の建築で、明恵の庵室だったなどと伝えらていれる。境内には、明恵が栄西(えいさい)（ヨウサイとも）によって宋からもたらされた茶の種を植えたという茶園があり、「日本最古之茶園」の碑が立つ。数多くの寺宝を有し、中でも「鳥獣人物戯画」(ちょうじゅうじんぶつ ぎ が)（国宝）は、日本最古の漫画として広く知られている。

興聖寺(こうしょうじ)は伏見深草に道元が開いた道場を、淀城主の永井尚(ながいなお)政(まさ)が復興、自らの菩提寺としたとされ、寺地は宇治七名園の一つ朝日茶園の跡地と伝わる。**建仁寺**(けんにんじ)は臨済宗の祖である栄西が、源頼家の支援を受けて創建した京都初の禅宗寺院。大山崎町にある**妙喜庵**(みょうきあん)は、春嶽士芳が連歌師山崎宗鑑(しゅんがくしほう)(やまざきそうかん)の庵を寺として開創。千利休がしばしば訪れて、後に唯一現存する利休作の茶室とされる待庵(たいあん)（国宝）を建てるに至った。

19 解答

ウ 高山寺

<table>
<tr><td>問
20</td><td>最澄が比叡山で修行して自ら彫った薬師如来像
を祀ったのが始まりとされる寺院はどこか。</td></tr>
</table>

ア 醍醐寺　　　　**イ** 東寺

ウ 仁和寺　　　　**エ** 延暦寺

　最澄が延暦7年（788）、比叡山上に一乗止観院を建立、自ら彫った薬師如来像を祀ったのが**延暦寺**＝写真＝の始まりとされる。唐に渡った最澄は延暦24年に帰国するや天台法華宗の確立に奔走、翌年に天台宗が公認されるに至った。第三代天台座主の円仁、第五代円珍の下で宗勢を拡大、第十八代良源の時代には、東塔、西塔、横川の三塔十六谷に3,000の寺坊を有するまでになった。織田信長の焼き討ちによる大打撃に遭うも豊臣家、徳川家の支援や天海らの尽力で再興。不滅の法灯や千日回峰の荒行など、その伝統は今も健在だ。

　理源大師聖宝が醍醐山上の草庵に如意輪、准胝両観音を祀ったのに始まる**醍醐寺**は、山上の上醍醐、山下の下醍醐からなり、上醍醐准胝堂は西国三十三所観音霊場第十一番札所。ただし、平成20年（2008）に焼失したため、現在は下醍醐観音堂が札所となっている。**東寺**は平安京造営に際し、西寺とともに王城鎮護を担う二大官寺の一つとして創建された。真言宗御室派総本山の**仁和寺**は、宇多天皇による創建以来、明治維新まで法親王が代々住持を務めた皇室ゆかりの寺院。

20 解答

エ 延暦寺

問 21

上賀茂神社本殿や下鴨神社本殿で見られる神社建築で、前方に流れる屋根が長く、曲線を描いて向拝をなす、全国で最も多く用いられる形式はどれか。

ア 流造　　　　イ 祇園造

ウ 八幡造　　　エ 春日造

　上賀茂神社、下鴨神社の本殿は**流造**という神社本殿形式である。流造とは全国的に最も多く流布する形式で、切妻造で平入、屋根には緩やかな反りをつけ、前面の屋根は流れるように延びて向拝となる。この向拝の下に階段と浜床を設ける。正面は一間または三間が多く、上賀茂神社、下鴨神社本殿はともに三間。

　祇園造は八坂神社の本殿建築様式で、身舎の四方に庇があり、身舎と前廂へ入母屋の屋根をかけ、両側面と後面との廂に片流の庇屋根をかけたもの。**八幡造**は、石清水八幡宮の本殿建築様式で、切妻造平入の前殿と後殿とを連結し、両者の間に生じた屋根の谷に共用の樋を入れたもの。前殿と後殿の間の空間は相の間と呼ばれる。**春日造**は、切妻造妻入、丹塗、正面に階隠の庇をつけたもので、棟に置千木と堅魚木を揚げ、春日大社本殿が典型である。

21 解答

ア 流造

問
22

京町家に見られる、商家の門口の寄り付きに張
り付いた収納可能な折り畳み式の台を何という
か。

ア 虫籠窓　　　　　イ 京格子

ウ 犬矢来　　　　　エ バッタリ床几

　京町家の多くの商家には、門口付近に通称「バッタリ床几」
という1畳ほどの折り畳める台が付いていた。現在も見かけ
るが、数は少なくなっている。もともと商品の陳列台として
使われており、折り曲げてある脚を起こして台を引き倒すと
バッタリ倒れるように家の前に出せることからその名が付い
たとされる。「揚見世」ともいわれ、洛中洛外図屏風にそのよ
うな台が描かれている。商売のためだけではなく、腰かけて
夏の夕涼みに用いたり、将棋を指したり、世間話に花を咲か
せるなど社交の場としても活用された。

　虫籠窓は、京町家の低い2階部分の漆喰壁に虫かごのよう
に格子状に開いた楕円形や長方形の固定窓。格子は、木を縦
横に組んで間を透かした建具で、**京格子**は職業によって形や
様式が違うのが特徴。**犬矢来**は、京町家の建物や塀に沿って
割竹をアーチ状に組んで設置してある柵。雨天の泥はねや犬
の放尿で外壁が汚れるのを防ぐ。泥棒除けの効果もある。

22 解答

エ バッタリ床几

問
23

慈照寺（銀閣寺）東求堂に遺構が見られる邸宅建
築で、間仕切りに襖を用い、畳を敷き詰め、屋
内をいくつかの部屋で構成する、室町時代に広
まった形式を何というか。

ア 権現造 イ 祇園造

ウ 寝殿造 エ 書院造

　銀閣寺東求堂は**書院造**である。書院造は住宅形式の一つで、
寝殿造を原形とし、鎌倉・室町時代の過渡期を経て桃山時代
に完成した。寝殿造と異なり、母屋と庇の区分がなく、畳が
敷き詰められて角柱、障子、襖などが用いられている。

　寝殿造は、平安時代に完成した貴族の住宅形式。基本的に
正殿である寝殿は檜皮葺、入母屋造、丸柱で総板敷。寝殿造は、
寝殿を中心に東の対、西の対などから成り、それぞれの殿舎
が廊、渡殿などで連結される。開口部に蔀をつり、出入口に
妻戸を用いる。寝殿の南は儀式のための白砂敷きの広場であ
る南庭が設けられ、その先に橋の架かる池が広がる。東西の
対からは中門廊が南にのび、その南端には池に臨んで釣殿や
泉殿が置かれる。

　権現造は北野天満宮の本殿建築様式で、**祇園造**は八坂神社
の本殿建築様式である。

23 解答

エ 書院造

3 建築・庭園・美術に関する記述について、最も適当なものを ア〜エ から選びなさい。

明治42年（1909）に武田五一の設計で建てられたルネサンス風の近代建築で、現在、その正面外壁を再利用している岡崎にある施設は何か。

ア 京都国立博物館 明治古都館
イ 京都府庁 旧本館
ウ 京都府京都文化博物館 別館
エ 京都府立図書館

　現在の**京都府立図書館**＝写真＝の建物は、武田五一の設計で明治42年（1909）に開館した。当時は煉瓦造の３階建てであったが、現在は鉄筋コンクリート構造。

　武田五一は、明治時代後期から大正・昭和初期に活躍した建築家で、明治30年に東京大学造家学科を卒業、大正９年（1920）に京都大学建築学科創立とともに同大教授となり、ゼツェッションなど当時の近代建築の新造形の魅力をいち早く紹介した。京都では、東方文化学院京都研究所（現・京都大学人文科学研究所附属漢字情報研究センター）などがある。

　明治28年に竣工した**京都国立博物館 明治古都館**の設計者は、明治時代の代表的宮廷建築家、片山東熊である。**京都府庁 旧本館**を設計したのは、京都府技師である松室重光。**京都府京都文化博物館の別館**は、旧日本銀行京都支店の建物を修理・復元したもので明治39年、辰野金吾と長野宇平治によるもの。

24 解答

エ 京都府立図書館

3 建築・庭園・美術に関する記述について、最も適当なものを ア～エ から選びなさい。

問
25

中国の洞庭湖をモデルにしたといわれており、現在も日本三大名月観賞地の一つとして、中秋の名月には「観月の夕べ」が開催される嵯峨天皇が造営した人工池はどこか。

| ア 八条ヶ池 | イ 大沢池 |
| ウ 深泥池 | エ 中山池 |

　平安時代初期に嵯峨天皇が造営した人工池は**大沢池**（おおさわのいけ）＝写真＝である。大沢池は嵯峨天皇の離宮嵯峨院の庭園の園池で中国の洞庭湖（どうていこ）をモデルにした。離宮嵯峨院は貞観18年（876）に嵯峨天皇の皇女正子（まさこ）（セイシとも）内親王により大覚寺となった。北方の上嵯峨山中から流れ出る谷川を、堤を築いて堰き止めたのが大沢池で、池の北部には西に天神島、東に菊ヶ島を配し、その2島をつなぐようなかたちで「庭湖石」（ていこせき）と呼ばれる立石が池中に据えられている。

　園池の北方約100メートルに名古曽滝跡（なこそのたき）として残る滝石組がある。『拾遺和歌集』（しゅうい）にある「滝の音は絶えて久しくなりぬれど名こそ流れてなほ聞こえけれ」と名古曽滝を詠んだのは、平安時代の貴族・藤原公任（きんとう）である。この歌にあるように平安時代中期にはすでに水は枯れていたことが分かる。「大沢池　附名古曽滝趾」という名称で大正11年（1922）に国の名勝に指定された。

25 解答

イ 大沢池

3 建築・庭園・美術に関する記述について、最も適当なものを **ア**〜**エ**から
選びなさい。

問 26
西芳寺や天龍寺の庭園を手掛け、枯山水や石組
を使った庭園の発展に大きな影響を与えた僧侶
は誰か。

ア 古嶽宗亘　　　　**イ** 無関普門

ウ 夢窓疎石　　　　**エ** 雪江宗深

　西芳寺庭園や天龍寺庭園を手がけたのは、鎌倉時代後期か
ら南北朝時代の臨済僧の**夢窓疎石**（1275〜1351）である。疎石
は、禅の修行に徹底し、後に入山した各地の寺で教化の方便
として作庭を用いた。疎石の作庭は、石組み主体の立体的な
空間構成が特徴で、庭園の意匠・手法に新機軸を開き、室町
時代以降の作庭に大きな影響を及ぼした。
　古嶽宗亘（1465〜1548）は、大徳寺大仙院の開祖。大仙院書
院庭園の作庭者ではないかとされる。
　無関普門（1212〜92）は、鎌倉時代中期の臨済宗の僧。
　雪江宗深（1408〜86）は、室町時代の臨済宗の僧。

26 解答

ウ 夢窓疎石

3 建築・庭園・美術に関する記述について、最も適当なものを ア〜エ から選びなさい。

問27 茶道・建築・造園に優れた才能を発揮した大名茶人である小堀遠州が、江戸幕府三代将軍徳川家光を迎えるために造ったとされる鶴亀の庭がある寺院はどこか。

ア 金地院　　　　　イ 高桐院

ウ 東林院　　　　　エ 圓徳院

　南禅寺の塔頭（たっちゅう）金地院（こんちいん）の方丈庭園＝写真＝は、寛永9年（1632）に以心崇伝（いしんすうでん）の依頼を受けた小堀遠州の設計によるもの。この方丈南の枯山水は鶴亀の庭の典型とされ、徳川将軍家の繁栄を願う祝儀の空間でもある。方丈の前面に白砂を敷き、築山と石組からなる鶴島と亀島を置きその間に玉砂利を敷いて遥拝石（はいせき）と称される平石を伏せた庭園である。遥拝石の背後には遠山を象徴する石組を配する。さらに、その後方は大刈込とし、その背後に、これも遠州の構想による東照宮を望む構成になっている。

　小堀遠州は江戸時代初期の大名で、本名は政一（まさかず）。建築家、作庭家としてよく知られ、江戸幕府の作事奉行として活躍した。金地院庭園は数少ない遠州が関わった確証のある庭園の一つであり、崇伝の日記『本光国師日記』に遠州と崇伝のやり取りや庭石の注文・納入次第が記されている。

27 解答

ア 金地院

3 建築・庭園・美術に関する記述について、最も適当なものを**ア**〜**エ**から
選びなさい。

問 **28**

織田信長が上杉謙信に贈呈したことでも知られ
る、京の町並みと郊外を描いた、狩野永徳筆の
国宝の屏風はどれか。

ア 保津川図屏風
イ 洛中洛外図屏風（上杉本）
ウ 風神雷神図屏風
エ 花卉図屏風

　都の街並みや社寺などの景観と郊外を描いた洛中洛外図＝
写真＝は室町時代末期の16世紀初頭に成立し、現存最古とさ
れる国立歴史民俗博物館所蔵の洛中洛外図屏風（通称・歴博
甲本）をはじめ数多く描かれた。織田信長が天正2年（1574）
に上杉謙信に贈った**洛中洛外図屏風**は狩野永徳の筆になる名
作。天文年間の後半の都の景観とされ、祇園祭の山鉾巡行の
にぎわいなどを含め描写人物は2,485人にのぼる。大画面に卓
越した表現力で都の景色の細部や人々の様子が見事に活写さ
れ、都の華やぎを絢爛豪華に伝える。長らく上杉家に伝えら
れ、上杉本と呼ばれてきた。現在は米沢市が所有。

　保津川図屏風は江戸時代後期の円山応挙が晩年に描いた「保
津川図屏風」（重文）が著名。

　風神雷神図屏風は江戸時時代初期に活躍した画家、俵屋宗
達が風神と雷神を描いた国宝屏風が名高い。

　花卉図屏風は京都の妙心寺に
ある海北友松筆の6曲1双屏風
（重文）が知られる。

28 解答

イ 洛中洛外図屏風（上杉本）

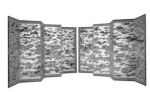

提供：米沢市（上杉博物館）

3 建築・庭園・美術に関する記述について、最も適当なものを ア ～ エ から
選びなさい。

今年（2023）、東京と奈良で九体阿弥陀修理完
成記念特別展が開催され、東方瑠璃光浄土に住
むとされる薬師如来を所有する木津川市の寺院
はどれか。

ア 海住山寺		イ 法金剛院	
ウ 平等院		エ 浄瑠璃寺	

　木津川市加茂町にある真言律宗寺院、**浄瑠璃寺**は『浄瑠璃寺
流記事』によると永承2年（1047）、薬師如来を本尊に創建。
12世紀はじめに現本堂の**九体阿弥陀堂**（国宝）が建立された。
別名を**九体寺**とも呼ばれるのは、本堂内に安置されている9
体の阿弥陀如来坐像に由来する。仏の教えが廃れる末法思想
を背景に極楽往生を願う信仰が隆盛、九体阿弥陀像は生前の
功徳に応じて9段階の往生があるとされ、それに関わる9体
の阿弥陀如来の造像がさかんに行われた。当時の九体阿弥陀
如来坐像とそれを安置する専用の堂宇（本堂）が現存する唯一
の例が浄瑠璃寺。9体の阿弥陀如来坐像は平成30年（2018）か
ら5年をかけて修理事業が終了した。
　海住山寺は木津川市加茂町瓶原にある真言宗智山派の寺
院。天平年間の創建とされ、平安時代初期の十一面観音菩薩
立像（重文）など多様で優れた仏像や国宝五重塔（鎌倉時代）
など文化財が多い。
　法金剛院は右京区花園にある律宗寺院。平安時代の滝石組
を最大規模で今に伝える国の特別名勝の庭園で知られる。
　平等院は宇治市にある世界文化遺産の名刹。

29 解答

エ 浄瑠璃寺

3 建築・庭園・美術に関する記述について、最も適当なものを<u>ア</u>～<u>エ</u>から選びなさい。

問30 江戸初期の近世工芸を代表する芸術家である本阿弥光悦は、職人を集めて工芸品を生み出す「光悦村」を開いた。その場所はどこか。

ア 炭山 　　　　 **イ** 西陣

ウ 鷹峯 　　　　 **エ** 深草

22回3級

23回3級

23回2級

23回1級

本阿弥光悦が元和元年（1615）に徳川家康から拝領したのは鷹峯である。丹波と京を結ぶ街道筋に当たる一帯は、京の七口の一つ長坂口に通じる場所。拝領当時は、辻斬りや追いはぎが出るようなところだったともいわれるが、光悦はここに草庵と法華題目堂を建てて、自らと同様に熱心な法華宗信徒である蒔絵師、紙師、筆師などの工芸職人を引き連れてこの地に移り住み、位牌堂なども建立、法華信仰を核とした光悦村（工芸集落）を形成した。書や蒔絵などに優れた才能を発揮した光悦が作陶を手がけるようになるのは、鷹峯に移ってからで、白樂の「銘不二山」などの名碗を遺した。

炭山は、宇治市北東の山あいの地域。京都から移った京焼や清水焼作家の陶房がある。

西陣は応仁・文明の乱の際に山名宗全が敷いた西軍の本陣跡地に広がった絹織物産地。深草は現在の伏見区北部。鶉鳴く草深い里として山城国の歌枕になった。

30 解答

ウ 鷹峯

4 芸術・文化に関する記述について、最も適当なものを ア～エ から選びなさい。

問
31

もとは仏教とともに伝来した経巻を仕立てることに始まり、現在でも掛軸や屏風、襖絵などに用いられる経済産業大臣指定伝統的工芸品はどれか。

ア 京刃物　　　　　イ 京漆器

ウ 京表具　　　　　エ 京人形

　仏教とともに伝来し、経巻を仕立てることに始まった経済産業大臣指定の伝統工芸品といえば**京表具**＝写真＝。その技術は仏画などを礼拝用に仕上げるのにも用いられ、掛軸や襖、屏風、衝立などに使われるようになった。茶道が盛んになるにつれて需要は増え、表具師の技術も一層磨き上げられた。また、京表具の技術は文化財の修復に欠かせないものになっている。京都では経典、和本などを担当する者は経師と呼ぶ。

　京刃物は、平安時代から名工を輩出した歴史がある。出雲の砂鉄、京都の鳴滝の砥石、丹波の松炭などが支えた。**京漆器**と**京人形**は経済産業大臣指定伝統工芸品。京漆器の需要の多くは棗などの高級な茶道具が中心。本阿弥光悦や尾形光琳らの蒔絵はよく知られている。京人形には雛人形、風俗人形、五月人形（甲冑飾、武者人形）、市松人形、御所人形などがある。「京人形」「京雛」「京甲冑」は、地域団体商標に登録済。

31 解答

ウ 京表具

4 芸術・文化に関する記述について、最も適当なものを⑦～工から選びなさい。

問 **32**

各宗派の大本山が集中している京都で、門前に京仏壇や京仏具の老舗が軒を連ねているところはどこか。

⑦ 粟生光明寺門前　　　イ 先斗町界わい

ウ 三条通界わい　　　　エ 東西本願寺門前

京都で京仏壇や京仏具の老舗が最も集中している所は、下京区の**東西本願寺門前**界わい＝写真＝。文化庁の宗教統計調査（令和４年度）によると、信者数は、西本願寺が約779万人、東本願寺が約728万人と、わが国で１位と２位を占める。全国から参拝に訪れる人も多く、両本願寺御用達の仏壇・仏具、珠数の店などが集まるのも自然な成り行きといえる。東西本願寺を結ぶ通りだった六条通は、現在は仏壇・仏具店等はほとんどなく、小規模宿泊施設が古い京都の町並みを活かして立地している。

粟生光明寺は、長岡京市にある西山浄土宗総本山光明寺のこと。法然上人が初めて本願念仏の教えを説いた地として知られる。先斗町は京都五花街の一つ。地名ではないが、鴨川と木屋町通の間にある三条通一筋下ルから四条通までの地域を指す。三条通は、山科区四ノ宮から嵐山に至る京都市中央部を走る東西路で、町並みはさまざまな表情を見せる。

32 解答

エ 東西本願寺門前

問33

藤原定家の孫為相を祖とする、800年の歴史を
もつ「和歌の家」はどれか。

ア 有栖川宮家　　　イ 冷泉家

ウ 九條(条)家　　　エ 閑院宮家

　藤原定家(テイカとも)の孫為相を祖とする、800年の歴史
をもつ「和歌の家」は**冷泉家**である。冷泉家は、藤原氏の一族、
御子左家の分かれで、鎌倉時代後期から今日に至る。為相は、
為家と阿仏尼の子で、藤原定家から為家に伝えられた冷泉小
路に面した家に住んだことから冷泉家と呼ばれることとなっ
た。俊成(シュンゼイとも)・定家以来、歌道をもって家業とし、
南北朝時代末期に宗家(嫡流)の二条家や、京極家が絶えてか
らは、歌道師範家として重要な役割を果たしてきた。
　有栖川宮家は、高松宮と称した後陽成天皇の第七皇子好仁
親王を祖とする宮家。世襲親王家の一つ。
　九條(条)家は、藤原氏北家嫡流の一つ、五摂家に数えられ
る。関白藤原忠通の三男兼実が父から九条の地を譲られ、邸
宅を構えて九条と称したことに始まる
　閑院宮家は、江戸時代中期に新井白石の献策により、東山
天皇の皇子直仁親王を初代とする宮家。

33 解答

イ 冷泉家

4 芸術・文化に関する記述について、最も適当なものをア〜エから選びなさい。

問34

千宗旦の四男・仙叟宗室が興し、今日庵と呼ばれる茶室がある茶道家元はどれか。

ア 表千家　　　　**イ** 裏千家

ウ 武者小路千家　**エ** 藪内家

　ある日宗旦は、禅の師である大徳寺の清巌宗渭（せいがんそうい）を主客として茶席抜きに招いた。しかし和尚は定刻を過ぎても現れない。宗旦は仕方なく「明日おいでください」の伝言を残し外出。遅れてやって来た清巌は、「懈怠比丘不期明日」（けたいのびくみょうにちをきせず）（怠け者の僧である私は、明日と言われても約束はできかねる）と書き置きを残して帰ってしまう。所用を済ませて帰宅した宗旦は、少し先のことも分からない世の中に明日の再会を求めたことを悔い、書き出しの「懈怠」を字面の似る「邂逅」（かいこう）に置き換えた書を認め返信とした。これを機に今日の巡り合いを大切にすることを心に誓うとともに、茶室を今日庵（こんにち）＝写真＝と名付けたという。今日庵は、**裏千家**の代名詞ともなっている。

　なお、今日庵や又隠を含む裏千家住宅は重文に指定されている。令和2年（2020）には、約7年をかけて行われた大規模な保存修理工事の竣工を迎えた。

34 解答

イ 裏千家

4 芸術・文化に関する記述について、最も適当なものを**ア**〜**エ**から選びなさい。

問 35

華道のいけばなは、仏前に花を供えることから始まったとされるが、これを何というか。

ア 供華（くげ）

イ 抛入花（なげいればな）

ウ 花合せ

エ 立華

　仏前に花を供える**供華**（くげ）＝写真＝は、仏を供養する方法の一つ。『法華経』には、十種供養の筆頭に「華」が挙げられている。供華に用いられる花としては、仏教発祥の地インドで重んじられたハスが、代表的なものとして挙げられる。

　供華の風習は、6世紀の仏教伝来と同時に日本列島にもたらされたと考えられ、季節に応じたさまざまな花が用いられるようになっていき、いけばなの成立につながった。聖徳太子創建と伝わる六角堂の住職が代々、華道家元を務めているという事実は、供華と華道・いけばなの関係をよく示している。

　花合せは、器に花を挿したものを持ち寄り、優劣を競った遊芸で、平安時代に歌合せと連動して盛んに行われた。**立華**（りっか）は、室町時代後期から江戸時代前期にかけて成立した様式で、大自然の姿を器の上に再構成する。**抛入花**（なげいればな）は、江戸時代前期に流行した軽やかないけばなで、茶席に飾られる茶花と共通点を持つ。

35 解答

ア 供華

4 芸術・文化に関する記述について、最も適当なものを**ア**〜**エ**から選びなさい。

問 **36**

足利義満の寵愛を受けて、父・観阿弥とともに物まね主体の猿楽能を歌舞主体の幽玄能に完成させた人物は誰か。

ア 世阿弥　　　　　　**イ** 音阿弥

ウ 芸阿弥　　　　　　**エ** 相阿弥

　観阿弥（カンナミとも）（1333〜84）の子といえば**世阿弥**（1363〜1443）である。大和猿楽四座の一つである結崎座の出身で、父とともに京都に出て、新熊野神社での演能をきっかけに室町幕府第三代将軍足利義満の寵愛を受けるようになった。物まね主体の大衆的な能だったものを、歌舞主体の幽玄能へと洗練させ、能の芸術性を高めた人物だとされている。「秘すれば花」「初心忘るべからず」は世阿弥の言葉であり、それは彼の著書『花鏡』の中にある。

　音阿弥（オンナミとも）（1398〜1467）は、観阿弥の孫で世阿弥の弟の子。観阿弥・世阿弥の次の時代の能役者として活躍し、とくに室町幕府第六代将軍足利義教、第八代将軍義政の多大な支援を受けて、観世流を大いに発展させた。

　芸阿弥（1431〜85）・**相阿弥**（？〜1525）は、それぞれ能阿弥の子と孫で、同じく第六代将軍足利義教、第八代将軍義政に仕えた芸能集団・同朋衆三代としてその名を残している。

36 解答

ア 世阿弥

4 芸術・文化に関する記述について、最も適当なものを ア～エ から選びなさい。

問 37

狂言面を付けた無言劇として知られる大念仏狂言で、無言ではなくセリフが入る千本閻魔堂で開かれるものはどれか。

ア 壬生大念佛狂言
イ 千本ゑんま堂大念佛狂言
ウ 嵯峨大念佛狂言
エ 神泉苑大念仏狂言

　大念佛狂言は当時の民衆に、勧善懲悪を伝えることを目的として、平安時代中期から鎌倉時代に始まった古い歴史をもつ民俗芸能である。選択肢に並ぶ4つのうち、**壬生大念佛狂言**と**嵯峨大念佛狂言**は、国の重要無形民俗文化財に指定されている。

　京都の三大念仏狂言といえば、壬生寺の壬生大念佛狂言、嵯峨釈迦堂（清凉寺）の嵯峨大念佛狂言、千本ゑんま堂（引接寺）の**千本ゑんま堂大念佛狂言**＝写真＝が挙げられる。このうち重要無形民俗文化財に指定されている2つは狂言面を付けて演じる無言劇（パントマイム）だが、千本ゑんま堂で行われる千本ゑんま堂大念佛狂言のみ、セリフが入るのが特徴。しかし、この千本ゑんま堂で演じられる念佛狂言が一番古く、平安時代中期に比叡山の僧定覚が始めた大念仏踊がルーツとされている。

37 解答

イ 千本ゑんま堂大念佛狂言

芸術・文化に関する記述について、最も適当なものをア～エから選びなさい。

『傾城仏の原』など近松門左衛門の脚本を多く上演し、和事の演出を生み出し人気を博した上方歌舞伎の名優は誰か。

ア 尾上菊五郎　　　**イ** 片岡仁左衛門

ウ 芳沢あやめ　　　**エ** 坂田藤十郎

　歌舞伎が一応の完成をみたのは元禄時代とされている。この元禄歌舞伎を代表する名優は、上方の**坂田藤十郎**と江戸の市川團十郎。この2人が当代随一の人気役者として対比された。江戸で荒事の演出を創始した初代市川團十郎（1660～1704）に対し、上方では初代坂田藤十郎（1647～1709）が和事の演出を生み出した。江戸では荒々しく豪快な演技が好まれたが、上方では対照的に、町人社会を題材とした世話物が好まれ、やわらかで優美な和事の演出で人気を博した。中でも坂田藤十郎が出る芝居の多くの台本を書いたのが近松門左衛門（1653～1724）であった。

　尾上菊五郎は、初代（1717～84）は京で女形、後に江戸に下って立役となり、江戸歌舞伎を伝えている。屋号は音羽屋。

　片岡仁左衛門は、坂田藤十郎と並ぶ上方歌舞伎の名優。屋号は松嶋屋。

　芳沢あやめは、初代が元禄時代から享保にかけて大坂で活躍した上方歌舞伎の女形。屋号は橘屋。

38 解答

エ 坂田藤十郎

問 39

京都五花街の中で、春は「鴨川をどり」、秋は「水明会」が開催される花街はどこか。

ア 祇園甲部　　　イ 宮川町
ウ 先斗町　　　　エ 上七軒

　3月から5月にかけて花街で催される舞踊公演の総称を「春のをどり」という。舞踊だけでなく、お囃子も芸舞妓が受け持つ舞台で、毎年趣向をこらした新作が上演される。

　春のをどりの有終の美を飾るのは、**先斗町**の「鴨川をどり」＝写真＝（5月1日〜24日）。明治5年（1872）に開かれた「第一回京都博覧会」の折に、京都を盛り上げるために始められた。令和6年（2024）で185回目を数え、五花街の舞踊公演の中で最も多い上演回数を誇る。舞台の内容は、舞踊劇と純舞踊の2部構成。会場となる先斗町歌舞練場には、芸舞妓による立礼のお茶席も設けられる。先斗町歌舞練場の秋季の代表的な行事といえば、10月に開催される「水明会」だ。先斗町の東側に流れる鴨川の清流にちなんで名付けられた。芸舞妓の常日頃の稽古の研鑽成果が発揮される舞踊公演である。

　祇園甲部では「都をどり」と「温習会」、**宮川町**では「京おどり」と「みずゑ會」、**上七軒**では「北野をどり」と「寿会」が、それぞれ春と秋に催される。

39 解答

ウ 先斗町

4 芸術・文化に関する記述について、最も適当なものをア～エから選びなさい。

問
40

舞妓の髪には毎月決まった花簪を挿すしきたりがある。4月の花簪は何か。

| ア | 桜 | イ | 薄 |
| ウ | 団扇 | エ | まねき |

　舞妓の髪型や花簪＝写真＝には、舞妓としてのキャリアが表現されている。舞妓になってしばらくは「割れしのぶ」、そして「おふく」などを経て、芸妓になる「襟替え」の目前には「先笄」へと変化していく。花簪は、デビューしたての頃はかわいい色合いの小花が多く、年月とともに大きな輪の花になっていく。

　花簪は行事や月によって挿すものがおおよそ決まっている。正月は「稲穂」、1月は「松竹梅」、2月は「梅」、3月は「菜の花」「水仙」、4月は「**桜**」、5月は「藤」「あやめ」「牡丹」、6月は「柳」「紫陽花」、7月は「**団扇**」「扇面」「祇園祭」、8月は「**薄**」「朝顔」、9月は「桔梗」、10月は「菊」、11月は「紅葉」「銀杏」、12月は「**まねき**（顔見世）」などである。

　花簪を制作しているのは、祇園に店を構える金竹堂。それぞれの花の色に染められた羽二重を用いて一枚一枚花びらをつくって造花し、簪に組み上げる。全て手作業で行われる。

40 解答

ア 桜

問 41

毎年1月4日、下鴨神社で行われる、水干、袴、烏帽子姿で巧みな足さばきを披露する行事は何か。

ア かるた始め式　　イ 筆始め

ウ 蹴鞠初め　　　　エ 釿始め

　下鴨神社で毎年1月4日に行われる行事は**蹴鞠初め**（けまり）＝写真＝。奈良時代に宮中に伝来し、3人から8人が1座となって鹿の皮でできた鞠を相手が蹴りやすいように蹴り続ける平安貴族の優雅な遊び。飛鳥井流（あすかい）、難波流などがあり、現在は烏帽子、水干姿（ぼし、すいかん）の蹴鞠保存会（しゅうきく）のメンバーが行う。飛鳥井家の屋敷跡に建つ白峯神宮の境内には摂社である地主社（じしゅしゃ）があり、蹴鞠の神様である精大明神（せいだいみょうじん）が祀られている。石碑も立ち、Jリーガーも訪れるなど今ではサッカーの神様として人気を集める。

　かるた始めは1月3日に八坂神社の能舞台で行われる。平安装束を纏った女性による華やかな行事。1月2日から4日には北野天満宮で**筆始**祭として神前で書道の上達を願って書初めを行う。これを天満書（てんまがき）という。**釿始め**（ちょうな）は宮大工の年始儀式。建築の神といわれる聖徳太子に1年の無事を祈願する。

41 解答

ウ 蹴鞠初め

5 祭りと行事に関する記述について、最も適当なものをア～エから選びなさい。

問 42

3月最終日曜に行われる、深草少将百夜通いの悲恋伝説をテーマに、菅笠に梅の造花を挿した少女たちが舞う隨心院の行事は何か。

ア 法界寺裸踊り　　イ はねず踊り

ウ 赦免地踊　　エ 久多花笠踊

　小野小町ゆかりの隨心院には、深草少将が小町に想いを寄せて通い続けた「百夜通い」の悲恋物語が伝わる。この伝説をテーマにして少女たちが毎春、今様に合わせて踊るのが**はねず踊り**＝写真＝。はねず（唐棣）色とはうす紅色を指す古語。隨心院の小野梅園には紅梅や白梅など約200本が植えられていて、遅咲きの紅梅は「はねず梅」の名で古くから親しまれている。踊る少女たちは菅笠に梅の造花を挿し、まとう小袖ははねず色。大正時代ごろまでは、少女らが踊り歌いながら家々を回っていたとされる。その後は途絶えていたが、昭和48年（1973）に復活し、薬医門前の特設舞台で演じられている。

　法界寺裸踊りは、伏見区の法界寺で毎年1月14日に行われる修正会の結願行事。**赦免地踊**は、江戸時代、租税免除が継続されたことに感謝して毎秋、左京区八瀬の秋元神社で行われる。**久多花笠踊**は、同区久多に伝わる風流灯籠踊。8月下旬に開催。国の重要無形民俗文化財に指定されている。

42 解答

イ はねず踊り

147

5 祭りと行事に関する記述について、最も適当なものをア～エから選びなさい。

問
43

今年（2023）、上皇ご夫妻が観覧された葵祭で、女人列の中心となるヒロインは何と呼ばれているか。

ア 斎王代　　　**イ** 勅使

ウ 内侍　　　**エ** 命婦

　葵祭は約1500年前から続く下鴨神社と上賀茂神社の例祭。5月15日に御所を出発して、両神社のおよそ8キロの距離を、フタバアオイの葉を付けた総勢500人余の平安装束の人々が馬や牛車とともに練り歩く。女人列＝写真＝のヒロインは斎王代。平安時代は内親王が選ばれて祭に奉仕したが、現在は京都にゆかりのある未婚の女性が選ばれるため斎王代という。十二単の大礼服である五衣唐衣裳を身にまとうが、重さが約30キロもあり、3時間ほどかけて2人がかりで着付けをする。髪はおすべらかしにし額の両側に「日陰糸」を下げ、手には檜扇を持つ。腰輿という輿に乗って参向する。

　命婦は小袿を着用し、花傘を差しかけられる高級女官。勅使は近衛使代として、この列の最高従者。祭の主役ともいえる存在。飾太刀を帯び、飾馬に乗っている。

43 解答

ア 斎王代

問
44

今年（2023）、俳優が芸能文化振興会総裁に就任した車折神社の行事で、大堰川に浮かべた船上で神事を披露する祭りはどれか。

ア 三船祭　　　　イ 伊根祭

ウ 松尾祭　　　　エ 貴船祭

　大堰川を舞台に神事を披露するのは**三船祭**＝写真＝。車折神社の例祭であり、5月の第3日曜に行われる。車折神社の境内には芸能の神様を祀る芸能神社があり、令和5年（2023）、車折神社芸能文化振興会が設立され、その総裁に俳優の観月ありさ氏が就任した。大堰川に御座船、龍頭船、鷁首船などがある。平安貴族が嵐山の大堰川で行った船遊びに由来する祭礼。和歌、漢詩、奏楽の3つの船が出、それぞれの船上で雅楽が演奏され、舞いが舞われたことにちなむ。足利尊氏のお供の童子が誤って川に扇子を落としたことから始まったという「扇流し」も優雅だ。

　伊根祭は300年以上続く丹後の海の祭り。海上安全、大漁、五穀豊穣を祈願して7月末の土・日曜に行われる。江戸時代に祇園の八坂神社から牛頭天王を伊根の八坂神社に勧請したことが起源とされ、「海の祇園祭」ともいわれる。**松尾祭**は松尾大社の祭礼。神幸祭（おいで）が4月20日以降の第1日曜に、還幸祭（おかえり）がその21日後の日曜に行われる。桂川を渡る神輿渡御が祭りのハイライト。**貴船祭**は6月1日に行われる貴船神社の例祭。

44 解答

ア 三船祭

5 祭りと行事に関する記述について、最も適当なものをア～エから選びなさい。

問
45

祇園祭の前祭の際に四条堺町で行われる、山鉾巡行の順番を確認することを何というか。

ア 斎竹建て　　　　イ くじ改め

ウ 注連縄切り　　　エ 辻廻し

　山鉾巡行は、毎年7月2日に行われるくじ取り式で引いたくじの順番通りに巡行する。くじ取り式の立会人である京都市長が、巡行の日も開始まもなくの地点に出て、各山鉾が恭しく差し出すくじを読み上げ、くじ順が正しく守られていることを確認する。これが**くじ改め**の儀である。なお、古例により巡行順があらかじめ決まっており、くじを引かない「くじ取らず」の山鉾は、くじ改めの儀を行わない。

　注連縄切りは、前祭巡行の先頭を行く長刀鉾の稚児が四条麩屋町に差しかかったとき、八坂神社との結界を表す注連縄を太刀で切り落とす神事。稚児が最も注目を浴びる場面となる。**斎竹建て**は、この注連縄を張るための斎竹を、15日早朝に建てる行事をいう。

　辻廻しは、四条河原町や河原町御池の交差点で、大きな鉾や曳山を人力だけで90度の方向転換をすること。見事に辻廻しが決まると拍手喝采が湧き起こり、これらの辻廻しが巡行の見どころとなっている。

45 解答

イ くじ改め

問
46

六道珍皇寺で行われる六道まいりで、参拝の
人々が先祖の「オショライサン」（お精霊さん）
の依代として買い求め、仏壇に飾る盆花は何か。

ア 柊　　　　　　　　　　イ 松

ウ 桐　　　　　　　　　　エ 高野槇

　六道珍皇寺は、平安京三大葬場の一つ鳥辺野葬場の入口で
「あの世とこの世の境目」とされた六道の辻にある。六道まい
りで参拝者は境内の出店で高野槇＝写真＝を買い求め、お迎
え鐘で招き寄せられた先祖の御魂をそれに宿らせて家に帰
る。また、同寺には閻魔大王に仕えた平安時代初期の官人小
野篁が、寺の裏庭の井戸を伝って閻魔庁に通った伝説がある。

　柊はトゲで鬼の目を突くという魔除けの縁起木である。下
鴨神社摂社の出雲井於神社は通称比良木神社といい、厄年に
社の周りに献木するとことごとく柊になり願いが叶うことか
ら「何でも柊」と呼ばれる。

　松は長寿のシンボルで、神々が降臨する木と敬われてきた。
北野天満宮の七不思議の一つである影向の松は、立冬から立
春までに初雪が降ると天神が降臨し、雪を愛でながら詩を詠
まれるという伝説がある。

　平安時代の宮廷文化に発し、茶道文化などにより発展した
京指物。釘などを使わず木と木を組み合わせて作る伝統工芸
品で、その素材の一つとして欠かせないのが桐である。

46 解答

エ 高野槇

151

5 祭りと行事に関する記述について、最も適当なものを**ア**～**エ**から選びなさい。

問 **47**

五山の送り火で、東山の如意ヶ岳に点火される
字形はどれか。

ア 大文字　　　　**イ** 妙・法

ウ 船形　　　　　**エ** 鳥居形

　京都五山送り火で、最初に点るのは左京区東山如意ヶ岳（にょいがたけ）の**大文字**＝写真＝。その次に**妙・法**、船形、左大文字、最後に**鳥居形**（とりいがた）が点る。大文字に点火する薪は銀閣寺参道で集められており、祈願を書いた薪を焚き上げてもらうことができる。

　送り火はお盆の伝統行事であり、迎え火を焚いて現世に迎えた精霊（おしょらいさん）を再び浄土に送るという意味。起源は諸説あるが、おそらく江戸時代中期に現代の姿になったのではないかと考えられている。妙・法は左京区松ケ崎の西山・東山に点火される。船形は北区西賀茂の妙見山（船山とも）に、左大文字は北区大北山の大文字山に、鳥居形は右京区嵯峨鳥居本（とりいもと）の曼荼羅山（まんだら）（仙翁寺山とも）に点火される。鳥居形はその位置から、伏見稲荷大社のお灯明（とうみょう）、愛宕神社（あたご）の参道を照らすともいわれる。

47 解答

ア 大文字

5 祭りと行事に関する記述について、最も適当なものをア～エから選びなさい。

問48

時代祭の時代行列は、明治から順に古い時代に遡っていく。先頭を進むのはどの列か。

ア 延暦文官参朝列　　**イ** 平安時代婦人列

ウ 維新勤王隊列　　**エ** 楠公上洛列

平安遷都1100年を記念して明治28年（1895）に平安神宮の祭礼として始まった時代祭。御所から平安神宮への道のりを、各時代の装束をまとった約2,000人の市民が練り歩く。

維新勤王隊列 ＝写真＝はその最初に御所を出発する。丹波の郷士から成る官軍派の山国隊（やまぐにたい）で、羽織袴（はおりはかま）姿に刀を帯び、鉄砲を担いでいる。笛と太鼓を演奏する軍楽隊があるのも特徴だ。この列の後には維新志士列として、桂小五郎、坂本龍馬、中岡慎太郎などが続く。

楠公上洛列は、楠木正成が隠岐に流されていた後醍醐天皇を兵庫で出迎え、上洛する様子を表現。楠公（くすのきまさしげ）は甲冑（かっちゅう）姿。**平安時代婦人列**は華やか。紫式部、清少納言、小野小町をはじめ、巴御前（ともえごぜん）なども。**延暦文官参朝列**は文官が朝廷の儀式に参朝する様子を再現。これが一番古い時代の列でこの後に白川女（しらかわめ）などが続く。

48 解答

ウ 維新勤王隊列

5 祭りと行事に関する記述について、最も適当なものをア〜エから選びなさい。

問
49

毎年11月8日、祇園白川にある吉井勇の歌碑の
前で行われる花街の行事は何か。

ア かにかくに祭　　イ 事始め

ウ 八朔　　　　　　エ 始業式

　花街では、正月の**始業式**をはじめ、8月の**八朔**、12月の**事始め**など、年中行事を大切に行っている。

　11月8日の**かにかくに祭**は祇園甲部の催し。祇園をこよなく愛した歌人であり劇作家の吉井勇をしのんで、祇園白川畔に立つ「かにかくに碑」の前で、芸舞妓が菊の花を手向ける。碑のそばにはお茶や蕎麦の席が設けられ、招待客らにふるまわれる。

　碑は勇の古希の祝いとして昭和30年（1955）11月8日に建立されたもので、鞍馬石に「かにかくに祇園はこひし寝るときも 枕の下を水のながるる」という勇の歌が記されている。この歌は、勇が贔屓にしていたお茶屋の大友にて明治43年（1910）に詠まれたとされる。

　大友は祇園白川の巽橋付近の川畔にあったが、第2次世界大戦中の強制疎開によって撤去された。女将の磯田多佳は「文芸芸妓」と呼ばれるほどの教養人で、大友には小説家や画家、芸能関係者などそうそうたる顔ぶれが集っていた。

49 解答

ア かにかくに祭

問
50

12月10日の「終い金比羅」から、翌年1月10日の「初金比羅」まで稲宝来が授与されている神社はどこか。

ア 伏見稲荷大社　　イ わら天神宮

ウ 粟田神社　　エ 安井金比羅宮

　東山区の**安井金比羅宮**は、悪縁を切り良縁を結ぶとされる神社。「縁切り縁結び碑」＝写真＝という絵馬をかたどった巨石に、さまざまな願いが書かれた形代が、碑が見えないほど貼られている。稲宝来は、豊穣の象徴である稲穂に松竹梅などをあしらい、伝来の「寶來寶來」と記された御神札を添え、古来、清浄の証とされるヒカゲノカズラとともに授与される。

　北区の**わら天神宮**の正式名は敷地神社。安産・子授けの神として信仰を集める。安産のお守りの本体が稲わらでできているため、わら天神宮の名前でも親しまれている。

　東山区の**粟田神社**は、京都の東の出入口である粟田口に鎮座するため、昔から東山道や東海道を旅する人々が旅の安全を願い、また道中の無事を感謝して参詣してきた。

　伏見区の**伏見稲荷大社**は、商売繁盛・五穀豊穣の神としてあつい信仰を集める。全国に約30,000社あるといわれる稲荷神社の総本宮。

50 解答

エ 安井金比羅宮

問
51

正月には、歳神様とともに食事をする意味で、
両端が削られた祝い箸を使う。この箸は何か。

ア 桜箸 　　　　　 イ 松箸

ウ 杉箸 　　　　　 エ 柳箸

　正月を寿ぐ祝箸には、**柳箸**＝イラストはイメージ＝を用い
る。柳の木肌は白くて清らかで、しなやかな上に折れにくい。
清浄なイメージと、強度に優れた柳は、真新しい一年の始ま
りにふさわしい材である。また柳は「家内喜（やなぎ）」など
とも書き、家内の一年の幸福を祈る意味もある。さらに柳は
春一番に芽を出すところから「おめでたい」との縁起も担がれ
ている。

　柳箸の形態は、両端が細くて中央部がやや太い丸箸。正月
は歳神が各家に降臨する行事でもあり、料理を食べる際に、
箸の片端を神が、もう一方を人間が使うという「神人共食」の
意味を持っている。長さは、末広がりの「八」の文字にあやかっ
て八寸（約24センチ）が多い。元旦の雑煮をいただくときには
必ず柳箸を用いるため、柳箸を「雑煮箸」と呼んでいる。

　柳箸は正月以外の祝い事の膳にも使われ、その形体から「両
口箸」「両細」「俵箸」などとも称される。両口箸の種類には、
懐石料理に使われる「利休箸」もあり、主に杉や檜、松などを
材とする。

51 解答

エ 柳箸

6 京料理、京菓子に関する記述について、最も適当なものを ア～エ から選びなさい。

冬至には、「ん」が2つ付くものを7品食べる。穴があいていて見通しがいいことから縁起をかつぐとされる食べ物は何か。

ア にんじん　　　　イ かんてん
ウ れんこん　　　　エ ぎんなん

冬至とは一年で最も昼間が短くて、夜間が長い日のことで、12月22日ごろに当たる。冬至は「一陽来復」とも呼ばれ、陰が極まって陽に来復するという意味があり、悪いことの後に良いことが巡ってくるとも解された。

また、冬至は、寒気の増す時候の境目でもあり、運気を上げて、元気を保つための風習も考え出された。例えば、無病息災を願って「ん＝運」が2回つく食材であるなんきん（かぼちゃ）をはじめ**にんじん**、**れんこん**、**ぎんなん**、きんかん、**かんてん**、うんどん（うどん）を「冬至の七草（種）」として食べる習慣が生まれたという。なんきんは、栄養が損なわれずに長期保存がきくため、冬の栄養補給として優れた野菜。れんこんは、穴が開いていることから「先の見通しがきく」などと縁起が担がれている。うんどんは「運・鈍・根」の文字にあやかって、出世運が開かれるとされている。

52 解答

ウ れんこん

6 京料理、京菓子に関する記述について、最も適当なものをア〜エから
選びなさい。

問
53

宇治の黄檗山萬福寺を開いた明の禅僧隠元に
よって、中国からもたらされた料理は何か。

ア 本膳料理　　　　　イ 大饗料理

ウ 川床料理　　　　　エ 普茶料理

　江戸時代初期、黄檗山萬福寺の開祖である隠元禅師が中国
から伝えた精進料理を普茶料理という。「普茶」とは「普く大
衆と茶を共にする」という意味であり、普茶料理とは身分の
上下の隔たりなく、4人が一つの卓を囲んで、大皿などに盛
りつけられたご馳走を取り分けて食するスタイルである。
　精進料理なので肉や魚、卵などの材料は使用しない。植物
性の食材を用いて、胡麻油で揚げてコクを増したり、葛によっ
てとろみをつけるなどの特徴を持つ。味つけは、精進料理と
しては濃厚である。献立を菜単といい、煮物の箏羹、揚げ物
の油茲、葛でとじて雲に見立てた雲片、胡麻豆腐の元祖とい
われる麻腐、おひたしのような浸菜、すまし汁の寿免、鰻の
蒲焼や蒲鉾に見立てたもどき、デザートの水果など多彩なメ
ニュー。萬福寺をはじめとする黄檗宗の寺院や普茶料理の専
門店で味わえる。
　大饗（オオアエとも）料理は平安貴族の儀礼食、本膳料理は
室町時代に武士階級で確立された饗宴の料理、川床料理は貴
船川などに張り出された床（川床）で食べる料理のこと。

53 解答

エ 普茶料理

6 京料理、京菓子に関する記述について、最も適当なものをア～エから選びなさい。

問 54

かつては猫がまたいで通るとまでいわれた魚を、箸で持ってもほろほろと折れるくらいに煮込んで、熱い蕎麦と合わせた料理が作られた。その魚はどれか。

ア 鰊 にしん

イ 鰯 いわし

ウ 鱧 はも

エ 鯛 たい

海から遠い京都では、昔は鮮魚が手に入りづらく、魚の加工品を利用することが多かった。「身欠き鰊」もその一つ。北海道の日本海沿岸で大量に漁獲されていた鰊は、水揚げするとすぐに内臓などを取り除いて乾燥させ、身欠き鰊に加工された。

北前船で運ばれてきた身欠き鰊は、大切なタンパク源として京都のおばんざいにもなった。カチカチに乾燥した身欠き鰊を、米のとぎ汁につけたり、番茶で茹でたりして戻し、砂糖や醤油などで濃いめに味をつける。鰊の煮汁でなすを煮て炊き合わせにした「鰊なす」は、相性の良い「出会いもん」。また、鰊と昆布との煮つけは、毎月朔日（一日）に調理する「おきまり料理」の一品となっている。京都の麺類の名物といえば、鰊蕎麦だ。京都において「にしんそば」＝写真＝を考案し売り出したのは、蕎麦屋の松葉の二代目主人とされている。

鱧は生命力が強くて、夏場の鮮魚として重宝された。

54 解答

ア 鰊

6 京料理、京菓子に関する記述について、最も適当なものを**ア**～**エ**から選びなさい。

問 55 西京区マスコットキャラクターの「のこたん」でも知られる、京都の西山一帯の土壌が栽培に適しているといわれ、「朝掘り」で有名な京野菜はどれか。

ア 京うど
イ 京たけのこ
ウ えびいも
エ 聖護院かぶ

京たけのこは、長岡京市や向日市、西京区などにまたがる西山地域を中心に、右京区嵯峨、伏見区深草などで広範囲に栽培されている。特に、西山地域で生産されているたけのこは、新竹選びから施肥、敷き藁、土入れ、収穫まで一年を通して独特の栽培技術と周到な管理がなされており、全国的に最も品質が優れているといわれる。

京たけのこは、えぐみが少なく、肉厚でやわらかく、ほのかな芳香と甘みがある。栄養的には繊維質が豊富で、タンパク質や糖質、ミネラル、ビタミン類もバランスよく含む。

来歴には諸説があるが、江戸時代に西山一帯で栽培が定着したと考えられている「京の伝統野菜」である。**京うど**、**えびいも**、**聖護院かぶ**も明治時代以前から京都に導入されていた「京の伝統野菜」である。

55 解答

イ 京たけのこ

6 京料理、京菓子に関する記述について、最も適当なものを**ア**〜**エ**から選びなさい。

問56

聚楽第破却後に、付近の堀で作られたのが始まりとされ、直径が太く、中心に穴があいているのが特徴の京野菜はどれか。

ア 堀川ごぼう　　イ 田中とうがらし

ウ 九条ねぎ　　エ 鹿ヶ谷かぼちゃ

聚楽第（ジュラクダイとも）は豊臣秀吉が天正15年（1587）に造営した政庁を兼ねた邸宅であったが、8年後には取り壊された。聚楽第の周りに巡らされていた堀は、人々の生活廃棄物で埋まるようになり、有機質に富んだ土壌になったようだ。この堀に捨てられたごぼうが越年して、太くて大きく育ったのが**堀川ごぼう**＝写真＝のルーツとされている。特有の香りがあり、繊維がやわらかい。内部に空洞があるのが特徴で、この穴に肉や海老などを詰めて味つけた煮物は、手間暇かけたご馳走となる。

田中とうがらしは左京区田中一帯で栽培されていたが、現在はごくわずかしか収穫されていない。**九条ねぎ**は江戸時代に九条で栽培されていた品質の良い葉ねぎで、今は府内各地で生産されている。**鹿ヶ谷かぼちゃ**は左京区鹿ヶ谷で栽培が始まったとされる。4つの野菜はともに「京の伝統野菜」である。

提供：（公社）京のふるさと産品
協会

56 解答

ア 堀川ごぼう

京料理、京菓子に関する記述について、最も適当なものをア～エから
選びなさい。

問
57

刈り取った麦で菓子代を支払ったことから名が
ついた、粒餡入りの餅にきな粉をまぶした京菓
子を何というか。

ア 法螺貝餅　　**イ** 麦代餅

ウ どら焼　　**エ** 吹き寄せ

　農家の人々が田植えなどの農繁期に、食事のために帰宅す
ることもなく、寸暇を惜しんで農作業に勤しむ時代があった。
そのような折に地域の餅屋などが、間食となる食べ物を田畑
まで届けることもあったという。中村軒の**麦代餅**（むぎてもち）＝写真＝も、
多忙な農家の人々の腹を満たしてきた歴史を持つ。麦代餅は
餅生地で粒餡を包み、きな粉をふった大きめの餅菓子。麦代
餅2個が一人前であった。餅代はお金ではなくて、後日、麦
で支払われた。麦代餅2個に対して、麦が約5合というのが
相場だったらしい。中村軒では昔も今も、クヌギの薪を燃料
におくどさん（かまど）で麦代餅の粒餡を炊いている。
　法螺貝餅（ほらがいもち）は、聖護院門跡に伝わっていたもので、柏屋光貞
が節分の日にのみ製造販売するお菓子。行者が使う法螺貝を
模している。**どら焼**は、毎月21日に東寺で開かれる市「弘法
さん」に合わせて20日〜22日の3日間に売られる笹屋伊織の
銘菓。**吹き寄せ**は、秋風によって1ヵ所に寄せられた葉や木
の実などを表した干菓子。

57 解答

イ 麦代餅

6 京料理、京菓子に関する記述について、最も適当なものをア〜エから
選びなさい。

問
58

大豆を煎って粉にし、飴などを混ぜて練り上げ
たもので、切り口の形は有職の洲浜台や島台に
由来する京菓子は何か。

ア 松風 　　　　　　　　**イ** 唐板

ウ 洲浜 　　　　　　　　**エ** カステラ

　洲浜＝写真＝という言葉には、いくつかの意味がある。そ
もそも洲浜とは海中につき出た浜辺のこと。入り組んだ洲浜
の形を模した島台を洲浜台と称す。また洲浜は、お菓子の意
匠にも取り入れられ、その名も洲浜と名付けられている。浅
く炒った大豆の粉に、砂糖や水飴を加えて練り上げ、地の色
のままの生地と、緑に染めた生地とを合わせて、切口が洲浜
紋になるように形作る。洲浜の主原料である大豆粉は洲浜粉
ともいい、洲浜粉で製菓されたさまざまな形のお菓子も洲浜
と呼ばれる。
　松風は、元亀元年（1570）から始まった石山合戦の折に、亀
屋陸奥の三代目が兵糧代わりに創製した。小麦粉の生地に白
味噌を加えた焼き菓子。**唐板**は、貞観5年（863）に施行され
た御霊会にルーツを持つお菓子。上御霊神社の門前の水田玉
雲堂によって、連綿と製菓されている。**カステラ**は室町時代
末期から江戸時代初期にかけて伝来した南蛮菓子の一種。

58 解答

ウ 洲浜

6 京料理、京菓子に関する記述について、最も適当なものを $\boxed{ア}$ 〜 $\boxed{エ}$ から選びなさい。

問 59

竹串に刺した5つの団子の初めのひとつから少し間隔をあけて、後の4つが並ぶのが特徴。境内の御手洗池に湧く水の泡を表すともいわれるみたらし団子はどこの神饌菓子か。

$\boxed{ア}$ 下鴨神社　　$\boxed{イ}$ 今宮神社

$\boxed{ウ}$ 伏見稲荷大社　　$\boxed{エ}$ 三宅八幡宮

　下鴨神社のみたらし池は、土用になると清水が湧き出るという。この清水の水泡を表現したのが、みたらし団子の発祥とされる。みたらし団子は、水泡に見立てた5つの小さな団子を串に刺したもの。5個の団子は五体をも表し、一番上の団子が人の頭を、後の4個が四肢を示しているともいわれている。本来は神に捧げる神饌であるが、寛永15年（1638）に編纂された『毛吹草（けふきぐさ）』には、門前菓子の名物として「御手洗団子」が記されている。現在、下鴨神社のそばに店を構える加茂みたらし茶屋亀屋粟義（かめや あわよし）のみたらし団子は、砂糖に醤油の香りをつけたタレにからませてある。

　寺社のそばに店舗を構えて、参拝者に向けて商う寺社ゆかりのお菓子を門前菓子という。**今宮神社**のあぶり餅は、みたらし団子と同様に、門前茶屋で焼き立てを味わえる。**伏見稲荷大社**のいなり煎餅（せんべい）、**三宅八幡宮**の鳩餅（はともち）は参拝のお土産にもなっている。

59 解答

$\boxed{ア}$ 下鴨神社

6 京料理、京菓子に関する記述について、最も適当なものをア～エから
選びなさい。

問
60

女性の幽霊が夜ごとに買い求め、赤子に与えた
という伝説に由来する菓子は何か。

ア 金平糖 　　　イ 落雁

ウ ボーロ 　　　エ 幽霊子育飴

幽霊子育飴（ゆうれいこそだてあめ）は東山の六道（ろくどう）の辻の名物で、かつてより六道ま
いりの参道で売られてきた。現在もみなとや幽霊子育飴本舗
が販売。慶長4年（1599）女の幽霊が六道の飴屋で飴を求め、
墓場で赤子を育てたという伝説がある。赤子は仏門に入り、
成人して高僧になったという。

金平糖（こんぺいとう）は、ポルトガルからもたらされた砂糖菓子で、ポル
トガル語の「コンフェイト」による。織田信長が宣教師から贈
られ、その形と味に驚いたという。天皇や公家、身分が高い
武士などしか口にできない貴重な品だった。弘化4年（1847）
創業の金平糖の老舗、緑寿庵清水は現在も昔ながらの手作り
で製造している。

茶席において濃茶の前に主菓子を、薄茶の時には干菓子を
いただく。干菓子に欠かせないのが落雁（らくがん）である。落雁は砂糖
に米や豆などの粉を加えて着色し、固めたもの。型に押した
ものもある。

ボーロはポルトガル人によって伝えられた菓子で、小麦粉、
砂糖、卵、牛乳を主原料とする南蛮焼き菓子をいう。京都風
にアレンジしたのが、蕎麦ぼうろなどである。

60 解答

エ 幽霊子育飴

165

7 ならわし、ことばと伝説、地名に関する記述について、最も適当なものをア～エから選びなさい。

問 **61**

男の子の額には「大」を、女の子の額には「小」を紅で書くならわしがある、子どもが生まれて生後30日前後に行うお詣りは何か。

ア ぬけ参り　　　イ をけら詣り

ウ お宮詣り　　　エ 無言詣り

　子どもが生まれて、まず行う行事が、**お宮詣り**である。その時期は、生後ひと月経過を目安に、参加する両親、祖父母らの意向に合わせて決める。赤ちゃんにとっては氏子として、産土神（うぶすながみ）に初めてお詣りする日であり、また、赤ちゃんが無事に生まれたことへの感謝、健やかな成長を願う行事でもある。京都では赤ちゃんの額に、男の子は「大」を、女の子は「小」を、紅で書いてお宮詣りに行く風習がある。

　ぬけ参りは、奉公人（ほうこうにん）が主人に、または子どもが親に無断でお伊勢参りに行くこと。江戸時代に流行し、黙認された。

　をけら詣りは、大晦日（おおみそか）の夜から元日の未明にかけて八坂（やさか）神社にお参りし、吉兆縄（きっちょうなわ）にをけら火を受けて帰る京都の年越し行事。

　無言詣り（むごんまいり）は、祇園祭の神輿（みこし）が御旅所（おたびしょ）に鎮座する1週間、誰にも会わず口もきかず、毎晩無言でお参りを続けると願い事が叶うという花街（かがい）に伝えられる風習である。

61 解答

ウ お宮詣り

7 ならわし、ことばと伝説、地名に関する記述について、最も適当なものを ア～エ から選びなさい。

問 62

旧暦の10月にあたる11月最初のある日に、暖房の火入れをすると火事が起こりにくいとされるならわしがある。その干支の日はどれか。

ア 子の日　　　　**イ** 寅の日

ウ 卯の日　　　　**エ** 亥の日

22回 3級

23回 3級

23回 2級

23回 1級

　旧暦10月最初の亥の日が、暦の雑節の一つ亥の子である。収穫祭的要素が強く、餅をついてお供えし、田の神様と亥の子神を山にお返しするという行事が主に西日本で行われていた。

　亥には火難を免れる信仰があることから、亥の月の**亥の日**にこたつや火鉢といった直火を扱う暖房器具を使い始めると、その冬は火事に遭うことはないと信じられ、それが習慣となり広まった。

　また茶人の間では、この日に夏の間の風炉を片付けて、炉を開くことを通例とした。ちなみに、亥つまりイノシシは子だくさんで知られることから、子孫繁栄を願い、大豆、小豆、大角豆、胡麻、栗、柿、糖の7種の粉と新米で、イノシシの子であるうりぼうに見立てた亥の子餅が作られる。炉開きに、亥の子餅が菓子として供されるのはそのためである。

62 解答

エ 亥の日

ならわし、ことばと伝説、地名に関する記述について、最も適当なものを ア～エ から選びなさい。

問 63

京ことばの「ハンナリ」の意味はどれか。

ア 意地悪　　　　　イ 上品で明るい

ウ 野暮ったい　　　エ 落ち着きがない

　京ことばでいう「ハンナリ」は、花あるいは華に語源があるといわれるように、明るく華やかなイメージがある。「そのお着物、ハンナリした色合いで、よろしおすなあ」などと使う。その意味は、**上品で明るい**、がふさわしい。主に色合いについて言うことが多い。明るく華やかで晴れやかでも、鮮やか過ぎたり派手過ぎたりはしない。あくまでも上品で優美で、それでいてすっきりとした美しさと言えばいいだろうか。

　意地悪の京ことばは、「イケズ」である。「あのお方、イケズやわあ」「そんなイケズせんといてぇ」などとは、現在でも日常の会話でよく聞かれる。

　野暮ったいは、京ことばで言えば「モッサイ」。「えらいモッサイ服着たはるわあ」などと使う。

　落ち着きがないは、京ことばで言うと「イラチ」。セカセカして、いつも落ち着きのない人のことを「イラチな人」という。

63 解答

イ 上品で明るい

問
64

「ごみ」のことを京ことばで何というか。

ア ナンボ　　　　イ カナン

ウ ゴモク　　　　エ ベベタ

　「ごみ」のことを京ことばで言えば「**ゴモク**」となる。そして「ごみを捨てる」ことを、京都の人は「ゴモクをほかす」という。京都の人にとっては当たり前の、何よりも日常的なことば遣いだが、京都以外の人にはなかなか分かりづらい。「ゴモク」が分からなければ、「ほかす」も分からない。「ゴモクをほかす」となれば、チンプンカンプンである。

　語源を調べると、ゴモクはゴミクタが変化したものだと説明されている。クタはアクタ（芥）の意味で、塵芥と同様にごみ芥ともいわれていた。そのごみ芥がゴミクタに、さらにゴモクに変化した言葉といえる。

　京ことばで「**ナンボ**」は、ナニホドからきた言葉で、どれだけ、いくらという意味。

　京ことばで「**カナン**」といえば、かなわん、転じていやだという意味になる。

　京ことばの「**ベベタ**」は、ビリ、最下位を指す。「いつもベベタで、カナンなあ」などと使う。

22
回
3
級

23
回
3
級

23
回
2
級

23
回
1
級

64 解答

ウ ゴモク

7 ならわし、ことばと伝説、地名に関する記述について、最も適当なものを
　　　ア～エから選びなさい。

問 65

客との信頼関係を大切にするため、もてなしが
難しい初めての客を体裁よく断ることがある。
これを表すことわざはどれか。

ア 稲荷詣でに愛宕詣で　　イ 東男に京女

ウ 一見さん、お断り　　　エ 京の底冷え

　解答は「**一見さん、お断り**」である。これはお茶屋などに伝
わる京都独特のお客への考え方で、何よりも信頼関係を第一
に、それを長く続けることを基本においた商売哲学というこ
とができる。お茶屋の経営は女性が行うために、長年の経験
と知恵でリスクを減らそうとした結果といえるかもしれない。
　「**稲荷詣でに愛宕詣で**」は、雲がお稲荷さん（伏見稲荷大社）
の方に行くと晴れ、愛宕さん（愛宕神社）の方に行くと雨にな
る、という京都の気象を表すことわざ。京都盆地の東南に
稲荷山、その対極の西北に愛宕山がある。
　「**東男に京女**」は、男性は気前のいい江戸の男がよく、女性
は優しくて美しい京の女がよいという意味。
　「**京の底冷え**」は、京都は三方が山で囲まれた盆地のために、
冬は冷え込みが大きく、寒さが特に厳しいことを表している。

65 解答

ウ 一見さん、お断り

ならわし、ことばと伝説、地名に関する記述について、最も適当なものを
ア〜エから選びなさい。

問
66

「知ったかぶりをする」、「ぐっすりと眠る」こ
とをたとえたことわざはどれか。

ア 京の茶漬け
イ 白川夜船
ウ 清水の舞台から飛び降りる
エ 京では右と左が逆になる

「知ったかぶりをする」と「ぐっすりと眠る」は、意味がまっ
たく違うが、この両方を例えた京のことわざというと、白川
夜船（シラカワヨブネとも）となる。もともとは、京へ行った
ことのない人が、「白川を船で通ったが、ぐっすり眠っていた
ので分からなかった」と知ったかぶりをしたことから。転じ
て、何があっても気づかないほど、ぐっすりと眠りこけるこ
とも白川夜船と言うようになったのだという。京の白川は鴨
川に注いでおり、船などおよそ通れない狭い川なのである。

京の茶漬けは、京都で家を訪問して食事時を迎えたら「お茶
漬けでも」と言われるものの、それは口先だけのこと、とし
て京都人の気質の例えに用いられる。

清水の舞台から飛び降りるということわざは、すなわち死
ぬ覚悟で、一大決心をすること。

京では右と左が逆になるは、地図を見れば、京都では右手
に左京区、左手に右京区があることを指す。これは御所の紫
宸殿が南に向いており、南面する天皇の右手が右京、左手が
左京となるからである。

66 解答

イ 白川夜船

7 ならわし、ことばと伝説、地名に関する記述について、最も適当なものを
ア～エから選びなさい。

問 67

『今昔物語集』に登場する「蟹の恩返し」の説
話で有名な木津川市の寺院はどこか。

ア 廬山寺 　　　　イ 蟹満寺

ウ 十輪寺 　　　　エ 随心院

　『今昔物語集』巻十六には、「観音様を信心する少女が、村
人に捕らえられた蟹を逃がしその恩返しに蛇の難から救われ
る」話がある。南山城にある**蟹満寺**は、少女を襲ったヘビと助
けたカニを葬った場所に建つという。毎年4月に蟹供養放生
会が行われる。この寺は白鳳時代の銅造釈迦如来坐像（国宝）
で知られる。
　廬山寺は、紫式部の曽祖父権中納言藤原兼輔が建てた邸宅
で堤第とよばれた。式部はここで育ち、結婚し出産。『源氏物
語』『紫式部日記』等はここで執筆されたと推測されている。
　『源氏物語』花散里の巻に描かれる屋敷はこの辺りといわれ
る。
　十輪寺は、平安時代の六歌仙の一人である在原業平の隠棲
地で、通称「なりひら寺」という。業平が塩焼きを楽しんだと
いわれる塩竈跡と墓と伝わる宝篋印塔がある。
　随心院は、平安時代の六歌仙の一人に数えられる小野小町
の邸宅跡と伝わる。境内には小町化粧井戸があり、卒塔婆小
町坐像などが伝わる。本堂裏手にある文塚は小町への恋文を
埋めた伝承がある。小町を慕った深草少将が、99日間通った
「百夜通い伝説」の舞台である。

67 解答

イ 蟹満寺

7 ならわし、ことばと伝説、地名に関する記述について、最も適当なものを ア～エ から選びなさい。

京の南北の通り名の歌で「寺、御幸、麩屋、富、柳、堺、高、間、東、車屋町」の次にくる、京都御苑の西に面した通りはどれか。

ア 烏丸通

イ 室町通

ウ 釜座通

エ 醒ヶ井通

京の通り名歌についての出題は、比較的多いといえそうだ。中でもよく知られて、出題も多いのが「丸、竹、夷、二、押、御池…」という東西の通り名歌である。

ここでの出題は南北の通り名歌で、こちらは「寺、御幸、麩屋、富…」と覚えるのだが、「まるたけえびす」ほどの認知度はなさそうだ。しかし「寺町、御幸町、麩屋町、富小路…」とたどれるので、街歩きにはとても重宝する。

ただしこの問題は、南北の通り名歌を知らなくても答えられるので、心配は無用だ。「京都御苑の西に面した通り」といえば、烏丸通であることはすぐ分かる。

室町通、釜座通、醒ヶ井通は、いずれも烏丸通よりさらに西にある。

68 解答

ア 烏丸通

問
69

五条寺の住職が、2人の弟子に寺を2つに分け
て与えたことから、五条寺を「畳五帖」になぞ
らえて付けられたとされる町名は何か。

ア 二帖半敷町　　　イ 丁子風呂町

ウ 骨屋町　　　　　エ 匂天神町

二帖半敷町の由来は、寛文5年（1665）刊行の京都の地誌
『京雀』によると2つある。1つは五条寺を折半したことに由
来するという説。もう1つは畳が五帖しか敷けない家を兄と
弟で分け、その家周辺を二帖半敷町と呼んだ説である。下京
区の綾小路通と仏光寺通間の烏丸通両側にある町内。

丁子風呂町の町名は、江戸時代初期ここに丁子風呂とい
われる風呂屋があったことに由来する。京都府庁の西側の上
京区出水通油小路東入る一帯で、南北に小川通、東西に出水
通が通る。

骨屋町は、扇の骨を作る職人が多く住んでいたことに由来
する地名。『京雀』には「此町には扇のほねやおほし」とある。
中京区烏丸通六角を西に入った町内で、祇園祭の浄妙山の山
町である。

匂天神町の由来は、匂天神社が鎮座していたことによる。
下京区高辻通烏丸東入る北側に位置する。中央に鉤型の辻子
が通っている。社は明治6年（1873）に廃社となり、祠が京都
銀行本店東棟の南側の壁にある。

69 解答

ア 二帖半敷町

7 ならわし、ことばと伝説、地名に関する記述について、最も適当なものを
ア～エから選びなさい。

問
70

豊臣秀吉の供養のために正室・北政所が創建した高台寺から円山公園へと続く石畳の道は何と呼ばれているか。

ア 哲学の道　　　**イ** あじろぎの道

ウ ねねの道　　　**エ** せせらぎの道

4つの選択肢は、いずれも京都の散歩道である。このうち、豊臣秀吉の正室北政所こと「ねね」にちなんで命名された石畳の道が、**ねねの道**である。北政所が夫秀吉の供養のために創建した高台寺の霊屋には、現在、秀吉と北政所が並んで祀られている。産寧坂、二年坂からねねの道、円山公園へと至る散歩道は、東山を代表する観光名所となっている。

哲学の道は、若王子橋から銀閣寺橋まで続く疏水沿いの名物散歩道。大正時代に活躍した京都帝国大学の哲学者西田幾多郎らが散歩したとして名付けられた。

あじろぎの道は、宇治の平等院に沿って続く宇治川沿いの散歩道。川向こうに宇治公園（中の島）を眺め、さらに進むと『源氏物語』宇治十帖の一つ「宿木」の古蹟がある。

せせらぎの道は、祇園白川南通と川端通の合流地点から三条方向へ、川端通の東側に沿って歩ける散歩道。人工の小川が流れ、車道から離れて歩けるようになっている。

70 解答

ウ ねねの道

問71

1998年夏、"六五〇万年前、金星よりの使者、この地に立つ。八〇〇年前、義経、天狗と出会う。京都のミステリーゾーンへ、ようこそ。"と紹介された、牛若丸の修行の地として知られる山は（　　　）である。

ア　愛宕山　　　　　　　イ　吉田山

ウ　稲荷山　　　　　　　エ　鞍馬山

　源義経伝説の中で最も有名なのが、牛若丸と称した幼少期に**鞍馬山**の天狗から武芸を手ほどきされたとの伝承。鞍馬山には、宝亀元年（770）に鑑真の高弟鑑禎が草庵を結び、毘沙門天像を祀ったことに始まる鞍馬寺＝写真＝が建つ。牛若丸は7歳から16歳で奥州平泉に向かうまで、同寺で修行の日々を過ごした。後に兄の頼朝との対面、源平合戦での獅子奮迅の活躍を経て非業の最期に至るのは歴史の記す通りだ。

　愛宕山は山上に火伏・防火の神、愛宕神社があり、3歳までに参詣すれば生涯火難を免れるといわれている。**吉田山**は山腹に吉田神社が社殿を構え、節分には四方の鬼門を巡る四方参りで、まず北東の表鬼門からと、大勢の参拝者が訪れる。東山三十六峰の北から数えて最後の36番目に当たる**稲荷山**は、伏見稲荷大社の朱塗りの鳥居が建ち並ぶ稲荷信仰の聖地。

71 解答

エ　鞍馬山

8 JR東海「そうだ 京都、行こう。」キャンペーンに登場したスポットに関する記述について、（　　　）に入る最も適当なものを ア～エ から選びなさい。

問
72

2010年冬、"母と私は、京都に通っているうちに、笑顔が似てきたそうです。"と紹介された、江戸幕府二代将軍徳川秀忠が建立し、現存する二階建ての二重門としては最大級とされる三門（国宝）がある浄土宗の総本山は（　　　）である。

ア 知恩院　　　　イ 仁和寺

ウ 東福寺　　　　エ 大徳寺

　徳川秀忠により元和7年（1621）に建てられた**知恩院**三門（国宝）＝写真＝は高さ約24メートル、横幅約50メートルで、現存する二階建て二重門では日本最大級とされる。浄土宗の寺院だが細部の様式が禅宗様であり、天井に描かれた龍図などがそれを感じさせる。楼上には、築造費超過の責任を取って自害した当時の造営奉行五味金右衛門夫妻の木像が白木の棺に納められて安置され、知恩院の七不思議として今に語り継がれている。

　仁和寺には中門、本坊表門（いずれも重文）、勅使門（登録有形文化財）など著名な門が多々あるが、寺の正面入口に当たる二王門（重文）が何より存在感を放つ。**東福寺**三門（国宝）は応永12年（1405）に再建された現存最古の三門。**大徳寺**の三門、金毛閣（重文）は連歌師宗長が寄進したものに、千利休が上層を設けて完成させた。

72 解答

ア 知恩院

8 JR東海「そうだ 京都、行こう。」キャンペーンに登場したスポットに関する
記述について、（　　）に入る最も適当なものを ア～エ から選びなさい。

問
73

2011年盛秋、"いい秋ですね、と言葉をかわし
あえる。それだけで、うれしい。"と紹介された、
最澄が彫ったとされる毘沙門天像を本尊とし、
山科義士祭の出発地点ともなっている紅葉で有
名な寺院は（　　）である。

ア 毘沙門堂　　　　　イ 六角堂

ウ 八坂庚申堂　　　　エ 千本ゑんま堂

　山科区にある**毘沙門堂**＝写真＝の正式名は出雲寺で、大宝
3年（703）に創建したと伝わる。江戸時代に入り、出雲寺の
時から伝えられてきた毘沙門天像を本尊としたことから毘沙
門堂の名が付いた。毘沙門天像は天台宗の開祖最澄が彫った
とされる。山科には赤穂藩取りつぶしの後、赤穂浪士討ち入
りのリーダー大石内蔵助が住み、主君のかたき討ちの機会を
狙っていたことから、討ち入りの12月14日に「山科義士まつり」
を挙行しており、四十七士に扮した義士列が区内を練り歩く。
その出発点が毘沙門堂になっている。

　華道家元池坊が代々住職を務める**六角堂**は、京の中心を表
すといわれるへそ石が本堂前にある。**八坂庚申堂**は、日本独
自の庚申信仰を広めた寺とされ、願掛けの「くくり猿」で有
名。**千本ゑんま堂**は、本尊が閻魔王で大念佛狂言でも知られ
る。

73 解答

ア 毘沙門堂

2012年冬、"「住みたいな、この町に」「来る
たびに、そう言っているね」"と紹介された、
小雪舞う東山の八坂通を歩くと見える通称「八
坂塔」は、（　　　）にある。

ア 放生院　　　　イ 岩船寺

ウ 三室戸寺　　　エ 法観寺

22回3級

23回3級

23回2級

23回1級

　八坂塔と呼ばれる五重塔（重文）が人目を引く**法観寺**は、聖
徳太子が塔を建てて仏舎利を収めた、などの創建説話が伝わ
り、平安時代の末に焼失の後は源頼朝、足利義教らの手で再建、
仁治元年（1240）に建仁寺の証救が入寺、禅宗寺院に改めた。
天暦2年（948）に塔が傾いた折には、天台僧の浄蔵貴所が法
力で元に戻した、との逸話も残る。

　宇治市の**放生院**は宇治橋の架橋以来、橋を管理する寺とし
て橋寺の名で呼ばれている。木津川市の**岩船寺**は石仏の里で
知られる当尾地区にあり、境内の三重塔（重文）は嘉吉2年
（1442）の建立と考えられている。宇治市にある西国三十三所
観音霊場第十番札所の**三室戸寺**は、約5,000坪の庭園にツツジ
やアジサイが咲き競う花の寺として知られ、本堂奥には江戸
時代に造営された朱塗りの三重塔が建つ。

74 解答

エ 法観寺

JR東海「そうだ 京都、行こう。」キャンペーンに登場したスポットに関する記述について、（　　　）に入る最も適当なものを ア〜エ から選びなさい。

問 75

2013年夏、"夏の子どもを育てるのは、青い空と太陽だけじゃないのです。"と紹介された石清水八幡宮では、八幡市の竹を使い、白熱電球を画期的に実用化させた（　　　）の遺徳を偲び生誕祭や碑前祭が行われている。

ア 二宮忠八

イ エジソン

ウ 島津源蔵

エ ワグネル

　石清水（いわしみず）八幡宮本社の一画に、アメリカの偉大な発明家であるトーマス・アルバ・**エジソン**（1847〜1931）を顕彰する「エジソン記念碑」＝写真＝がある。毎年2月11日にはエジソン生誕祭、命日の10月18日前後にはエジソン碑前祭が行われる。

　同じ八幡市内には、カラスが飛ぶ姿から飛行原理を発見した**二宮忠八**（にのみやちゅうはち）（1866〜1936）が、航空界の安全と犠牲者の慰霊のために建立した飛行神社もある。

　島津源蔵（1839〜94）は、西洋化学技術の研究教育機関である京都舎密局（せいみきょく）で学んだ知識をもとに、理化学機器の製造・販売を行う島津製作所（現・株式会社島津製作所）を立ち上げた。

　左京区の岡崎公園内には、ドイツ人化学者で七宝、陶磁器、ガラス製造などを指導して京都の産業の近代化に尽力した**ワグネル**（1831〜92）を顕彰する碑が建っている。

75 解答

イ エジソン

問
76

2013年冬、"「ここに来なければ、今ごろ何し
てた？」「きっと、こたつで、うたた寝してた」"
と紹介された五花街のひとつである宮川町で毎
年4月に行われる舞踊会は（　　　）である。

ア 都をどり	イ 京おどり
ウ 北野をどり	エ 祇園をどり

　京の五花街のうち祇園甲部、宮川町、先斗町、上七軒では、
春の季節に芸舞妓による「春のをどり」を催す。それぞれの花
街が持つ歌舞練場で開催されるが、現在、宮川町歌舞練場で
は改修工事が行われているため、令和6年（2024）の宮川町の
「京おどり」 ＝写真＝（4月6日〜21日）は京都芸術劇場 春秋
座（京都芸術大学内）での上演となった。

　昭和25年（1950）に始まった京おどりは、毎年書き下ろしの
舞踊が披露されている。令和6年の新作「時旅京膝栗毛」では、
京都芸術大学のアーティストが、演目を題材としたアート展
を開催した。フィナーレを飾るのは、お馴染みの「宮川音頭」。
芸舞妓が総出演する圧巻の群舞である。

　都をどりは祇園甲部、**北野をどり**は上七軒の春のをどり。
祇園をどりは秋に開催される祇園東の舞踊の会。

76 解答

イ 京おどり

問
77

2014年盛秋、"紅葉が、宇宙や人生の話になってしまうとはね。"と紹介された源光庵の本堂から庭園を望む窓は、角形の「迷いの窓」と、禅の悟りを示す（　　　）形の「悟りの窓」と言われている。

ア 円
イ 星
ウ ハート
エ 三角

　源光庵は鷹峯山寶樹林源光庵を正式名とする曹洞宗寺院で、臨済宗の大徳寺二世住持である徹翁義亨が貞和2年（1346）に隠居所として創建。その後の衰退の時期を経て、元禄7年（1694）に加賀大乗寺の卍山道白が住持として入寺、寺容を整えるとともに曹洞宗に改宗した。本堂は同年の建立で、本尊の釈迦牟尼仏と脇侍に阿難尊者と迦葉尊者を安置した。

　その本堂で、源光庵の名を広く知らしめているのが、禅の境地を示す「悟りの窓」と「迷いの窓」。円形の悟りの窓は禅と円通を表し、四角い迷いの窓は人間の生涯を象徴する生老病死の四苦八苦を示しているという。窓越しに見る風景も新緑、紅葉、雪化粧とそれぞれ心への響き方も違い、特に紅葉の季節には、鮮やかな朱に染まる庭園の風情を両方の窓越しに眺めて見比べようと、大勢の参拝者が訪れる。

77 解答

ア 円

8 JR東海「そうだ 京都、行こう。」キャンペーンに登場したスポットに関する
記述について、（　　　）に入る最も適当なものを ア～エ から選びなさい。

問 78

2015年春、"「ありがとう」桜を見上げて言ったのは初めてな気がする。"と紹介された、「祇園しだれ桜」で有名な（　　　）は、八坂神社に隣接し、坂本龍馬や中岡慎太郎の像があることでも知られる。

| ア | 岡崎公園 | イ | 円山公園 |
| ウ | 梅小路公園 | エ | ふしみなーと |

　東山区にある**円山公園**は、明治19年（1886）に開設された京都市で最も古い公園。回遊式日本庭園を中心に、料亭や茶店が点在しており、四季折々の風情がある京都随一の桜の名所。

　左京区の**岡崎公園**は、明治28年に開催された内国勧業博覧会跡地に、市の公園として明治37年に開設された。美術館、図書館、劇場、動物園などがある文化ゾーンとなっている。

　下京区の**梅小路公園**は平成7年（1995）に開園。平成24年に京都市初の本格的な水族館となった京都水族館が、平成28年には日本最大級の鉄道博物館である京都鉄道博物館がオープンした。

　ふしみなーととは、伏見区の伏見港公園、伏見みなと公園広場、伏見みなと広場の3つのエリアの愛称。

78 解答

イ 円山公園

8 JR東海「そうだ 京都、行こう。」キャンペーンに登場したスポットに関する記述について、（　　　）に入る最も適当なものを ア ～ エ から選びなさい。

問
79

2016年春、"世界でもっとも人気の町のその「まん真ん中にある春」なんですから。"と紹介された京都御苑の桜。その御苑の中にある京都御所の正殿「紫宸殿」の南庭には、左近の桜、右近の（　　　）が植えられている。

ア 桃

イ 銀杏

ウ 柿

エ 橘

　京都御所の紫宸殿南庭には左近の桜に対して右近の**橘**が植えられている。右近と左近は、禁裏の警固・警衛に当たる右近衛府、左近衛府の略。宮中儀式の際に、南庭の東側に左近衛府、西側に右近衛府が陣列したことから、名が付いた。紫宸殿は、内部に高御座（玉座）を置き、「天子南面」の原則に従って、南に面して座る天皇から見て「右（西側）に橘、左（東側）に桜」の配置となる。

　朝廷では中国・唐朝の様式にならい、平安京に遷都した当初、梅と橘を左右に配したが、後に国風に従い、左は桜に替えられた。橘は四季を通して葉を茂らすので繁栄長寿の植物として歓迎される。南庭に最初に植えた橘は、山城の秦氏の邸宅にあった樹で、天徳4年（960）の内裏消失までは茂っていたという。両樹とも火災や台風などで何度も植え替えられ、現代まで続く。

79 解答

エ 橘

問
80

2019年春、"春はあけぼの。枕草子は最高のガイ
ドブックでした。"と紹介された『枕草子』は
( )が著した随筆である。

ア 清少納言　　　**イ** 紀貫之

ウ 伊勢　　　　　**エ** 赤染衛門

22回3級

23回3級

23回2級

23回1級

『枕草子』は**清少納言**が著わした随筆で、長保3年（1001）
頃成立。長短さまざまの300余の文章から成る。「…は」「…も
の」の書出しで該当するものを列挙する類聚章段、作者が一
条天皇の中宮定子（テイシとも）に仕えたときに見聞したこと
を記録する日記的章段、そのどちらにも属さないエッセー風
の随想章段の3つに分類される。清少納言は、平安時代中期
の歌人で随筆家。父は歌人清原元輔。生没年未詳だが、康保
3年（966）ごろに生まれて万寿2年（1025）ごろに没したと推
測されている。

　紀貫之（生没年不詳）は、平安時代前・中期の歌人、日記文
学作者。三十六歌仙の一人。『古今和歌集』の撰者の一人で、
優れた歌論でもある仮名序を記した。

　伊勢（生没年不詳）は、平安時代前期の女流歌人。三十六歌
仙の一人。宇多天皇の中宮温子（オンシとも）に仕え、藤原仲
平、時平、宇多帝らとの恋が、その作品に反映されている。

　赤染衛門は、生没年不詳。平安時代中期の歌人。藤原道長
の娘、上東門院彰子（ショウシとも）に仕えた。良妻賢母とし
て知られる。

80 解答

ア 清少納言

【公開テーマ問題】今年（2023）、節目を迎えた「新選組結成160年」に関する記述について、（　　　）に入る最も適当なもの ア～エ から選びなさい。

　文久3年（1863）に徳川幕府の第十四代将軍が上洛するに先だって、将軍警護の目的で江戸から京へ浪士が送り込まれ、（　81　）に到着した。

　ところが、この計画の立案者である庄内出身の志士・清河八郎が、「本当の目的は尊王攘夷にある」と（　82　）にて演説をおこない、紆余曲折の結果、浪士組の大部分は江戸へ戻ることになった。しかし、のちに新選組の局長になる芹沢鴨と（　83　）が反対し、一部が京に残留することとなる。

　彼らは前川邸や（　84　）などの郷士屋敷に屯所を置き、その前川邸の（　85　）では、池田屋騒動の端緒となった古高俊太郎への拷問が行われたといわれ、また同邸は、脱走した幹部の山南敬助が切腹した場所としても知られている。

　また、屯所近くの（　86　）が武芸や大砲の訓練の場となったことから、新選組との縁が深い。その境内には近藤勇の胸像や隊士の墓が残され、新選組結成160年の今年（2023）、クラウドファンディングを活用して、（　87　）の胸像が建って話題になっている。

　そして、新選組は花街の島原に通ったことでも知られ、旧揚屋の（　88　）には新選組がつけた刀傷が残り、唯一営業を続ける置屋兼お茶屋の（　89　）には、近藤勇の書で仕立てた屏風が残されている。

　慶応元年（1865）、新選組は屯所を島原にほど近い（　90　）へ移し、慶応3年（1867）6月、新選組総員が幕臣に取り立てられ、絶頂期を迎えることとなる。

(81)　ア 久我村　　　　　　イ 伊根村
　　　ウ 壬生村　　　　　　エ 須知村

(82)　ア 聖護院　　　　　　イ 建仁寺
　　　ウ 新徳寺　　　　　　エ 南禅寺

(83)　ア 近藤勇　　　　　　イ 伊東甲子太郎
　　　ウ 島田魁　　　　　　エ 原田左之助

(84)　ア 角倉邸　　　　　　イ 並河邸
　　　ウ 古高邸　　　　　　エ 八木邸

(85)　ア 母屋　　　　　　　イ 西の蔵
　　　ウ 東の蔵　　　　　　エ 長屋門

(86)　ア 金戒光明寺　　　　イ 壬生寺
　　　ウ 月真院　　　　　　エ 天龍寺

(87)　ア 土方歳三　　　　　イ 斎藤一
　　　ウ 永倉新八　　　　　エ 松原忠司

(88)　ア 酢屋　　　　　　　イ 池田屋
　　　ウ 寺田屋　　　　　　エ 角屋

(89)　ア 藤屋　　　　　　　イ 大友
　　　ウ 輪違屋　　　　　　エ 一力亭

(90)　ア 西本願寺　　　　　イ 東本願寺
　　　ウ 二条城　　　　　　エ 光縁寺

(81) 解説

　壬生村は山城国葛野郡（現・京都市中京区）にあった村で、壬生という地名は四条大宮から西大路通にかけて残っている。地名の由来には、湿地帯で泉が湧いたことから「水生」と呼ばれたという説がある。

　江戸時代には、京野菜の一つである壬生菜（水菜の変種）の産地として知られた。

　壬生村に残留した浪士組の一部が壬生浪士組を結成し、やがて新選組になった。壬生には新選組が屯所を置いた八木邸や旧前川邸が現存し、壬生寺や光縁寺には隊士の墓があるため、新選組ゆかりの地として観光地化している。

81 解答　　ウ 壬生村

(82) 解説

　新徳寺＝写真＝は臨済宗永源寺派の禅寺で、浪士組の本部になった。本堂は嘉永元年（1848）の建立で、浪士組が集まったときの建物である。文久3年（1863）2月23日、浪士組230余名は京都に着いたが、その日の夜、庄内藩（現・山形県）出身の志士清河八郎が尊王攘夷の大演説をした。翌日、清河八郎は御所の学習院に上表文を提出し、受理された。その後、浪士組に江戸への帰還命令が出され、新徳寺の本堂に集められ

た。将軍の上洛を待たずに江戸へ帰ることの是非が議論されたが、結局、近藤勇や芹沢鴨などのグループが京都に残留することになった。

82 解答　　ウ 新徳寺

(83) 解説

　近藤勇（1834～68）は新選組局長で、武蔵国多摩郡上石原村（現・東京都調布市）の農家の三男として生まれた。池田屋事件や禁門の変で活躍し、新選組は慶応3年（1867）6月に幕府直参に取り立てられた。戊辰戦争の甲州勝沼の戦いで新政府軍に敗れ、近藤は下総流山で投降、板橋で斬首された。首は京都の三条河原に晒された。享年35。

　伊東甲子太郎（1835～67）は二番組頭や参謀を務め、新選組から分離して孝明天皇陵を守る御陵衛士の盟主になった。**島田魁**（1828～1900)は二番伍長などを務めた。**原田左之助**（1840～68）は副長助勤や十番組頭を務めたが、新選組には八番隊までしかなかったという説もある。

83 解答　ア　近藤勇

---

(84) 解説

　新選組が**八木邸**に屯所を置いたときの当主は、十代目の八木源之丞応迅で、裕福な郷士だった。八木家の先祖は越前朝倉氏の出だといわれており、後に八木姓を名乗った。壬生村には10軒ほどの郷士屋敷があって壬生住人士と呼ばれており、八木家は壬生狂言にも関わっていた。

　八木邸の母屋では、新選組局長の芹沢鴨と愛人のお梅、副長助勤の平山五郎と愛人の吉栄が暗殺されたが、その時についたとされる刀傷が残っている。

　子母澤寛の新選組に関する本に登場する八木為三郎は源之丞の三男である。

84 解答　エ　八木邸

(85) 解説

　旧前川邸には、新選組副長土方歳三が桝屋喜右衛門（本名は古高俊太郎で近江国出身の志士）を拷問したといわれる土蔵（**東の蔵**）がある。土蔵2棟が現存しており、西の蔵（味噌蔵）は天保8年（1837）に、東の蔵（貴重品保管庫）は天保10年（1839）に建築されたもの。

　前川家の本家（油小路六角）は掛屋として御所や京都所司代の公金の出納などを担当していたため、浪士組に身内だった前川荘司の屋敷を提供したという。

　坊城通に面した部屋で新選組副長の山南敬助が切腹し、長屋門西側の出窓のある部屋で野口健司が切腹した。

85 解答　**ウ** 東の蔵

(86) 解説

　壬生寺＝写真＝は律宗の大本山で、本尊は延命地蔵菩薩。

　新選組が境内で大砲の訓練を行ったり、馬で乗り入れたりしたため参詣者が怖がり、壬生寺が朝廷に請願書を提出したこともあった。また、境内で新選組一番組頭の沖田総司が、近所の子どもやその子守と鬼ごっこなどをして遊んだという。現在、壬生寺内の壬生塚には、芹沢鴨と平山五郎の墓、河合耆三郎の墓、阿比留栄三郎や田中伊織、野口健司、奥沢栄助、安藤早太郎、新田革左衛門、葛山武八郎の合同墓など

隊士の墓が建てられている。

　壬生寺は重要無形民俗文化財の壬生大念佛狂言でも有名である。

86 解答　**イ** 壬生寺

(87) 解説

土方歳三（1835〜69）＝写真は胸像＝は新選組副長で、武蔵国多摩郡石田村（現・東京都日野市）の富農の四男として生まれた。池田屋事件で反幕府派を鎮圧し、新選組の組織を強化した。新選組は慶応3年（1867）6月に幕臣となるが、鳥羽・伏見の戦いで朝敵となり敗走した。土方は戊辰戦争で各地を転戦し、箱館新政府では陸軍奉行並に任命されたが、箱館総攻撃で戦死した。享年35。

斎藤一（1844〜1915）は副長助勤、三番隊や四番隊の組頭を務めた。**永倉新八**（1839〜1915）は二番組頭で、「浪士文久報国記事」などの史料を残した。**松原忠司**（？〜1865）は四番組頭で、子母澤寛の『壬生心中』の主人公である。

87 解答　**ア** 土方歳三

(88) 解説

角屋は花街島原にあった揚屋で、新選組や長州藩士の久坂玄瑞、薩摩藩士の西郷隆盛などが利用していた。

揚屋とは大型宴会場のことで、角屋は揚屋建築唯一の遺構として重文に指定されている。

玄関や2階の青貝の間には新選組がつけたといわれる刀傷がある。

1階奥の松の間の庭には茶室が3つあり、昼は茶会や歌会が開かれ、夜は太夫や芸妓を呼んで宴を催した。芹沢鴨が暗殺された日、新選組は角屋で宴会を行い、松の間で芹沢に大量の酒を飲ませた。

88 解答　**エ** 角屋

(89) 解説

　輪違屋は元禄年間（1688〜1704）に創業したお茶屋で、宴の席で接待をする女性の最高位である太夫を抱え、現在でも営業を続けている（通常は非公開）。1階の主の間は客と太夫が初めて対面する可視の式が行われる部屋で、近藤勇の漢詩が表装された屏風が残されている。

　2階の紅葉の間は壁に本物の紅葉を塗りこんで乾燥後に取り出し、そこへ顔料などで着色している。

　同じく2階の傘の間は襖に銀箔を貼り、その上に本物の道中傘が貼り込んである。建物は、京都市の登録文化財に指定されている。

89 解答　**ウ** 輪違屋

(90) 解説

　新選組は池田屋事件の後、大規模な隊士募集を行った。その結果、隊士数が急増したため新しい屯所探しが急務になる。そして勤王派である**西本願寺**を内部から監視するという意味もあり、建物の一部を屯所として借り受けることにした。山南敬助が反対したが、慶応元年（1865）3月10日、壬生から西本願寺に移った。

　新選組は北集会所や太鼓番屋（太鼓楼）を屯所として使ったが、北集会所は約200畳もある巨大な建物だった。境内で軍事訓練を行ったため、寺は非常に迷惑したという。

90 解答　**ア** 西本願寺

10 京都の花に関する記述について、最も適当なものを ア～エ から選びなさい。

問 91

勝運と馬の神社で知られ、アジサイの名所として有名な深草にある神社はどこか。

ア 御霊神社（上御霊神社）　　イ 藤森神社

ウ 長岡天満宮　　　　　　　　エ 北野天満宮

　勝運と馬の神社として高名な深草にある神社は**藤森神社**。平安遷都以前から鎮座すると伝わり、素盞鳴命、神功皇后など12柱を祀る。5月1日から5日に行われる藤森祭は、菖蒲の節句発祥の祭りとして知られ、境内では駈馬神事が行われる。境内2カ所に紫陽花苑＝写真＝があり、毎年6月初旬から一般に公開される。

　御霊神社（上御霊神社）は、本殿に早良親王（崇道天皇）、吉備真備、橘逸勢はじめ8柱を祀る。正しくは御霊神社という。応仁・文明の乱の戦端が開かれた地として、また、イチハツが鑑賞できる地として有名。**長岡天満宮**は、菅原道真を祭神とする神社。道真が太宰府に左遷された際、この地に立ち寄って名残を惜しんだと伝わる。江戸時代初期、八条宮智忠親王によって社殿の東側に八条ヶ池が造営され、現在はキリシマツツジの名所として人気を集める。**北野天満宮**は、菅原道真を祭神とする全国各地の天満宮・天神社の総本社。境内には道真が愛したという梅が数多く植えられ、例年2月上旬から梅苑が公開される他、道真の祥月命日である2月25日には梅花祭が行われる。

91 解答

イ 藤森神社

問
92

古典によく詠まれ、また鴨川の河原に自生し、古来より府民に愛されてきたことから、「京都府の草花」として制定されている花は何か。

ア なでしこ
イ しだれ桜
ウ 椿
エ 嵯峨ぎく

「なでしこ」は、ナデシコ科ナデシコ属の植物の総称としても、日本各地に自生するカワラナデシコ（ヤマトナデシコ）の別名にも用いられる。鴨川にも自生し、平成2年（1990）に「京都府の草花」に制定された。カワラナデシコは開花期が初夏から秋までと長いことから、古名を「トコナツ（常夏）」という。古くから和歌に詠まれ、延喜5年（905）に編纂された日本最初の勅撰集『古今和歌集』や文治4年（1188）に成立した『千載和歌集』にも登場。また、『源氏物語』の第二十六帖を「常夏」というのは、「なでしこの とこなつかしき 色を見ば もとの垣根を 人やたづねむ」という光源氏の詠んだ歌による。

嵯峨ぎくもナデシコと同じく「京都府の草花」に制定されている植物だが、こちらは嵯峨の地に自生していた野菊をルーツとする園芸品種。大覚寺で門外不出の菊として受け継がれ、江戸時代に品種改良が進められた。日本三大名菊の一つといわれる。**しだれ桜**は、昭和29年（1954）に制定された「京都府の花」。

92 解答

ア なでしこ

10 京都の花に関する記述について、最も適当なものを<u>ア</u>～<u>エ</u>から選びなさい。

問 **93**

京都市上下水道局鳥羽水環境保全センターで春に一般公開を行っている、頭上に垂れ下がる光景が見事な約120メートルの回廊に咲き誇る花は何か。

<u>ア</u> 萩 　　　　　　<u>イ</u> 藤

<u>ウ</u> 梅 　　　　　　<u>エ</u> 水蓮

22回3級

23回3級

23回2級

23回1級

　京都市上下水道局下水道部鳥羽水環境保全センターは、昭和14年（1939）に鳥羽処理場として運転を開始した、京都市最大規模の下水処理場。敷地内に咲く**藤**は「鳥羽の藤」＝写真＝として親しまれ、例年4月下旬に一般公開されている。全長約120メートルに及ぶ藤の回廊では、頭上に垂れ下がる幾房ものナガフジと、鮮やかな芝桜との共演が楽しめる。公開期間中は施設見学ができ、各種イベントも行われる。

　同じく京都市上下水道局が管理する蹴上浄水場は、ツツジの名所として知られる。場内には数千本のオオムラサキツツジやキリシマツツジなどが植えられ、こちらも例年、ゴールデンウィークに施設の一般公開が行われている。蹴上浄水場は、日本最初の急速ろ過式浄水場として明治45年（1912）に給水を開始。第1高区配水池は経済産業省の「近代化産業遺産」に認定されている。

93 解答

<u>イ</u> 藤

195

10 京都の花に関する記述について、最も適当なものをア～エから選びなさい。

問
94

淀川三川（桂川・宇治川・木津川）合流地点にほど近い八幡市の桜の名所で、桜並木が約1.4キロメートル続く堤防はどこか。

ア 玉川堤　　　　イ 前川堤

ウ 粟原堤　　　　エ 背割堤

　淀川三川（桂川・宇治川・木津川）合流地点の程近くにある、宇治川と木津川を隔てる堤防を**背割堤**＝写真＝という。「淀川河川公園背割堤地区」として国営公園に指定されている。かつては松並木があったが、昭和53年（1978）に建設省（現・国土交通省）が桜への植え替えを実施。今では、約1.4キロにわたって約220本のソメイヨシノが咲く、桜の名所として知られている。
　綴喜郡井手町を流れる玉川は、環境省の「平成の名水百選」に選ばれている木津川の支流で、多くの和歌に歌枕として詠まれた「六玉川」の一つ。古くからヤマブキの名所として名高く、藤原定家や小野小町も歌に詠んでいる。現在、**玉川堤**は桜とヤマブキの名所として知られるが、これは昭和28年の南山城水害後に整備されたもの。「京都の自然200選」に選ばれている久御山町東一口の**前川堤**も桜の名所。両側に約300本のソメイヨシノなどが植えられている。**粟原堤**は、下嵯峨から松尾にかけての桂川左（東）岸にある堤防。

94 解答

エ 背割堤

問
95

「花盗人山」の別名がある祇園祭の保昌山のご
神体・藤原保昌が和泉式部のために紫宸殿から
持ち出したものは何か。

ア 傘　　　　　　　　イ 梅

ウ 琴　　　　　　　　エ 鯉

　「花盗人山」の旧名をもつ保昌山は、藤原（平井）保昌が
和泉式部に求愛した際、式部に請われて紫宸殿の梅を手折っ
たという故事に由来する。ご神体である保昌は、鎧を着て太
刀をつけ、蒔絵の台にのった紅梅を捧げる。保存会の伝える
ところによると、頭は明応9年（1500）、胴は寛政年間（1789
～1801）の作。宵山には縁結びのお守りなどが授与される。
　四条傘鉾と綾傘鉾は、山鉾の古い形態を残す傘鉾。棒振り
囃子と大きな傘が巡行する。琴に関係するのは伯牙山。かつ
ての名を「琴破山」という。中国周代の琴の名手伯牙が、友人
の鍾子期の訃報に接し、琴の絃を断ったという故事から、伯
牙が斧を手に琴を打ち破ろうとする姿が表されている。鯉山
は山の上に、水飛沫をあげて跳躍する鯉をいただく。これは
中国の黄河にある急流・竜門の滝を登った鯉は龍になるとい
う伝説（登竜門の由来）を題材とする。鯉の前には朱塗りの鳥
居を立て、奥の祠には素戔嗚尊を祀る。

95 解答

イ 梅

197

問
96

「関西花の寺二十五カ所」第13番である京都市
内唯一の寺で、夏は「ハスの寺」として名高い
のはどこか。

ア 成相寺　　　　　**イ** 笠置寺

ウ 法金剛院　　　　**エ** 乙訓寺

　ハスの寺として知られる関西花の寺二十五カ所第十三番札
所は、右京区花園にある**法金剛院**＝写真＝。右大臣清原夏野
の山荘をその死後に寺に改め、双丘寺と称したことに始まる。
後に文徳天皇が伽藍を建立して天安寺とし、大治5年（1130）、
待賢門院が再興して法金剛院となった。庭園にある「青女の滝」
は、現存する平安時代の滝石組としては最大規模。背後の五
位山とともに国の特別名勝に指定されている。

　成相寺は宮津市にある西国三十三所観音霊場の第二十八番
札所。慶雲元年（704）、文武天皇の勅願寺として創建された
と伝わる。**笠置寺**は相楽郡笠置町にある真言宗の古刹。高さ
約15メートルの岩に彫られた巨大な弥勒磨崖仏を本尊とす
る。**乙訓寺**は、推古天皇の勅願で聖徳太子が創建したとされ
る洛西観音霊場の第六番札所。「ぼたんの寺」として知られ
る。弘仁2年（811）に空海が別当となり、翌年に同寺を訪れ
た最澄と法論を交わした地であり、早良親王が幽閉された地
でもある。

96 解答

ウ 法金剛院

問
97

上賀茂神社の境外摂社で、国の天然記念物のカ
キツバタ群落で知られる神社はどこか。

ア 平安神宮　　　　　イ 梅宮大社

ウ 大田神社　　　　　エ 城南宮

　北区上賀茂本山に鎮座する**大田神社**は、上賀茂神社の境外
摂社。天鈿女命と境内末社に猿田彦命を祀る。参道の東側に
ある大田ノ沢は、古くからカキツバタ＝写真＝の群生地とし
て知られ、平安時代後期の歌人藤原俊成（シュンゼイとも）は、
その情景を「神山や 大田の沢の かきつばた ふかきたのみは
色にみゆらむ」と詠った。昭和14年（1939）、「大田ノ沢のカ
キツバタ群落」として国の天然記念物に指定された。

　平安神宮は、明治28年（1895）の平安遷都千百年紀念祭の際、
桓武天皇を祭神として創建。昭和15年（1940）に孝明天皇が合
祀された。社殿背後に広がる神苑（国の名勝）は、東・中・西・
南の４苑からなり、南苑を除く３苑は七代目小川治兵衛の作。
梅宮大社は酒解神を主神とする古社。神苑は梅やカキツバタ、
ハナショウブの名所として知られる。**城南宮**は、平安遷都に
際し、国と都の守護神として創建されたと伝わり、国常立尊、
八千矛神、息長帯日売尊を祀る。神苑の楽水苑は、『源氏物語』
に登場する80種余の草木が植栽され、「源氏物語花の庭」とも
呼ばれる。例年春に苑内で行われる宮中の歌会を再現した「曲
水の宴」が有名。

97 解答

ウ 大田神社

問 98

比叡山を借景とした約1,400株のバラ園が楽しめる、来年（2024）、開園100年となる施設はどこか。

ア 三段池RAVIHOUSE植物園
イ 京都府立植物園
ウ 梅小路公園
エ 宇治市植物公園

　京都府立植物園は大正13年（1924）1月1日に、日本最初の公立総合植物園として開園。令和6年（2024）に100周年の節目を迎えた。約24万平方メートルの広大な敷地では、約1万2,000種類、約12万本の植物を栽培。熱帯植物から高山植物までそろう日本最大級の観覧温室や、比叡山を借景に約320品種が花を咲かせるばら園＝写真＝など見どころは多い。

　三段池RAVIHOUSE植物園は、福知山市字猪崎にある植物園。令和3年6月、同市内の建築会社「株式会社谷英建築」が5年間のネーミングライツを取得し、現在の愛称となった。**梅小路公園**は、国鉄清算事業団所有の梅小路駅貨物跡地に、平成7年（1995）に開設された都市公園。その後、再整備が行われ、同24年には京都水族館、同28年には京都鉄道博物館が開業した。**宇治市植物公園**は平成8年の開園。約10万平方メートルの園内では、約800種の植物、約650種の温室植物が栽培されている。

98 解答

イ 京都府立植物園

10 京都の花に関する記述について、最も適当なものをア～エから選びなさい。

<table>
<tr><td>問
99</td><td>豊臣秀吉が寄進した椿の2代目で、花びらが一
片ずつ散るのが特徴の「五色八重散椿」が本堂
前にある、通称「椿寺」と呼ばれる寺はどこか。</td></tr>
</table>

ア 霊鑑寺 　　　　 イ 地蔵院

ウ 法然院 　　　　 エ 銀閣寺

北区大将軍川端町にある**地蔵院**の愛称は椿寺。有名な五色
八重散椿＝写真＝は、加藤清正が豊臣秀吉に献上したもので、
北野大茶会の縁から同寺に寄進されたという。薄いピンク色
や白など五色に咲き分ける八重椿で、花びらが1枚ずつ散る
のを特徴とする。現在のものは二代目で樹齢は約120年。初代
は昭和58年（1983）に枯死。
　霊鑑寺は臨済宗南禅寺派の尼門跡寺院。谷御所あるいは
鹿ヶ谷比丘尼御所とも呼ばれる。椿の名所として知られ、後
水尾上皇遺愛の日光椿をはじめ、多数の名椿が植えられてい
る。**法然院**は、法然が弟子の住蓮と安楽が六時礼讃を勤めた
草庵の旧跡。境内では多くの椿を見ることができる。**銀閣寺**
は、正式には慈照寺という。室町幕府第八代将軍足利義政が
建てた東山殿を起源とする。総門から中門の間には、下部が
石垣、中段が竹垣、上段が椿の生垣という、見事な意匠の垣
根が高々とそびえる。

99 解答

イ 地蔵院

10 京都の花に関する記述について、最も適当なものを**ア**〜**エ**から選びなさい。

問 100

眼の観音様で知られる柳谷観音 楊谷寺などでフォトジェニックとして話題となっている、季節の花々を水に浮かべた手水舎・手水鉢を何というか。

ア 水琴窟　　　**イ** 鹿威し

ウ 蓮弁祈願　　**エ** 花手水

柳谷観音楊谷寺は、大同元年（806）の開創と伝わる古刹。空海が祈祷し、眼病に悩む人々のために霊水にしたという独鈷水で知られ、眼病平癒の祈願所として古来信仰されてきた。近年は**花手水**＝写真＝発祥の寺としてもその名が知られるようになった。平成29年（2017）ごろから、境内5カ所にある手水鉢に花を浮かべ、花手水と名付けてSNSで発信したところ、その美しさはたちまち話題となり、全国の社寺にも広まっていったという。

水琴窟は、手水鉢やつくばいの地下に空洞を作り、その中に水滴を落として水音を反響させ、かすかに聞こえる音を楽しむ仕掛け。**鹿威し**は、農作物を荒らすイノシシやシカを追い払うための装置だったが、いつしか日本庭園の装飾として使用されるようになった。**蓮弁祈願**は、ハスの花びらをかたどった紙に願い事を書き、水に浮かべる祈願。随心院で行われている。

100 解答

エ 花手水

1 歴史・史跡に関する記述について、最も適当なものをア〜エから選びなさい。

問1

平安京の地相は四神相応の地であるとされる。
西方を守護する白虎にあたるのはどれか。

ア 巨椋池　　　イ 山陰道

ウ 船岡山　　　エ 鴨川

　四神相応の地であるとされる平安京の西方を守護する白虎に当たるのは、**山陰道**である。山陰道は、古代律令制の五畿七道の一つ。現在の近畿地方から中国地方の日本海側に沿った地域で、丹波・丹後・但馬・因幡・伯耆・出雲・石見・隠岐の各国が所属する行政区分。これら8カ国を陸路と水路で結ぶ官道のことをいう。

　四神相応とは、地相が天の四神に応じた最良の土地柄をいう。四神は天の四方の星宿でその方角をつかさどる神のことをいい、霊獣で表現された。西方は大道で白虎、東方は流水で青龍、南方は窪んだ湿地で朱雀、北方は丘陵で玄武に相当する。白虎は白い虎、青龍は青い竜、朱雀は朱色の聖鳥、玄武は黒色の亀に蛇が巻き付いた霊獣である。すなわち、**巨椋池**は南方を守護する朱雀、**船岡山**は北方を守護する玄武、**鴨川**は東方を守護する青龍にあてられている。四神相応の地の中心部は、空間的に安定し、万物が繁栄する場所として、官位・福禄・無病・長寿を併せ持つ吉祥地である。

1 解答

イ 山陰道

1 歴史・史跡に関する記述について、最も適当なものを ア〜エ から選びなさい。

22
回
3
級

23
回
3
級

23
回
2
級

23
回
1
級

問
2

中国の都城制にならって平安京でも採用され
た、碁盤目状の都市区画制度は何か。

ア 郡県制　　　　イ 条里制

ウ 班田制　　　　エ 条坊制

　中国の都城制にならって平安京でも採用された、碁盤目の
都市区画制度は**条坊制**である。日本の都城制において、京域
内を縦横に通ずる大路によって碁盤の目のように方格に区分
し、東西の列を「条」、南北の列を「坊」と呼ぶ。宮城を北端
に置き、朱雀大路を挟む左右両京を南北に走る大路によって
四坊に分け、東西に走る大路によって九条に分ける。平安京
の条坊制は、「町」と呼ばれる一辺120メートルの正方形の区
画を組み合わせたものであった。

　郡県制は、中国秦の始皇帝が始めた中央集権的な地方統治
制度。全国を直轄地として36郡（のち48郡）の行政区画に分け、
中央から役人を派遣し統治させた。日本では、大化の改新以
降に中国の影響を受けて、国郡里制度を確立。

　条里制は、日本の古代の土地区画制度。耕地を縦横に区切
り、この1区画を里または坊といった。さらにこれを区切っ
て、その1区画を坪という。

　班田制とは日本古代の土地制度を示す語で、7世紀後半か
ら10世紀初頭に至る律令体制の下で行われた。

2 解答

エ 条坊制

1 歴史・史跡に関する記述について、最も適当なものを ア〜エ から選びなさい。

問
3

平安京は朱雀大路をはさんで左京（東京）と右
京（西京）に区分される。右京の長安城に対して
左京は何と呼ばれていたか。

ア 北京城　　　　　イ 洛陽城

ウ 開封城　　　　　エ 南京城

　右京の長安城に対して左京は**洛陽城**と呼ばれていた。嵯峨
天皇のとき、唐の都城名を借りて左京を洛陽（城）、右京を長
安（城）と名付けられた。慶滋保胤が著した『池亭記』にみら
れるように、右京が衰退すると、左京の洛陽が平安京の代名
詞ともなり、「洛中」「洛外」という表現がみられるようになっ
たといわれる。しかし、平安時代に長安城と洛陽城が区別さ
れて使用された例はみられない。鎌倉時代末期の『拾芥抄』の
「京都防名」には「東京（左京のこと）は洛陽城」、「西京（右京
のこと）は長安城」という記載が初見される。

　明・清時代の**北京城**は、現中国の首都、北京である。

　開封城は、北宋（960〜1127）の都で、河南省開封市にあっ
た。

　南京城は、江蘇省南京市にあった。三国時代に「建業」、南
北朝時代には「建康」と呼ばれ、呉・東晋とその後の、宋・斉・
梁・陳の都となった。

3 解答

イ 洛陽城

1 歴史・史跡に関する記述について、最も適当なものを ア ～ エ から選びなさい。

問 4

嵯峨天皇の皇女にはじまる斎王（斎院）は35代、約400年続いたが、最後の斎王（斎院）となった後鳥羽天皇の皇女は誰か。

ア 有智子内親王　　　イ 選子内親王

ウ 式子内親王　　　エ 礼子内親王

　最後の斎王（斎院）となった後鳥羽天皇の皇女は**礼子内親王**（れいしないしんのう）（1200～1273）（イヤコナイシンノウとも）である。礼子内親王は正治2年（1200）に内大臣坊門信清の娘、坊門局を母に生まれた。内親王は鎌倉時代前期の元久元年（1204）に斎王（賀茂斎院）に卜定（ぼくじょう）されたが、建暦2年（1212）に病気で退下した。その後、承久3年（1221）に父である後鳥羽上皇が承久の乱を起こした。斎王はその混乱などにより、約400年の歴史をもって廃絶した。礼子内親王が第三十五代、最後の斎王となった。

　有智子内親王（うちこないしんのう）（807～847）は、嵯峨天皇の皇女で初代賀茂斎院（斎王）である。

　選子内親王（せんしないしんのう）（964～1035）は、村上天皇の皇女で、12歳のときから57年間、賀茂神社の斎院を務め、大斎院と称された。歌人でもある。

　式子内親王（しきしないしんのう）（？～1201）（ショクシナイシンノウとも）は、後白河天皇の皇女で以仁王や守覚法親王と同母。平治元年（1159）に斎王となり、後に出家した。歌人としても有名。

4 解答

エ 礼子内親王

1 歴史・史跡に関する記述について、最も適当なものを ア〜エ から選びなさい。

問 5

鎌倉時代、六波羅探題のもとで市中警護のために京中48ヵ所の辻々に設置された詰所のことを何というか。

ア 篝屋

イ 京都所司代

ウ 京職

エ 大番役

六波羅探題＝写真は跡碑＝の下で京中に設置された詰所は、篝屋（かがりや）である。鎌倉幕府は京都の守護のために六波羅探題を置き、治安維持のための小規模な警備小屋を京都の各所に置いていた。暦仁元年（1238）、第四代将軍藤原（九条）頼経が上洛した際、そうした小屋を拡大して篝屋を設置した。そこには在京の御家人が詰め、篝火を焚（た）いて警備に当たった。その数は鎌倉時代末期には48ヵ所にのぼった。

京都所司代は江戸幕府の機構の一つで、朝廷、公家、寺社の監督、京都市中の行政、さらには西国の幕府領の支配を行った。寛文8年（1668）に京都町奉行が新設されると京都の行政権はそちらに譲った。**京職**（きょうしき）は律令体制の下で設置された京の行政機関であり、平安京でも左京職と右京職が置かれた。**大番役**は平安・鎌倉時代に内裏や京都の警固を行った職掌を指すが、特に鎌倉幕府はこれを重要視し、御家人に京都大番役の義務を課し、交代で上洛させて京都の警備に当たらせた。

5 解答

ア 篝屋

問
6

鎌倉幕府を倒して親政を行うも、後に足利尊氏と対立して吉野に南朝をたてた天皇で、崩御後にはその冥福を祈るために尊氏が天龍寺を創建したことでも知られる人物は誰か。

ア 後醍醐天皇　　　　イ 亀山天皇

ウ 後小松天皇　　　　エ 光厳天皇

　鎌倉幕府を倒し、やがて吉野に南朝を建てた天皇は、**後醍醐天皇**（1288〜1319）である。後醍醐天皇は鎌倉幕府を倒すために兵を挙げた（元弘の変）が、失敗に終わって隠岐に流される。しかし天皇は隠岐を脱出し、ついには鎌倉幕府を滅亡に追い込んで建武の新政を樹立した。しかし、足利尊氏が反乱を起こして政権は瓦解、尊氏は自ら擁立した光明天皇（北朝）の下で室町幕府を開いた。後醍醐天皇は大和国の吉野に移り、南朝を開いた。

　亀山天皇（1249〜1305）は鎌倉時代後期の天皇で、兄の後深草天皇の後に即位した。後深草天皇の系統を持明院統、亀山天皇の系統を大覚寺統という。**光厳天皇**（1313〜64）は持明院統の天皇で、後醍醐天皇が元弘の変で失脚したため即位したものの、後醍醐天皇が建武の新政で復権を遂げると廃位の憂き目をみた。**後小松天皇**（1377〜1433）は北朝六代目の天皇で、この時に南北朝の合一がなされた。

6 解答

ア 後醍醐天皇

問 7

当時の京都所司代・板倉重矩が鴨川の護岸工事を行い、今出川から五条の間に新しい堤を築いた。先斗町を誕生させるなど景観整備も担ったこの堤は何と呼ばれているか。

ア 京廻洒堤　　　　イ 防鴨河使

ウ 寛文新堤　　　　エ デ・レーケ堰堤

　先斗町を誕生させるなど景観整備も担ったこの堤は**寛文新堤**と呼ばれている。寛文9年（1669）に、鴨川両岸に新しい石堤の築造が開始され、翌年完成した。この護岸工事が行われるまで鴨川は、左右に河原が広がる自然河川であったが、堤により御土居（現・河原町通）の東側で鴨川までの区域に新たな町が生まれて市街地化された。現在の鴨川景観の基礎が作られたのである。先斗町は、新堤建設後の延宝2年（1674）に新地として開発されている。京都では、工事を行った板倉重矩にちなんで「板倉堤」とも呼ばれる。

　京廻洒堤は、鴨川の洪水対策と防御のために、豊臣秀吉が都市政策として行った、京都の周囲を土塁で囲んだ御土居の旧称。

　防鴨河使は、平安時代初期に鴨川の水防のために設けられた官職。

　デ・レーケ堰堤は、明治時代に木津川市山城町に築かれた石積みの砂防堰堤のこと。

7 解答

ウ 寛文新堤

問
8

50年前の昭和48年（1973）、向島ニュータウンが着工した。水運により大阪と京都を結ぶ要衝の地であるこの地域には「二ノ丸町」「本丸町」など、城にちなむ町名が残るが、当地にあった向島城を築城した人物は誰か。

ア　前田利家　　　イ　織田信長

ウ　豊臣秀吉　　　エ　松平定綱

　　向島城を築城した人物は**豊臣秀吉**（1537〜1598）である。向島城は、現在の伏見区桃山の地にある通称「指月の岡」に秀吉が築いた伏見城（指月城）の支城で、宇治川を隔てた南側に築かれた。文禄3年（1594）の冬または翌年の春には着工したと考えられ、同時に**前田利家**（1538〜1599）は、豊後橋から宇治橋まで宇治川の流れを変える築堤を行っている。当地は観月橋の名が示す通り、月見の名所で、向島城は月見のための城であった。秀吉の没後は家康の一時的な居城となったこともあった。現在、向島城の跡地には向島ニュータウンとして民家が立ち並んでいて、「向島本丸町」「向島二ノ丸町」などの地名にわずかな痕跡を留めるのみである。

　　織田信長（1534〜1582）は、室町幕府第十五代将軍足利義昭の将軍の居城として、旧二条城を築いた。

　　松平定綱（1592〜1652）は、京都守護の城として淀城を築いた。

8 解答

ウ　豊臣秀吉

問 9

文久3年（1863）、攘夷について朝廷と協議するため、将軍として229年ぶりに上洛し、二条城に入った徳川十四代将軍は誰か。

ア 徳川家綱　　　　**イ** 徳川家継

ウ 徳川家斉　　　　**エ** 徳川家茂

徳川家茂（1846〜66）は第十一代紀州藩主徳川斉順の長男で、嘉永2年（1849）、紀州藩主になった。安政5年（1858）、第十三代将軍徳川家定の継嗣となり、第十四代将軍に就任。文久2年（1862）、孝明天皇の妹和宮と結婚し、公武合体による幕権強化に尽力するが、孝明天皇に攘夷実行を迫られ、文久3年（1863）に上洛した。そして賀茂社への攘夷祈願に随行する。第二次長州征伐のさなか、大坂城で病没。享年21。

徳川家綱（1641〜80）は江戸幕府の第四代将軍で、それまでの武力を背景とした専制政治である「武断政治」から、儒教的な徳治主義に基づく「文治政治」への転換を図り、またこの時期に幕藩体制が確立された。

徳川家継（1709〜16）は第七代将軍だが、数え8歳（満6歳）で亡くなり、在任期間はわずか3年だった。

徳川家斉（1773〜1841）は第十一代将軍で在任期間は50年に及んだ。松平定信を老中首座に任命して「寛政の改革」を行わせたが、その後は自身による側近政治で政治は腐敗した。

9 解答

エ 徳川家茂

問
10

明治41年（1908）着工の京都市三大事業（第二
琵琶湖疏水の開削、上水道の整備、道路拡築・
電気軌道敷設）を推し進めた二代目京都市長は
誰か。

ア 槙村正直　　　　イ 山本覚馬

ウ 西郷菊次郎　　　エ 田邉朔郎

22
回
3
級

23
回
3
級

23
回
2
級

23
回
1
級

　明治37年（1904）から7年近く京都市長として在職した**西郷
菊次郎**（1861～1928）＝写真＝は、前市長時代に構想された琵
琶湖第二疏水の開削の他、近代京都の都市基盤となる大事業
に着手した。

　明治維新の英傑である西郷隆盛の子で、幕末に隆盛が流さ
れていた奄美大島で島の娘との間に生まれた。隆盛の下で西
南戦争に従軍し片足を失った。米国遊学の経験があり、西南
戦争後は外務省に出仕し、台湾の地方支庁長にも就いた。

　槙村正直（1834～96）は二代目京都府知事で、舎密局や女紅
場、勧業場を設けるなど、事実上の東京遷都で衰退した京都
の復興を図った。会津藩士だった**山本覚馬**（1828～92）は薩摩
藩に捕らえられたが、開明的な建白書が認められ、府顧問と
して槙村の政策を推し進めた。

　田邉朔郎（1861～1944）は若くして琵琶湖疏水の設計、工事
の責任者となり、日本初の路面電車の実現
にも貢献した。

10 解答

ウ 西郷菊次郎

問
11

山城国一之宮で、明神川沿いに社家町があり、
7月1日に五穀豊穣を祈願する御戸代会神事が
行われる神社はどこか。

ア 下鴨神社　　　　イ 上賀茂神社

ウ 籠神社　　　　　エ 出雲大神宮

上賀茂神社＝写真＝の正式名は賀茂別雷神社で、**下鴨神社**
（正式名称は賀茂御祖神社）とともに世界遺産に登録されてい
る。賀茂氏の氏神として平安遷都の際に皇城鎮護の社となり、
あらゆる災難を除く厄除けの神として信仰されている。毎年
5月15日に斎行される葵祭は、下鴨神社と上賀茂神社の例祭
で、正式名称は賀茂祭。5月初旬からさまざまな神事（前儀）
が行われ、5月15日には、およそ8キロにわたって、平安装
束をまとった人々が練り歩く「路頭の儀」が行われる。

4月3日の土解祭、6月10日の御田植祭に続く御戸代会神
事は、上賀茂神社で行われる稲作に関する一連の大切な行事。
五穀豊穣と稲穂の害虫駆除を祈願し、神歌の奉納が行われる。
また、神前にヒオウギや滋賀県安曇川産のアユが供される。

出雲大神宮は、亀岡市千歳町に鎮座する丹波国の一之宮。

籠神社は雪舟の描いた国宝の「天橋立図」にもその姿が見え
る丹後国の一之宮。

11 解答

イ 上賀茂神社

2 神社・寺院に関する記述について、最も適当なものを ア ～ エ から選びなさい。

問 12

清和源氏の始祖・源経基を祭神とし、嫡子の満仲が西八条の旧宅跡に創建した。本殿裏には経基の墓所があり、満仲誕生のおりに安産を祈願し産湯に使ったとされる誕生水弁財天社がある神社はどこか。

ア 若宮八幡宮   イ 五條天神宮

ウ 神明神社   エ 六孫王神社

22回3級

23回3級

23回2級

23回1級

六孫王神社＝写真＝の社名の由来は、源 経基（みなもとのつねもと）が清和天皇の第六皇子の孫であることから。昔は六の宮と呼ばれ、日本最大の説話集、『今昔物語』の中にもその名が見える。

若宮八幡宮社は窯元や陶磁器店が集まる五条坂にあることから、陶祖神が祀られている。8月の五条坂陶器まつりでは、若宮八幡宮社の祭礼が行われる。

五條天神宮は弘法大師（空海）が勧請したといわれる。古くから病気退散、厄除け、農耕、医薬の神として信仰されている。

神明神社は、源 頼政（みなもとのよりまさ）が鵺（ぬえ）退治の際ここに祈願し、見事に鵺を退治したとの伝説が残る。この時使われた弓矢の矢尻が宝物として伝わっており、今も祭礼のときに飾られる。

12 解答

エ 六孫王神社

215

2 神社・寺院に関する記述について、最も適当なものを ア～エ から選びなさい。

問
13

法力坊蓮生（熊谷直実）が開いた念仏三昧院に始まり、法然自作といわれる「張子の御影」を安置する長岡京市の寺院はどこか。

ア 知恩院　　　　　イ 報恩寺

ウ 粟生光明寺　　　エ 金戒光明寺

　西山浄土宗総本山の**粟生光明寺**＝写真＝は、戦いに明け暮れた半生を悔いて法然に帰依した法力坊蓮生（熊谷直実）が建久9年（1198）、師を開山に迎えて粟生広谷に開いた念仏三昧院を起源とする。御影堂には、建永の法難によって法然が四国に流罪となった折、形見を望む弟子のために携行していた母の手紙を水に浸して自らの肖像を作ったという「張子の御影」が安置される。晩秋には全山が朱に染まる紅葉の名所としても、高い人気を誇る。

　知恩院は浄土宗総本山で、法然が東山吉水に建てた草庵に始まる。**報恩寺**は上京区の浄土宗寺院で、寺宝の虎の絵を聚楽第に持ち帰った豊臣秀吉が、夜ごと鳴動に悩まされ、虎が寺に帰りたがっているのではと考え、寺に返したという「鳴虎図」の伝承で知られる。**金戒光明寺**は、通称の「黒谷さん」で親しまれる浄土宗京都四ヵ本山の一つ。幕末には、京都守護職を務めた会津藩主松平容保の本陣となったことでもよく知られている。

13 解答

ウ 粟生光明寺

2 神社・寺院に関する記述について、最も適当なものを ア～エ から選びなさい。

問 14

節分の期間に授与される縁結びのお守り「懸想文」で知られ、「西天王社」とも称された神社はどこか。

ア 藤森神社 イ 石清水八幡宮
ウ 岡﨑神社 エ 須賀神社

須賀神社より昭和39年（1964）に分祀された交通神社は、交通安全に加護のある神社としての信仰があつい。節分祭の2日間に現れる、水干・烏帽子姿で白い布で顔を隠した「懸想文売り」＝写真＝は、身分を隠して恋文の代筆業をしていた貴族たちの姿に由来するという。

伏見区の**藤森神社**は、古来、勝運と馬の神社として有名。毎年5月1日～5日に行われる藤森祭は、菖蒲の節句の発祥ともいわれる。祭のハイライト、走る馬の上で技を競う駈馬神事は、京都市登録無形民俗文化財に指定されている。

八幡市の**石清水八幡宮**は、平安時代初期に九州の宇佐の八幡大神を勧請して創建され、都の裏鬼門（南西）を守る国家鎮護の社として朝廷に崇敬されてきた。明治維新までは神仏習合の神社で、最盛期には境内に60近い坊（寺）があり、社僧が住んでいた。

左京区の**岡﨑神社**は、王城鎮護のため四方に祀った神社の

一つ。都の東に当たることから東天王とも称される。

14 解答

エ 須賀神社

217

2 神社・寺院に関する記述について、最も適当なものを **ア**～**エ**から選びなさい。

かつて伊勢斎宮（斎王）の社があったとされるところに建ち、『源氏物語』の「賢木」の巻の舞台として知られ、境内の黒木の鳥居や小柴垣が往時をしのばせる神社はどこか。

ア 野宮神社 **イ** 大原野神社

ウ 橋姫神社 **エ** 梨木神社

右京区の**野宮神社**＝写真＝は、縁結びと安産の神として信仰があつい。伊勢神宮の斎宮に選ばれた皇女が、伊勢に向かう前に1年間ここに籠り、精進潔斎して身を清める習わしがあったとされる。斎王の一行が伊勢の斎宮に向かう旅を再現した斎宮行列が毎年秋に開催されている。『源氏物語』の他、謡曲『野宮』にも光源氏と六条御息所の別れの舞台として描かれている。

大原野神社は延暦3年（784）の長岡京遷都に当たり、春日社の神霊を勧請したことに始まると伝えられ、藤原氏の氏神として信仰された。1本の枝にいくつもの花が咲き、目がいくつもあるように見えることから千眼桜と呼ばれる桜でも有名。

宇治市の**橋姫神社**は、はじめ宇治橋に祀られていたともいわれるが、その後移され、慶應3年（1867）の洪水で流失するまでは、宇治橋の西詰にあった。縁切りにご利益がある神社として、悪縁を切りたいと訪れる参拝者も多い。

15 解答

ア 野宮神社

2 神社・寺院に関する記述について、最も適当なものを ア〜エ から選びなさい。

問 **16**
聖武天皇の即位伝説にまつわる打出と小槌を所蔵し、通称「宝寺」と呼ばれる大山崎町の寺院はどこか。

ア 宝積寺
イ 宝筐院
ウ 海宝寺
エ 宝塔寺

22回3級

23回3級

23回2級

23回1級

　大山崎町にあって、「宝寺」の通称で知られる**宝積寺**は、聖武天皇が夢に現れた龍神から打出と小槌を授かり、それで祈願すると天皇の位に就けたことから、神亀年間（724〜29）に天皇の勅願により行基が開創、本堂に十一面観音像を祀ったとされる。天王山の登り口にあり、慶長9年（1604）建立の三重塔（重文）＝写真＝が辺りに存在感を放っている。

　宝筐院は白河天皇勅願寺の善入寺を前身とし、貞和年間（1345〜50）に夢窓疎石の高弟黙庵周諭が中興。境内に敵同士だった足利義詮と楠木正行の墓が並んで立つことで知られる。**海宝寺**は萬福寺十三世の竺庵浄印が別院にと建てた開宝寺を享保13年（1728）に移築、現名に改めた。ここには黄檗宗の普茶料理が伝わる。**宝塔寺**は、藤原基経開創の極楽寺に始まる。徳治2年（1307）に住持の良桂が日像に帰依して日蓮宗に改宗、日像の廟所が置かれたのにちなんで鶴林院と名を変え、後に現在の名となった。

16 解答

ア 宝積寺

219

問
17

「百々御所」とも呼ばれ、歴代皇女ゆかりの人形を春秋公開し、秋には人形供養祭を行う寺院はどこか。

ア 慈受院 　　　　イ 霊鑑寺

ウ 大聖寺 　　　　エ 宝鏡寺

　「人形寺」としてその名を知られる**宝鏡寺**は、臨済宗単立の尼門跡寺院で、その地名から「百々御所」とも呼ばれる。五辻大宮にあった景愛寺（尼五山第一位）の子院建福尼寺を前身とし、応安年間（1368〜75）に景愛寺六世の華林宮惠厳禅尼（光厳天皇皇女）が現在地に移転、再興した。二十四代の三麽地院宮が父光格天皇より賜った直衣雛をはじめとして、皇女和宮の遺愛の品など数々の人形を所蔵しており、境内には人形塚＝写真＝も設けられている。

　「薄雲御所」とも称される**慈受院**は臨済宗単立の尼門跡寺院。足利義持夫人の日野栄子が正長元年（1428）、亡夫の遺言で天皇家の菩提を弔うため創建したと伝わる。**大聖寺**は足利義満が出家した義理の叔母のため開いた寺を発祥とする臨済宗単立の尼門跡寺院で「御寺御所」の名もある。**霊鑑寺**は「谷御所」の名で知られる臨済宗南禅寺派の尼門跡寺院。境内は後水尾上皇遺愛の日光椿など多くの名椿が咲き競う。

17 解答

エ 宝鏡寺

2 神社・寺院に関する記述について、最も適当なものを ア〜エ から選びなさい。

問 18

「だるま寺」の通称で親しまれ、境内の達磨堂には8,000体ものだるまが奉納されていることで知られる寺院はどこか。

ア 福勝寺　　　　　イ 東林院

ウ 法輪寺　　　　　エ 称念寺

22回3級

23回3級

23回2級

23回1級

　西ノ京円町の近くにあり、「だるま寺」の通称で知られる法輪寺は享保12年（1727）、萬海によって建立された臨済宗妙心寺派寺院。境内にある達磨堂には三国随一とされる起き上がり達磨をはじめ、諸願成就で奉納された約8,000体が所狭しと並び、節分の日は福を求める参詣者でにぎわう。

　福勝寺は河内国から正嘉年間（1257〜59）に京都に移転してきた真言宗寺院。豊臣秀吉が戦勝を祈って瓢箪を奉納、勝つたびにそれを持ち帰り、旗印の千成瓢箪にしたことから「ひょうたん寺」の名が付いた。

　妙心寺塔頭の東林院は、細川氏綱が父高国の菩提寺とした三友院を起源とし、弘治2年（1556）に妙心寺内に移転、現名になった。境内に十数本のナツツバキ（沙羅双樹）の木があり、「沙羅双樹の寺」として知られる。

　称念寺は慶長11年（1606）、嶽誉が松平信吉の帰依を得て創建した浄土宗寺院。三世還誉の飼い猫による恩返し説話から「猫寺」と呼ばれ、動物供養で人気を集めている。

18 解答

ウ 法輪寺

問
19

西国三十三所観音霊場第十八番札所で、聖徳太子ゆかりの寺院として知られ、親鸞が百日参籠した寺院はどれか。

ア 行願寺　　　イ 頂法寺

ウ 松尾寺　　　エ 三室戸寺

　西国三十三所観音霊場の第十八番札所で、六角堂の名でも知られる**頂法寺**＝写真＝は用明天皇2年（587）の創建。仏寺の用材を求めてこの地に来た聖徳太子が、池で身を清めるため木にかけておいた念持仏の如意輪観音が「ここにとどまり衆生を救いたい」と告げたので、六角形の御堂を建て、仏を安置したと伝わる。洛中の観音霊場として信仰を集め、親鸞はこの地に百日参籠して、浄土真宗開宗のきっかけを手にしたという。

　行願寺は同じく西国観音霊場の第十九番札所。革堂の名で知られ、上京の町堂として町衆の信仰を支え、今も都七福神（寿老神）巡りで多くの参拝者を集める。

　舞鶴市にある**松尾寺**も同じく第二十九番札所で、西国観音霊場では唯一、馬頭観音を本尊にしていることで知られる。

　宇治市の**三室戸寺**も同じく第十番札所。光仁天皇の勅願寺で、宮中の奇瑞で現れた千手観音像を、御室に移して祀り、御室戸寺としたのが創建のいわれとして伝わっている。

19 解答

イ 頂法寺

2 神社・寺院に関する記述について、最も適当なものを ア～エ から選びなさい。

問 **20**

醍醐寺の別格本山で、一生に一度、一言だけ願えば成就すると伝わる「一言観音」とも呼ばれる千手観音を本尊とする寺院はどこか。

ア 即成院　　　　イ 理性院

ウ 金剛王院　　　エ 観智院

「一言観音」といわれる千手観音菩薩像を本尊としている真言宗醍醐派の別格本山といえば**金剛王院**。平安時代末期に真言密教醍醐三流の一つ金剛王院流の祖聖賢が創建した。かつては醍醐五門跡に数えられていた。明治28年（1895）に近くの一言寺跡に移転し、現在に至る。今は通称、一言寺と呼ばれる。一言観音は、あれこれと願うのではなく、ただ一言、一心に念じれば願いをかなえてくれると信じられている。8月17日の金剛王院観音供では柴灯大護摩火渡りが行われる。

即成院は泉涌寺塔頭で、平安時代末期の武将那須与一ゆかりの寺。長患いをしないポックリ信仰でも有名。

理性院は醍醐寺の塔頭寺院で別格本山であり、醍醐三流の一つ理性院流の本寺。狩野探幽が10代の頃に描いた障壁画がある。

観智院は東寺の塔頭で、密教教学研究の上で最高峰の典籍や仏画を有する。宮本武蔵筆と伝わる襖絵なども残る。

20 解答

ウ 金剛王院

22回3級

23回3級

23回2級

23回1級

3 建築・庭園・美術に関する記述について、最も適当なものを ア～エ から選びなさい。

問 **21**
八幡市唯一の国宝に指定されている建造物で、本殿の建築方式が八幡造でも知られるのは、どの神社か。

ア 三宅八幡宮 　　**イ** 御所八幡宮

ウ 石清水八幡宮 　　**エ** 篠村八幡宮

　八幡市唯一の国宝建造物を有するのは、**石清水八幡宮**（いわしみず）＝写真＝である。本殿は桁行十一間、梁間二間ずつの内殿と外殿からなる八幡造（はちまんづくり）で、切妻造平入（きりづまづくりひらいり）の前殿と後殿とを連結し、両者の間に生じた屋根の谷に陸樋（とい）を入れたもの。前殿と後殿の間の空間は相の間と呼ばれる。

　石清水八幡宮本社の社殿群は、現存最古で最大規模の八幡造本殿と、その前面に連なる独特な空間秩序をもつ幣殿および舞殿等を瑞籬や廻廊で重囲し、緊密に一体化するという比類ない構成になり、古代に成立した荘厳な社殿形式を保持しつつ、近世的な装飾を兼備した完成度の高い近世神社建築として、極めて高い価値を有している。また廻廊内に仏教施設をもつなど、神仏習合の信仰を示す複雑な空間構成を具現しており、創建以来公武の崇敬を集め、社会に広く敷衍（ふえん）した八幡信仰の中枢となる社殿として、深い文化史的意義を有しているとされる。

21 解答

ウ 石清水八幡宮

問 22

京町家の軒下に設けられた人馬の侵入を防ぐ柵で、古くは牛馬をつないだという説もある、道と敷地との間の境界の役割を果たすものは何か。

ア 犬矢来
イ 京格子
ウ 駒寄
エ 通り庇

22
回
3
級

23
回
3
級

23
回
2
級

23
回
1
級

京町家の軒下に設置されており、通りと敷地の境界を示す柵状のものは、**犬矢来**と**駒寄**で、古くは牛馬をつないだとの説があるといえば駒寄。犬矢来は割竹などを使って建物や塀に立てかけるように設置してある。駒寄の多くは太目の木を使って境界付近に垂直に立ててあるのが特徴。両方とも人馬、特に人の侵入を防ぐのが目的の一つとされるが、境界を明確にして、そこから入れないようにすることで家の格式を高める効果もある。老舗旅館や高級料亭の正面に整然と設置された駒寄や犬矢来を見ると、京都らしい風情が感じられる。

京格子も**通り庇**も京町家を特徴付ける仕様。京格子は、縦の桟の間隔が狭く組んであり千本格子ともいう。職業によって形や様式が違う。通り庇は、柱なしで深い庇を通りに張り出し、雨に濡れずに歩けるようになっている。

22 解答

ウ 駒寄

225

3 建築・庭園・美術に関する記述について、最も適当なものをア〜エから
選びなさい。

問 23

「煙草王」と呼ばれた明治大正期の実業家・村
井吉兵衛が円山公園の一角に迎賓館として建て
た洋館で、明治の和洋折衷住宅の代表例として
京都市の有形文化財に指定されているのはどれ
か。

ア 紫明会館   イ 弥栄会館
ウ 長楽館   エ 楽々荘

長楽館＝写真＝は、J. M. ガーディナーの設計により、明治
42年（1909）に竣工した、日本初の紙巻煙草「サンライス」な
どで財をなし、たばこ王と称された村井吉兵衛の別邸として
建築された。

1・2階とも中央ロビーの周囲に洋室が配され、1階には
客間、球戯場（ビリヤード室）、食堂、2階には客間、貴婦人室、
喫煙室、美術室など、さまざまな接客空間が設けられた。1
階広間はルネサンス、客間はロココ、食堂は新古典主義、2
階喫煙室はイスラム風と中国風のミックスといったように、
各空間には異なる様式の意匠が採用されている。一方、3階
は中央階段の周囲に和室を配し、書院と次の間（大正3年改修）
は折上格天井で上段を構え、花頭窓を持つ付書院を備えるな
ど本格的な書院造の意匠である。

23 解答

ウ 長楽館

問 24

今年（2023）、京都に移転した文化庁は、昭和
3年（1928）築の庁舎をリノベーションした。
元は何の建物だったか。

ア 京都府警本部本館
イ 京都府庁旧本館
ウ 京都府立図書館
エ 京都府京都文化博物館 別館

　文化庁の京都移転先の建物は、**京都府庁旧本館**の東に建つ、
昭和3年（1928）11月に京都で行われた昭和天皇の「即位の礼」
に合わせて建設された**京都府警本部本館**＝写真＝である。全
国の警察本部庁舎で圧倒的に古い建物であり、文化庁の移転
に伴い令和4年（2022）にリノベーションされた。鉄筋コンク
リート造地上3階地下1階建て。設計は京都府営繕課。全体
に簡素な構成としつつ、内外ともに玄関周りにアーチや装飾
など意匠を集中させた、格調高い庁舎建築である。

　近代建築はリノベーションされるものも多く、**京都府京都
文化博物館 別館**は、旧日本銀行京都支店の建物を修理・復元
したものである。明治39年（1906）、辰野金吾と長野宇平治に
よるもので、日本銀行京都支店は昭和40年に河原町二条へ移
転、建物はその後平安博物館を経て、平安建都1200年の記念
事業として京都府京都文化博物館が創立され、昭和63年から
活用されている。

24 解答

ア 京都府警本部本館

227

3 建築・庭園・美術に関する記述について、最も適当なものを ア～エ から
選びなさい。

問
25

洛中雪月花三名園の一つで、清水寺の成就院に
ある借景式庭園は何と呼ばれているか。

ア 雪の庭　　　　　イ 月の庭

ウ 花の庭　　　　　エ 巴の庭

成就院は清水寺の本坊であり、東山を背景とした庭園は「**月
の庭**」と呼ばれる。江戸時代には「月の成就院」と呼ばれ、月
見の庭として有名であった。

成就院は文明年間（1469～87）の創建と伝えられ、寛永6年
（1629）に焼失したが、東福門院の寄進で再興された。

庭園は、書院からの鑑賞を目的とした池庭で、中島に据え
られた烏帽子岩と籬島石が目を引く。池の背後は音羽山につ
ながる山裾の斜面で刈込を配して築山に見立てている。北側
の谷を隔てた庭外の山腹に石灯籠を立てることによって、そ
の山腹一帯を庭の一部に見立てる趣向の借景の技法も注目す
べき点である。書院縁先の手水鉢は「誰が袖手水鉢」、池東岸
の「手毬灯籠」、中央中島の「蜻蛉灯籠」など景物も見所であ
る。

「三成就院の雪月花」は、すなわち妙満寺成就院の比叡山の
雪景色を背景とした「**雪の庭**」、北野天満宮宿坊の成就院の梅
花鑑賞の「**花の庭**」と組み合わされたものである。なお、現存
はせず、現在は北野天満宮梅苑に復元されている。

25 解答

イ 月の庭

③ 建築・庭園・美術に関する記述について、最も適当なものを ア 〜 エ から
選びなさい。

問
26

天寧寺にある通称「額縁門」は、ある山の眺望
を一幅の絵のように見せる効果があるが、その
山は何か。

ア 比叡山　　　　　イ 愛宕山

ウ 如意ヶ岳　　　　エ 鞍馬山

　天寧寺の山門より**比叡山**を見ると、額に入れたかのように
四方が区切られるので山門を額縁門ともいう。

　天寧寺は、曹洞宗の寺院で万松山と号す。本尊は釈迦如来
で開山は祥山曇吉、元は天台宗比叡山延暦寺末寺の跡地と伝
えられている。安土桃山時代の武将直江兼続を開基とし、後
に板倉勝重、松平乗元が復興に力を尽くしたという。観音堂
には後水尾天皇念持仏と伝える聖観音像と、東福門院念持仏
と伝える薬師如来像を安置し、寺内には、茶道宗和流の祖金
森宗和、儒者寺島俊則、剣道示現流の祖といわれる善吉など
の墓がある。また滋野井家の菩提寺で、同家累代の宝塔が並
ぶ。

　天寧寺の他に、額に入れたかのように比叡山が見えるのは、
洛北幡枝の圓通寺である。圓通寺庭園は比叡山を借景する庭
園として有名であるが、圓通寺は額縁門ではなく、客殿の柱
や軒、庭園の水平な生垣や垂直な樹木によって四方が区切ら
れたかのように見え、築山として比叡山が望める。

26 解答

ア 比叡山

問
27

向月台と呼ばれる円錐台形の盛り砂や、白砂を
段形に盛り上げた銀沙灘（ぎんしゃだん）がある庭園をもつ寺院
はどこか。

ア 金閣寺　　　　　イ 銀閣寺

ウ 大覚寺　　　　　エ 龍安寺

銀閣寺庭園には向月台（こうげつだい）と呼ばれる円錐台形の盛り砂や、白
砂を段形に盛り上げた銀沙灘（ぎんしゃだん）がある。

銀閣寺は室町幕府第八代将軍足利義政の山荘だった東山殿（ひがしやまどの）
を義政の遺命により寺院としたもの。義政は文明14年（1482）
に東山殿の造営を開始し、庭園のモデルは応仁・文明の乱に
よる焼失以前の西芳寺庭園であった。義政は東山山麓の浄土
寺の跡地に東山殿の造営を開始した。作庭に当たっては、義
政が社寺などの名石や名木を提出させたという。

現在の銀閣寺庭園は、江戸時代初期に宮城豊盛らによって
改修された姿を原形としており、さらにその後も改修が行わ
れた。向月台や銀沙灘も造営当初から存在したのではなく江
戸時代中期に新たに造られたとされる。享保20年（1735）に刊
行された『築山庭造伝（前編）』における慈照寺の庭には向月
台銀沙灘は描かれていないが、寛政11年（1799）の『都林泉名
勝図会』（みやこりんせん）には描かれていることから、この間に造られたとみ
られる。

27 解答

イ 銀閣寺

建築・庭園・美術に関する記述について、最も適当なものをア〜エから選びなさい。

問 28

『班猫』や『アレタ立に』などの作品で知られ、第1回文化勲章を受章した京都画壇を代表する画家は誰か。

ア 都路華香　　　　イ 小野竹喬

ウ 土田麦僊　　　　エ 竹内栖鳳

竹内栖鳳（せいほう）（1864〜1942）である。幸野楳嶺（こうのばいれい）に師事し、内国勧業博覧会などで受賞を重ね、早くから頭角を現した。パリ万博の視察で渡欧、約半年間の巡遊後は西洋の画風と、若き日に会得した日本の古典技法の良いところを折衷して日本画近代化の道筋を示して牽引、京都画壇のリーダーとして多くの後進を育てた。「班猫」をはじめとする動物画、人物画、風景画と作域の広い画風を展開。第1回文化勲章では日本画で東京の横山大観とともに受章の栄に。東の大観、西の栖鳳と並び称された。

都路華香（つじかこう）（1871〜1931）は、栖鳳とともに幸野楳嶺門下の四天王に数えられた俊才。帝国美術院会員に選ばれ、京都市立絵画専門学校などの校長も務めた。

小野竹喬（ちっきょう）（1889〜1979）、**土田麦僊**（ばくせん）（1887〜1936）は、いずれも栖鳳に師事し、画塾・竹杖会（ちくじょうかい）や京都市立絵画専門学校で学び、大正期の日本画革新のうねりとなった国画創作協会の結成メンバー。

28 解答

エ 竹内栖鳳

建築・庭園・美術に関する記述について、最も適当なものをア～エから
選びなさい。

問
29

蓮華王院（三十三間堂）の千手観音坐像（国宝）を
作った仏師は誰か。

ア 快慶　　　　　イ 明円

ウ 院覚　　　　　エ 湛慶

　解答は鎌倉時代中期の仏師、**湛慶**（たんけい）（1173～1256）。後白河上
皇の勅願で長寛2年（1164）に創建された三十三間堂は建長元
年（1249）に焼失、2年後に復興に着手され、文永3年（1266）
に完成、落慶法要が営まれた。現在の堂宇と仏像は、この再
建時のもの。堂内の中央に安置されている中尊千手観音坐像
をはじめ焼失を免れていた仏像を除く千手観音立像の諸像の
再興を任されたのが、運慶の長男湛慶だった。父の名声や湛
慶自身の技量と人間的度量を生かして慶派ばかりでなく他派
の優れた仏師たちを多数集め、制作を牽引するとともに、千
手観音坐像（像高約355センチ）を甥の康円（こうえん）、康清とともに完
成させた。当時82歳の高齢で2年後に死去。晩年の大作、代
表作となった。

　快慶（生没年不詳）は、平安時代から鎌倉時代にかけて運慶
と技を競った慶派の仏師。運慶らと造立した東大寺南大門の
仁王像はじめ優品を多く遺した。

　明円（みょうえん）（メイエンとも、生没年不詳）は、名前に円のつくこと
が多い円派の平安時代後期から鎌倉時代初期の仏師。大覚寺
の五大明王像の作者。

　院覚（生没年不詳）は平安時代後期の院派の仏師。京都の法
金剛院（こんごういん）の本尊阿弥陀如来坐像（ほう）を制作した。

29 解答

エ 湛慶

問
30

江戸初期、御室に窯を築き、色絵陶器によって
京焼に新風を吹き込んだのは誰か。

ア 奥田頴川　　　イ 野々村仁清

ウ 尾形乾山　　　エ 青木木米

　江戸時代前期の京都の陶工、仁清（じんせい）（生没年不詳）である。丹
波野々村（現・南丹市）の生まれといい、通称は清右衛門。仁
清の由来は、仁和寺の門前に窯場があったための仁と、通称
の清右衛門の清とを組み合わせた銘で現代的にいえばブラン
ド名であった。京都の粟田口や美濃の瀬戸などで作陶を学び、
仁和寺門跡と知り合い、門前に窯を築いて、主に茶器類を焼
いた。それまでなかった優艶華麗な上絵付の意匠で茶壺、茶
入、茶碗、水指など茶道具全般を加飾し、また天才的なろく
ろや造形の技で色絵雉香炉なども遺し、色絵陶器を大成した。
　奥田頴川（えいせん）（1753〜1811）は中国明代末の呉須赤絵磁器（ごすあかえ）を再現
するなど京焼の本格的な磁器制作の先駆者となった。
　尾形乾山（けんざん）（1663〜1743）は尾形光琳の弟。仁清に作陶を学び
鳴滝に窯を築いて独立。光琳が描いた陶画作品や美に富んだ
深鉢など洗練された琳派意匠を確立。
　青木木米（もくべい）(1767-1833)は古陶磁の鑑賞にも秀でた文人陶工。
粟田（あわた）御所の御用陶工を拝命。南蛮写しの煎茶器を得意とした。

30 解答

イ 野々村仁清

233

問31

江戸時代の武士の裃に端を発し、細やかな模様の図案が彫られた型紙を使って染められた経済産業大臣指定伝統的工芸品は何か。

ア 京黒紋付染　　　イ 京繍

ウ 京小紋　　　エ 京鹿の子絞

型紙を使って細かい模様を染めるのは小紋。主に武士の裃（かみしも）として細かい模様を単色で型染めした。防染糊で型置きした布（絹、または麻）に引き染めしてから、蒸し、水洗いなどを経て仕上げにかかる。小紋を染めた麻の裃が武士の正装だが、やがて町人たちもおしゃれな小紋を着るようになり、流行した。なお、経済産業大臣指定の伝統的工芸品としての**京小紋**＝写真＝は絹の生地を用いる。

京黒紋付染（きょうくろもんつきぞめ）は16世紀ごろ、僧侶の法衣や武家の紋服とされ、五倍子汁（ふしじる）、桃皮汁（とうひ）、檳榔子汁（びんろうじ）、鉄漿（おはぐろ）などを染め重ねて黒染に腐心してきた。明治時代以降、化学染料が普及したことで、黒染の手間と労力が軽減された。**京繍**（きょうぬい）は1本の針と多色の糸で絹地などに刺繍する装飾技法。金銀糸も使い豪華な雰囲気。**京鹿の子絞**（きょうかこしぼり）は生地をいくつもの丸い粒のように括り、その粒で文様を描いた。防染された白い粒が子鹿の斑点を連想させるためこう呼ばれる。精緻な括りによる贅沢な逸品。

提供：京友禅協同組合連合会

31 解答

ウ 京小紋

4 芸術・文化に関する記述について、最も適当なものを ア〜エ から選びなさい。

問 32

江戸後期に『雨月物語』を著し、梨木神社に歌碑がある人物は誰か。

ア 上田秋成　　イ 湯川秀樹

ウ 吉井勇　　　エ 大田垣蓮月

　江戸時代後期に『雨月物語』を著し、梨木神社に歌碑＝写真＝がある人物は、**上田秋成**（1734〜1809）である。秋成は、江戸時代後期の国学者、歌人、読本作者。本名東作（藤作）。号は漁焉、無腸、休西、鶉居、鶉翁など。戯号に和訳太郎、剪枝畸人がある。大坂の人である。『雨月物語』は、5巻5冊から成り、明和5年（1768）に序が著され、安永5年（1776）に刊行された。内容は、日本・中国の古典から脱化した怪異小説9篇から成る、近世日本文学の代表作である。秋成は、晩年に現在の梨木神社の近くにあった羽倉信美邸で過ごし、当地で没したことから、梨木神社に歌碑がある。なお、梨木神社には、物理学者で、日本で初めてノーベル賞を受賞した**湯川秀樹**（1907〜1981）の歌碑もある。

　吉井勇（1886〜1960）は、明治〜昭和時代の歌人で、祇園白川、清凉寺、松花堂庭園などに歌碑がある。

　大田垣蓮月（1791〜1875）は、江戸時代末期の歌人で陶芸家。晩年を過ごした北区西賀茂の神光院や、蓮月が私財で架けた丸太町橋の側などに歌碑がある。

32 解答

ア 上田秋成

問
33

茶禅一致の茶道を大成した千利休の師匠で、四
畳半の草庵茶室を営んだのは誰か。

ア 村田珠光　　　　イ 武野紹鷗

ウ 剣仲紹智　　　　エ 古田織部

　室町時代、武将たちの間では唐物の美術工芸品を飾り付け
て喫茶を楽しむことが行われていた。15世紀になると、ここ
に後の茶の湯の基礎となる「わび茶」の精神が持ち込まれる。
能阿弥に書院茶を学んだ村田珠光（1423〜1502）は、そこに当
時庶民の間に伝わっていた地味で簡素な様式を取り入れ、さ
らに大徳寺の一休宗純に教えを受けた禅の精神をもとにした
いわゆる茶禅一味の境地を求めた。四畳半の茶室を考案し、
また茶事を限られた少人数の出席者が心を通じ合う場に変え
たのも彼の功績とされる。

　そんな珠光亡き後、その門人に学んだ武野紹鷗（1502〜55）
は、足らざることに満足し、慎み深く行動することを説き、
茶の湯の精神性をさらに高めた。藁屋根の四畳半に炉を切っ
て茶室とし、唐物の茶器の替わりに信楽、瀬戸などの日常雑
器の中から茶道具を選んで使用し、珠光が理想としたわび茶
を完成段階にまで到達させた。津田宗及、今井宗久は高弟に
あたる。次代の千利休らに強い影響を与えた。

33 解答

イ 武野紹鷗

問
34

いけばな嵯峨御流の総司所があり、嵯峨天皇の命日に華道祭を行っている寺院はどこか。

ア 鹿王院　　　　イ 清涼寺

ウ 二尊院　　　　エ 大覚寺

いけばな嵯峨御流発祥の花の寺とされるのは、旧嵯峨御所大覚寺である。華道の流派の一つである「いけばな嵯峨御流」の総司所（家元）は大覚寺であり、全国にいけばな教室を展開して、いけばなの先生を育成し、嵯峨御流の普及に努めている。平安時代初期、嵯峨天皇が大沢池の菊ヶ島に自生する野菊を手折って花瓶に挿し、「後世、花を賞づるもの、宜しく之をもって範とすべし」と述べたのをいけばな嵯峨御流の発祥としている。この野菊が嵯峨菊で、大覚寺門外不出の高貴な古代菊として愛でられている。4月の華道祭＝写真＝は、嵯峨天皇の命日に花を献じる催しとして、流派全体の作品展や式典、イベントが行われる。また毎年11月には、大覚寺境内で嵯峨菊展が開催される。

鹿王院、清涼寺、二尊院は、いずれも大覚寺の周辺にある名刹。嵯峨釈迦堂こと清涼寺には、嵯峨大念佛狂言が伝わる。二尊院の背後には古歌に詠まれる小倉山があり、角倉了以・素庵父子、三条実万・実美父子らが墓地に眠る。

34 解答

エ 大覚寺

237

問
35

今年（2023）、二十六世宗家が重要無形文化財保持者（人間国宝）に認定された能楽の金剛流は、大和猿楽四座のうちどこを源流とするか。

ア 坂戸座　　　　　　イ 円満井座

ウ 外山座　　　　　　エ 結崎座

　令和5年（2023）、重要無形文化財保持者（人間国宝）に認定されたのは12人で、そのうちの一人が京都にある能楽金剛流の家元、金剛永謹氏であった。能楽では他に、能ワキ方の宝生流・宝生欣哉氏も、同時に人間国宝に認定されている。

　この人間国宝のニュースは難しいかもしれないが、しかしここでは、基本的な知識があれば答えを出せるようになっている。心配する必要はないのである。

　つまり、今日ある能楽の流派は大和猿楽四座から発展したといえるが、京都の金剛流は四座のうちのどこがルーツか、を答えればいい。解答は**坂戸座**である。

　他の三座については、興福寺に奉仕していた**円満井座**は今日の金春流、**外山座**は今日の宝生流、観阿弥・世阿弥が出た**結崎座**は今日の観世流へと発展した。この各流派のルーツを問う問題はよく出ているので、要チェックといえるだろう。

35 解答

ア 坂戸座

芸術・文化に関する記述について、最も適当なものを ア〜エ から選びなさい。

問
36

江戸後期の京都の狂言界で茂山家が台頭した。今年（2023）、重要無形文化財保持者（人間国宝）が誕生した同家を召し抱えた大名家はどれか。

ア 彦根藩井伊家　　イ 加賀藩前田家

ウ 長州藩毛利家　　エ 尾張藩徳川家

　令和5年（2023）、狂言茂山千五郎（せんごろう）家の師、茂山七五三（しめ）氏が人間国宝に認定された。

　問35と同様、ここでも人間国宝のことが問われているわけではない。問題を落ち着いて読めば、解答は導き出せるだろう。京都の茂山千五郎家は、九世正彭（まさとら）が**彦根藩井伊家**に召し抱えられ、名を上げたことから、茂山千五郎家を確立した。江戸時代、狂言で京流と呼ばれたのは和泉（いずみ）流だったが、宗家が**尾張藩徳川家**に召し抱えられ、明治維新後は活動の場を東京に移した。一方、京都に留まった大蔵流の茂山千五郎家は、一時衰退した時期にも狂言の普及と大衆化に努め、そこから「お豆腐狂言」の芸風が編み出された。

36 解答

ア 彦根藩井伊家

4 芸術・文化に関する記述について、最も適当なものを ア 〜 エ から選びなさい。

問 **37**

年末の風物詩「吉例顔見世興行」を行う南座だけでみられる、贔屓筋から出演役者への贈り物は何か。

ア 羽子板
イ 舞扇
ウ 竹馬
エ 京人形

竹馬（たけうま）と呼ばれている。これは南座の顔見世興行（かおみせこうぎょう）独特の習わしで、他の劇場では見られない。贔屓筋（ひいき）などが役者に贈るご祝儀（しゅうぎ）のことで、竹籠（たけかご）にご祝儀を納め、その竹籠に青竹を組んで松葉で飾ったもの。一つ一つに木札が立てられ、贈り主の名前、次に役者名、そして役者名のあとに必ず「丈（じょう）」と記されているのが特徴。例えば「坂田藤十郎丈江（さかたとうじゅうろうじょうえ）」と読むことができる。

その竹馬が、ずらりとロビーに飾られる。誰が、どの役者さんを贔屓にしているかが分かるという意味でも、年に一度の竹馬鑑賞を楽しみにしているファンは多い。また贔屓の役者さんの竹馬の前は、記念撮影のスポットにもなっている。これもまた南座吉例顔見世興行の知る人ぞ知る風物詩といえそうだ。

37 解答

ウ 竹馬

4 芸術・文化に関する記述について、最も適当なものを ア ～ エ から選びなさい。

問 38

京都五花街のをどりで、「北野をどり」が行われる上七軒歌舞会の舞踊の流派はどれか。

ア 若柳流　　　　イ 尾上流

ウ 花柳流　　　　エ 藤間流

22回3級

23回3級

23回2級

23回1級

　五花街の芸舞妓の真価は、芸事に表れる。舞踊については、花街それぞれに決められた流儀がある。祇園甲部は京舞井上流、宮川町は**若柳流**、先斗町は**尾上流**、祇園東は**藤間流**、そして上七軒は**花柳流**である。花街の舞踊は主にお茶屋の宴席で披露されるが、春と秋に開催される舞踊の会では一般公開されている。上七軒の場合、春は「北野をどり」＝写真＝、秋には「寿会」を催す。

　北野をどりは昭和27年（1952）に、北野天満宮の千五十年大萬燈祭に奉賛して始められた。今年（2024年）で第72回を数える。「春のをどり」の先陣を切って3月20日から4月2日まで、上七軒歌舞練場にて開催された。第一部の舞踊劇『雲のかけ橋』は、天狗が登場する民話の世界を描く。第二部の純舞踊は旅先を絵巻物のように辿る『旅情ところどころ』。フィナーレは定番の総をどり『上七軒夜曲』で華やかに閉幕した。三つの部とも振付は上七軒歌舞会の専属の師匠であり、新作の振付でも名高い花柳輔太朗（すけたろう）である。

38 解答

ウ 花柳流

問 39 舞妓が晴れて芸妓になることを、花街では何と呼ぶか。

ア 店出し　　　イ 襟替え

ウ 仕込み　　　エ 半だら

　「舞妓になりたい」と希望してから、一人前の舞妓へ、さらに芸妓になるには段階がある。舞妓の生活の場ともなる置屋が決まれば、「**仕込み**」として第一歩を踏み出す。仕込みとは、置屋のおかあさん（女将）、舞妓のおねえさんの手伝いをしながら、舞踊や京言葉、花街のしきたりなどを学ぶ期間。1年余りの時を経て、舞踊の師匠やおかあさんの許可が下りると「見習い」となる。この時期には髪を「割れしのぶ」に結い、だらりの帯の丈の短い「**半だら**」に結び、低めのおこぼ（下駄）を履いて座敷に出向き、仕事を覚える。見習いを終えれば、正真正銘の舞妓となる「**店出し**」を行う。

　舞妓が二十歳ごろになると、芸妓になるかどうか選択の時期を迎える。芸妓になるということは、置屋から独立して、花街において自前で身を立てること。舞妓から芸妓になることを「**襟替え**」という。襟替えという言葉は、舞妓の赤襟が白襟に替わるところからきている。襟替えを目前にした舞妓は、「先笄」という髪型に変わる。

39 解答

イ 襟替え

4 芸術・文化に関する記述について、最も適当なものをア～エから選びなさい。

<table>
<tr><td>問
40</td><td>舞妓の舞でおなじみの「月はおぼろに東山…」。
祇園の四季をうたう舞踊曲は何か。</td></tr>
</table>

ア 京の四季 　　　　イ 祇園情話

ウ 鴨川小唄 　　　　エ 祇園小唄

　舞妓が最初に習得する舞踊曲は、おおかた『祇園小唄』である。春夏秋冬の風物詩が綴られ、四季全ての歌詞が「祇園恋しやだらりの帯よ」で締めくくられている。まさに舞妓を思わせる曲でもある。この曲が誕生したのは昭和5年（1930）。小説家・作詞家の長田幹彦が作詞した。五花街全てで演じられている。京の花街の舞踊を代表する曲であり、この功績に感謝して毎年11月23日に、円山公園に立つ祇園小唄の歌碑の前で、祇園小唄祭が執り行われる。主催はおおきに財団と京都花街組合連合会で、平成15年（2003）に創始された。舞妓が歌碑の前で歌詞を朗読し花を手向ける。

　「春は花いざ見にごんせ東山…」と唄い出される『京の四季』も京都の四季を唄った舞踊曲。『鴨川小唄』は先斗町の街の風情を唄い入れた先斗町定番の曲。

40 解答

エ 祇園小唄

5 祭りと行事に関する記述について、最も適当なものを ア ～ エ から選びなさい。

問41

節分会に登場し、暴れていた鬼たちを笑みによって大人しくさせ、打出の小槌を受け取る人物ゆかりの千本釈迦堂にある塚は何か。

ア おかめ塚　　　イ 文塚

ウ 久志塚　　　エ 班女塚

　千本釈迦堂本堂造営を請け負った長井飛騨守高次という棟梁が、4本の柱の1本を短く切ってしまったところ、その妻おかめが他の柱を切りそろえ桝形をはめる方法を助言。無事上棟式に間に合ったが、おかめは女が男に助言をするなどあってはならないことと自害。その徳を称えて**おかめ塚**が建立された。

　文塚は随心院門跡の本堂の裏にある五輪塔で、ここに住んでいた小野小町に届いた恋文を埋めたという伝承がある。

　安井金比羅宮の境内にある**久志塚**は、古い櫛を供養するために昭和36年（1961）に建立された。毎年、9月に櫛まつりが行われる。古代から現代に至るまでの伝統的な髪型や風俗衣装を身に着けた時代風俗行列が祇園界隈を巡る。

　班女塚の由来は、『宇治拾遺物語』の「長門前司女、葬送の時、本所にかへる事」にあるように、亡くなった妹の遺体が家から動かないので、姉が家の下に葬って塚を造ったという。縁談を控えた者が前を通ると破談になるという言い伝えがある。

41 解答

ア おかめ塚

問 42

伏見稲荷大社では2月、縁起物の「しるしの杉」が授与される。それは何の日か。

ア 五月満月祭　　イ 千日詣り

ウ 初午大祭　　エ 初ゑびす

　伏見稲荷大社の**初午大祭**は、稲荷大神が稲荷山の三ヶ峰にご鎮座された和銅４年（711）２月の初午の日にちなんだ大祭である。稲荷山の杉と椎の枝で作った青山飾りが本殿などに飾られる。福詣といわれ、多くの参拝者でにぎわう。御神木の杉を用いた「しるしの杉」＝写真＝は、商売繁盛、家内安全の縁起物として授与される。

　鞍馬寺では、５月の満月に清水を捧げ、灯を供えて祈る秘儀、**五月満月祭**が行われてきた。５月の満月の夜は、全てのものの目覚めのために天界から強いエネルギーが降り注ぐという。同日にヒマラヤ山中でも同じ祭が行われる。

　７月31日夜半から８月１日の早朝にかけて、愛宕山上の愛宕神社を参詣する**千日詣り**は、千日参ったと同じ功徳が得られるといわれている。３歳までにお参りすると一生火事に遭わないという。

　１月８日から12日まで行われる**初ゑびす**は、商売繁盛の神様である京都ゑびす神社の祭礼である。ゑびす神の誕生日である１月10日寅の刻にちなんで十日ゑびすともいわれる。

42 解答

ウ 初午大祭

問 43

葵祭では、下鴨神社と上賀茂神社に行列が到着すると、勅使による御祭文の奏上などが行われる。その儀式は何か。

ア 路頭の儀　　　イ 社頭の儀

ウ 宮中の儀　　　エ 進発の儀

　勅使が下鴨神社、上賀茂神社で御祭文などを奏上するのは**社頭の儀**。祝詞、奉幣（神への供物）などの儀式の他、「牽馬の儀」として、馬を引く馬寮使が社殿の周りを引き回し、神がおわす本殿を向いてお辞儀をすると、馬もそれにならって頭を下げるとされる。下鴨・上賀茂両神社で勅使はフタバアオイとカツラの枝葉を組み合わせた葵桂を授かり、退出する。その後「饗宴の儀」、舞人が神事舞「東游」を奉納。「走馬の儀」が行われ、「社頭の儀」の終了後、祭文は上賀茂神社に納められる。雨天などで「路頭の儀」が中止になっても「社頭の儀」は行われる。

　「路頭の儀」は平安装束をまとった約500名、馬36頭、牛４頭、牛車２基、腰輿の約１キロに及ぶ時代行列が下鴨・上賀茂両神社に参向することをいう。

43 解答

イ 社頭の儀

5 祭りと行事に関する記述について、最も適当なものをア〜エから選びなさい。

問44

祇園祭の山鉾の中で、病身の母が真冬にほしがった筍を、雪の中で探してきた孝行息子の姿を表した山はどれか。

ア 孟宗山　　　　**イ** 占出山

ウ 芦刈山　　　　**エ** 太子山

22回3級

23回3級

23回2級

23回1級

　前祭で巡行する**孟宗山**である。中国の史話「二十四孝」の伝説に基づき、その意味合いから「筍山」の別名をもつ。正面に立つ御神体人形が孝行息子の孟宗で、唐人衣裳に笠を着け、右手に雪をかぶった筍、左肩には鍬をかついでいる。まさに筍をようやく掘り当てた、その瞬間である。真松には真冬の雪を表す綿が付けられている。

　占出山、芦刈山、太子山は、いずれも前祭の山である。**占出山**は、別名鮎釣山。神功皇后が鮎を釣って戦勝を占ったという説話を表す。御神体の神功皇后は安産の神として名高い。

　芦刈山は、謡曲「芦刈」より。妻と別れ、難波の里で芦刈をする老翁を御神体人形とする。

　太子山の御神体は、聖徳太子の少年像。四天王寺建立のため、自ら山に入って木を伐る姿で、霊験によって杉を得て造営されたという故事に由来する。この山だけは松ではなく、杉を真木とする。

44 解答

ア 孟宗山

問
45

祇園祭・後祭の山鉾巡行には、「くじ取らず」の山鉾が5基あり、今年（2023）、2番目と6番目を進む山鉾の巡行順が隔年で交代することとなった。北観音山ともうひとつはどれか。

ア 橋弁慶山　　　　**イ** 南観音山

ウ 鷹山　　　　　　**エ** 大船鉾

　この問は後祭（あとまつり）の巡行に関することで、4つの選択肢は全て後祭の山鉾である。

　後祭の「くじ取らず」は5基で、古来先頭を行く**橋弁慶山**（はしべんけいやま）、それに続く2番が**南観音山**（みなみかんのんやま）、6番が北観音山、そして最後は必ず**大船鉾**（おおふねほこ）、その手前が、令和4年（2022）に復帰したばかりの**鷹山**（たかやま）。ただし、2番と6番を行く南観音山と北観音山は、幕末までは一年交代で山を出し、2番を行く「くじ取らず」であった。大船鉾と鷹山が巡行に復帰するまでの間に、北観音山と南観音山は毎年山を出すようになっていたが、大船鉾、続いて鷹山が復帰したのを機に、南北両観音山も江戸時代の巡行順に戻り、一年交代で2番と6番の巡行順を受け持つことに。西暦の奇数年は南観音山が2番と決まり、令和5年（2023）の巡行が行われた。

45 解答

イ 南観音山

5 祭りと行事に関する記述について、最も適当なものを**ア〜エ**から選びなさい。

問 46

五山の送り火で、一番西の曼荼羅山に灯される送り火は何か。

ア 妙・法　　　　**イ** 左大文字

ウ 船形　　　　　**エ** 鳥居形

京都五山送り火で、一番西の山、そして最後に灯されるのは**鳥居形**＝写真＝。8月16日の朝8時ごろ、山の麓から山上の親火床(ひどこ)へ松の根に近い部分を小割にした松明(たいまつ)に使う薪が運ばれる。午後6時ごろ親火に点火し、松明に火がつかないよう気を付けて、点火の合図を待つ。8時20分、合図とともに一斉に親火から点火した松明を持って走り、各火床に突き立てる。油分を多く含む松材を使用するため、赤みが強い炎であることが特徴。

西山の**妙**の字は日像上人(にちぞう)の影響により村全体が天台宗から日蓮宗に改宗したとき描いたとされ、送り火終了後は涌泉寺で松ケ崎題目(だいもく)踊りが行われる。東山の**法**の字は江戸時代に日良上人が描いたとされる。**船形**は遣唐使の船とも衆生を救う大乗仏教を表しているともいわれる。送り火終了後、西方寺で六斎念仏(さいほうじ)が行われる。**左大文字**は大北山鏡石町の大文字山に灯る。この山は岩石が多いため篝火(かがりび)を焚いていた。現在は山の斜面をコンクリートで固めた火床を使っている。

46 解答

エ 鳥居形

22回3級

23回3級

23回2級

23回1級

249

5 祭りと行事に関する記述について、最も適当なものをア～エから選びなさい。

問 **47**

8月下旬に各地で行われる火の祭礼「松上げ」のうち、松明を投げ上げるほかの松上げとは違い、松の割り木で毎年異なる文字の形をつくり点火するのはどこか。

ア 花背
イ 久多
ウ 広河原
エ 雲ケ畑

　京都市北部の**花背**、**久多**、**広河原**、**雲ケ畑**には、松上げという夏の松明行事が伝えられている。愛宕山への献火行事で、火除けと五穀豊穣を祈願して行われる。京都市登録無形民俗文化財である。

　雲ケ畑の松上げは、当地の愛宕山という山の上に3メートル四方の櫓を文字の形に組み百束余の真割木の松に点火する。文字は点火するまで秘密にされる。

　花背と**広河原**の松上げは、灯籠木場という原野に約1,000の地松といわれる松明をさし、一斉に点火。鉦と太鼓が鳴る中、垂直に立てられた高さ約20メートルの灯籠木の先端に取り付けられた大笠めがけて、上げ松といわれる火のついた松明を投げ上げ火をつける。大笠が燃え尽きる前に灯籠木を倒す。

　久多の松上げ（久多宮の町松上げ）は、約10メートルの柱松の先に取り付けられた籠に手松明を投げ入れるもので、地元では「チャチャンコ」といわれ、地蔵盆の行事として行われている。

47 解答

エ 雲ケ畑

5 祭りと行事に関する記述について、最も適当なものを ア ～ エ から選びなさい。

問
48

スポーツの日に行われる神幸祭の神輿渡御で、先導の剣鉾差しが祇園祭の鉾の原形とされる重さ約40キロの剣鉾を一人で持ち、鈴を鳴らして歩く妙技が特徴である祭はどれか。

ア 伊根祭　　　　**イ** 粟田祭

ウ 亥子祭　　　　**エ** 櫛祭

粟田祭 =写真= は粟田神社の祭礼である。明治時代まで八坂神社が祇園感神院（かんじんいん）と称したのに対して、粟田神社は感神院新宮（かんじんいんしんぐう）といった。粟田祭は、長保3年（1001）に祇園社東北の粟田社の場所に瑞光が現れ、神幸したのが創始である。室町時代に祇園会が行われないときは、粟田祭をもって祇園会としたという。

伊根祭は、祇園八坂神社から伊根八坂神社に牛頭天王を勧請したのが起源で、300年余の歴史がある。大漁、海上安全、五穀豊穣を願い7月下旬に行われる。船屋台が祇園祭の山鉾（やまほこ）が海に浮いているようなので「海の祇園祭」ともいわれる。

亥子祭（いのこさい）は護王神社の祭礼。旧暦10月亥の月、亥の日、亥の刻に亥の子餅を食べ無病息災を祈る宮中儀礼を継承、再現している。

櫛祭は、使い古した櫛を安井金比羅宮の久志塚に納め供養する。古代から現代までの髪形を結い、時代装束を着けた時代風俗行列が祇園界隈を練り歩く。

48 解答

イ 粟田祭

22回3級

23回3級

23回2級

23回1級

5 祭りと行事に関する記述について、最も適当なものをア～エから選びなさい。

問 49

時代祭の行列の中で、平成19年（2007）の桓武天皇千二百年記念大祭を機に新たに加わった行列は何か。

ア 楠公上洛列　　　イ 江戸時代婦人列
ウ 室町幕府執政列　　エ 弓箭組列

　時代祭で平成19年（2007）に新たに加わったのは**室町幕府執政列**＝写真＝。第2次世界大戦前、南朝を正統とする皇国史観の影響で、後醍醐天皇に背いて室町幕府を開いた足利尊氏を国賊とみなしていた経緯などから、室町時代の列は長らく行列から除外されていた。新たに加えられた室町幕府執政列は足利尊氏を中心に武士の軽武装姿をはじめ、公家、医師、御博士などの風俗も加わる。吉野時代列とされてきた列も新たに室町洛中風俗列として表現され、町衆の風流踊りなどが華やかだ。

　楠公上洛列は楠木正成が隠岐に流されていた後醍醐天皇を迎えて上洛する凛々しい姿を再現。**江戸時代婦人列**は、孝明天皇の妹君である和宮をはじめ、歌人の大田垣蓮月、池大雅（イケノタイガとも）の妻玉瀾、衣裳比べで有名な豪商中村内蔵助の妻、お梶、吉野太夫、出雲阿国など人気の列。**弓箭組列**は丹波国南桑田（現・亀岡市）、船井（現・南丹市）には源頼政に従って弓箭の技術を究めた者が多く、その子孫も弓箭組を組織していた。平安遷都の際には桓武天皇の警護に当たったとされる。

49 解答

ウ 室町幕府執政列

問 50

現在、六波羅蜜寺で行われ、都に流行った疫病から人々を救いたいと、鐘を鳴らしながら念仏を唱えた通称「かくれ念仏」を始めた僧侶は誰か。

ア 真応上人　　　イ 空也上人

ウ 円覚上人　　　エ 定覚上人

22回3級
23回3級
23回2級
23回1級

空也上人（903～72）は、天歴5年（951）疫病退散のため十一面観音像を刻み車に安置して市中を巡り、小梅干と結昆布を入れ仏前に献じた茶を病人に授け、歓喜踊躍しつつ念仏を唱えてついに病魔を鎮めたと伝えられ、六波羅蜜寺を開創した。空也上人が創始した空也踊躍念仏は、毎年師走に行われる。

真応上人（生没年不詳）は、慶雲元年（704）、文武天皇の勅願により天橋立を眼下に望む成相寺を創建。身代わり観音で知られる聖観世音菩薩を本尊とする西国三十三所観音霊場第二十八番札所である。

円覚上人（1223～1311）は、清凉寺の嵯峨大念佛狂言や壬生寺の壬生大念佛狂言を創始した。上人の大念仏会を来聴する群衆が数十万人となり、十万上人と称された。多くの群衆に教えを伝えるために考案したのが無言の宗教劇、大念仏狂言である。

定覚上人（生没年不詳）は、比叡山恵心僧都源信の高弟で、千本ゑんま堂（引接寺）の開山。布教のために千本ゑんま堂大念佛狂言を興した。

50 解答

イ 空也上人

問
51

10月のゑびす講に食する縁起物の汁物「笹に
小判」に、福笹に見立てた青葱とともに小判に
見立てて使われる食材はどれか。

ア 丸餅　　　　　　　イ ひろうす

ウ はんぺい　　　　　エ 麩

　ゑびす講とは、商家で商売繁盛を祝福して、七福神の恵比
須を祀ること。江戸時代から普及していた行事で、京都では
10月20日（旧暦9月20日）に行う。地方に出向いていた商人が
京都に戻って来て祝った。「笹に小判」とは、ゑびす講の縁起
物の料理である。

　日本三大ゑびすの一つである京都ゑびす神社（恵美須神社）
では、10月19日と20日に二十日ゑびす大祭が催される。ゑび
すが海から来たことを寿いで「福徳の笹」が授与される。また
1月の十日ゑびす大祭では「吉兆笹」が授けられるのだが、ゑ
びす信仰における笹は、京都ゑびす神社の御札の形態が全国
に広まったものらしい。

　恵美須神社のことを京都では「えべっさん」と親しみをこめ
て呼んでいる。二十日ゑびす大祭を参った後に調理する「笹
に小判」は、斜め切りした青葱と丸い**はんぺい**のおつゆ＝イラ
ストはイメージ＝。葱は笹を、はんぺいは商売繁盛を願って
小判を表している。

51 解答

ウ はんぺい

問
52

ブランド京野菜の万願寺とうがらしは、大正末期の「万願寺」地区で栽培されたことが名の由来と伝わる。この万願寺地区は何市にあるか。

ア 長岡京市　　　イ 舞鶴市
ウ 城陽市　　　　エ 南丹市

　万願寺（まんがんじ）とうがらし＝写真＝は「京の伝統野菜」の伏見とうがらしとアジア系品種などのとうがらしが自然交雑して生まれたのではないかと推測されている。全国で栽培される万願寺とうがらしだが、その発祥は**舞鶴市**郊外の万願寺地区と考えられる。万願寺とうがらしの原種は、大正時代より万願寺地区の自家野菜として細々と栽培されていた。やがて台木の発見による継木栽培が可能となるなど、地元農家のたゆみない努力が実り、本格的な生産と出荷が実現した。平成元年（1989）には京のふるさと産品協会より「万願寺甘とう」の名称のもと「ブランド京野菜（京のブランド産品）」の第1号として認証されるに至った。厳しい品質基準を設けて、舞鶴市および綾部市と福知山市の一部を含む地域でのみ生産されている。

　万願寺甘とうは辛みの全くない甘いとうがらしで、種が少なくて肉厚。緑色の艶やかな大型のとうがらしである。

提供：（公社）京のふるさと産品協会

52 解答

イ 舞鶴市

問
53

カステラやボーロなどとともに、室町時代にポルトガル人との交流によって伝えられた南蛮菓子はどれか。

ア 饅頭　　　　イ 落雁

ウ 羊羹　　　　エ 有平糖

今日の和菓子が完成するまでには、外国の食文化から影響を受けた歴史がある。鎌倉時代には禅の伝来によって、喫茶の法や「点心」と呼ばれる間食がもたらされた。点心には羊羹や饅頭などの名称が認められる。

安土桃山時代にはポルトガルやスペインから、貿易商やキリスト教宣教師が来日して、南蛮菓子と呼ばれる菓子を持参した。砂糖を煮詰めて製菓する有平糖は、ポルトガル語の「砂糖菓子」を意味するとされる。製糖技術の限られていた当時の日本にとって夢のような飴の一種だった。同じく金平糖も時の権力者の憧れの贈り物となった。鶏卵を使用したカステラやボーロ、玉子素麺も南蛮菓子。これらは製菓技術の向上によって、日本人好みの伝統的な菓子として定着している。

落雁は穀類や豆類の粉と砂糖を主原料とした干菓子。名前の由来は田畑に雁が空から舞い降りる景色を表しているとされる。

53 解答

エ 有平糖

問
54

慈摂大師が北野で辻説法をする時、炒った黒豆
に乾燥させた大根の葉をかけ、聴衆にふるまっ
たのがはじまりという豆菓子は何か。

ア 真盛豆　　　　　イ 五色豆

ウ 福豆　　　　　　エ 洲浜

　室町時代末期の僧真盛上人は、天台真盛宗の開祖である。
乾燥した大根の葉と塩をまぶした煎り豆を考案し、説法のお
りに参詣する聴衆に施した。この豆はいつしか**真盛豆**と呼ば
れるようになる。その製法は真盛上人の仏弟子である西方尼
寺の尼僧に伝えられた。天正15年（1587）の北野大茶会におい
て真盛豆を食べた豊臣秀吉が「茶味に適す」と誉め、細川幽斎
は「苔のむす豆」と例えたと伝えられる。

　やがて真盛豆の製法は、西方尼寺に出入りを許されていた
京菓子司の金谷正廣の初代に伝授。金谷正廣では改良を重ね
て、煎った丹波産の黒豆に蜜と大豆粉を交互に幾重にもつけ、
表面にたっぷりと青のりをかけた銘菓に仕上げた。現在、真
盛豆は金谷正廣の登録商標として製造販売されている。

　五色豆とは、煎り豆に五色の砂糖を衣がけした京都名物。
福豆は節分の豆まきなどに使う大豆の煎り豆のこと。**洲浜**は
大豆の粉と水飴などを練り合わせて、成形する半生菓子。

54 解答

ア 真盛豆

⑥ 京料理、京菓子、ならわし、ことばと伝説に関する記述について、最も適当なものを ア ～ エ から選びなさい。

問
55

旧家などで見られる「十二月十二日」の逆さ札は、何のまじないか。

ア 盗難除け　　イ 疫病除け

ウ 雷除け　　エ 火除け

　盗難除けの逆さ札「十二月十二日」＝イラストはイメージ＝の由来は、大泥棒として有名な石川五右衛門の誕生日もしくは命日からという。『言経卿記（ときつねきょうき）』に文禄3年（1594）8月23日、盗人が釜煎された記述があり、寛永19年（1642）林羅山編纂『豊臣秀吉譜』には、「文禄に石川五右衛門が秀吉に捕らえられ釜煎りされた」とある。逆さに貼るのは、誕生日の逆、すなわち命日を示す、天井から入る泥棒に見やすくするなど諸説ある。

　疫病除けといえば、蘇民将来（そみんしょうらい）を祭神とする八坂神社の摂社、疫（えき）神社。八坂神社御祭神の素戔嗚尊（すさのおのみこと）が南海を旅したときに、蘇民将来のもてなしに感動し、疫病流行時に「茅の輪（ちのわ）」をつけ「蘇民将来之子孫也」とすれば難を逃れると約束。祇園祭厄除け粽には「蘇民将来之子孫也」と書かれている。

　雷除けで知られるのは、北野天満宮摂社の火之御子社（ひのみこしゃ）。北野雷公という。6月1日に雷除大祭が行われる。

　火除けで最も有名なのは愛宕（あたご）神社。雷の神、迦倶槌命（かぐつちのみこと）が若宮社に祀られている。火伏せのお札「阿多古祀符・火迺要慎（ひのようじん）」は、料亭の厨房から一般家庭の台所まで広く貼られている。

55 解答

ア 盗難除け

京料理、京菓子、ならわし、ことばと伝説に関する記述について、最も適当なものをア～エから選びなさい。

問 56

京町家の建物内部の通路には、板や衝立などで区切られ、家の人の許可がでるまで、その先に入ってはいけない境界線のようなものがある。それは何か。

ア 走り庭 イ 嫁かくし

ウ 坪庭 エ 火袋

「鰻の寝床」といわれる京町家には、玄関先から台所を通り裏庭まで続く土間の通路、**走り庭**がある。走り庭の途中、かまどのあるおくどさんに入る付近に板や衝立で部屋の奥が見えないようにしてあるのが**嫁かくし**といわれるもので、外来者はこれより先には家人の許可なしに入ってはいけないルールになっている。言葉自体は、現代人の感覚とは相いれないが、いくら親しくてもプライベートな空間にはみだりに入らないという京都人の暮らしの知恵が背景にある。

火袋は、おくどさんの上部に設けられた吹き抜けのことで、防火と煙を逃がすための工夫だ。**坪庭**は、中庭とは別に家の中ほどに設けられた壁や塀に囲まれた小さな庭。狭いながらも採光や通気に効果があるのと、自然を感じさせ生活に潤いをもたらすメリットがあるとされている。

56 解答

イ 嫁かくし

6 京料理、京菓子、ならわし、ことばと伝説に関する記述について、
最も適当なものを ア ～ エ から選びなさい。

問
57

京ことばの「イカキ」の意味はどれか。

ア 茶せん　　　　イ 虫籠

ウ 竹垣　　　　　エ ざる

　京ことばで「イカキ」＝イラストはイメージ＝というと、**ざ
る**を意味する。竹で編んだ昔ながらのざるのことで、ステン
レス製やプラスチック製のざるが主流になるにつれ、「イカ
キ」という語も次第に使われなくなっていった。江戸時代中
期に編纂された全国方言辞典『物類称呼』には、江戸のざるを
畿内で「イカキ」というと説明されている。

　一般によく聞かれる京ことばには、形容詞や動詞が多く、
用具や物を表す京ことばは多くはない。「イカキ」の他には、
菜切り包丁を意味する「ナガタン」、家の中の階段を意味する
「ダンバシゴ」（ダンバシともいう）、酒粕を意味する「イタオ
ミキ」などがある。

57 解答

エ ざる

京料理、京菓子、ならわし、ことばと伝説に関する記述について、最も適当なものを **ア**～**エ** から選びなさい。

問
58 「もどかしい」ことを京ことばで何というか。

ア イカツイ   **イ** シンキクサイ

ウ ヤニコイ   **エ** ペチャコイ

23回 2級

　もどかしい、じれったい、といった意味は、京ことばで「**シンキクサイ**」という。思うようにならず、イライラする気持ちが伝わってくるようだ。「ああ、シンキクサイなあ、もっとチャッチャッとやってんか」といった言い方は、今でも日常的によく耳にする。

　京ことばで「**イカツイ**」といえば、いかめしい（厳しい）という意味になる。「あの人、イカツイ顔してはるなあ」といった使い方をする。

　京ことばの「**ヤニコイ**」は、こわれやすい、ひ弱な状態をさす。「この子はヤニコイ子やな、すぐ泣くんやから」「ヤニコイ作りやし、そう長くは持たへんやろな」などと使う。ヤニは漢字で脂、松ヤニの脂である。

　京ことばで「**ペチャコイ**」は、平たい状態をいう。「このペチャコイ容れ物、素敵やわあ」などという。

58 解答

イ シンキクサイ

6 京料理、京菓子、ならわし、ことばと伝説に関する記述について、
最も適当なものをア～エから選びなさい。

問59 主客相互の気遣いを表すことわざで、口先だけで実のないことのたとえでも使われるのは何か。

ア 京の底冷え　　イ 東男に京女

ウ 京の茶漬け　　エ 京に多きものは寺と女

　イケズな京都人の例えとして、おもしろおかしく使われることわざで、解答は「**京の茶漬け**」である。京都で相手の家を訪ね、食事どきになったら、「お茶漬けでも、どうどす」と言われる。しかし、それは口先だけで、本当に出てきた試しがない。「京の茶漬け」は訪問先を辞するタイミングととらえるべき、というのである。だから、京都のつきあいは難しい、と言われそうだが、実際に「お茶漬けでも」と言われたという話はなかなか聞かない。

　「**京の底冷え**」は、京都は盆地性の気候なので冬はしんしんと冷え込み、寒さが特に厳しいことを表す。

　「**東男に京女**」は、男は粋でたくましい江戸っ子の男がよく、女はしとやかな京女がよいという意味。

　「**京に多きものは寺と女**」は、そのものズバリ京の特徴を表している。寺院と美女が多いというのである。

59 解答

ウ 京の茶漬け

<small>262　令和5年度　第23回京都検定　問題と解説</small>

京料理、京菓子、ならわし、ことばと伝説に関する記述について、最も適当なものを ア ～ エ から選びなさい。

問 60

豊臣秀吉が気に入って聚楽第の堀川まで運んだが、夜になるとうめき声が聞こえたため、元の所に安置した伝説がある「太閤の石仏」があったとされる場所はどこか。

ア 西陣　　　　イ 北白川

ウ 伏見　　　　エ 蹴上

　北白川の志賀越道と今出川通の交差点に、子安観世音が安置されている。別名「太閤の石仏」という。

　西陣にある石像寺は、弘仁10年（819）弘法大師の開基。本尊は、弘法大師が唐から持ち帰った石で造られたとされる地蔵菩薩石像。「苦を抜いてくださる」苦抜地蔵といわれ、それがなまって「釘抜地蔵」という愛称となった。室町時代、腕痛平癒の願をかけた商人の夢枕にこの石像が立ち、呪釘を抜いて治した霊験から、本堂外壁に「釘抜と八寸釘」の絵馬がびっしりと奉納されている。

　伏見の黄檗宗百丈山石峰寺は、伊藤若冲が晩年を過ごした場所で墓所がある。裏山には若冲がデザインし、石工に彫らせた「五百羅漢石像」がある。

　蹴上にある地蔵堂には、源義経ゆかりの「蹴上の石仏」が安置されている。

60 解答

イ 北白川

22回3級

23回3級

23回2級

23回1級

地名、自然、観光、時事に関する記述について、最も適当なものをア～エ
から選びなさい。

問
61

東山にある正面町は、豊臣秀吉が建立した寺院
の大仏殿の正面にあたることから名付けられた
とされる。その寺院はどれか。

ア 三十三間堂 **イ** 智積院

ウ 知恩院 **エ** 方広寺

　豊臣秀吉は東大寺を凌ぐ大仏建立をと、文禄4年（1595）に
方広寺大仏殿を完成させたが、翌年の慶長伏見地震により大
仏は倒壊破損。その後、秀吉も没して、秀頼を奉じた豊臣家
臣団が再興を図ったが果たせず、徳川の世になってから完成
はしたものの、梵鐘の銘をきっかけに大坂の陣が勃発。以後
も焼失破損を繰り返し、永遠に姿を消すに至った。現在の方
広寺で大仏を見ることはできないが、大坂冬の陣の発端となっ
た鐘銘事件ゆかりの「国家安康の鐘」（重文）は健在で、いつ
でも見学は可能だ。
　三十三間堂は後白河上皇勅願により創建、秀吉の方広寺開
創に伴ってその一伽藍となるが、秀吉没後は方広寺とともに
天台宗妙法院管理下に入った。**智積院**は、秀吉没後に徳川家
康から豊国神社の坊舎と土地を得ると、豊臣滅亡後は秀吉ゆ
かりの祥雲寺を拝領、空海以来の教学を伝える真言宗智山派
総本山。**知恩院**は東山に伽藍を構える浄土宗の総本山。

61 解答

エ 方広寺

7 地名、自然、観光、時事に関する記述について、最も適当なものを ア〜エ から選びなさい。

絹織物産地の西陣が最盛期を迎えた江戸中期、今出川大宮あたりは何と呼ばれたか。

ア 千両ヶ辻　　**イ** 帷子の辻

ウ 札ノ辻　　**エ** 椥辻

　西陣の黄金期といえる江戸時代中期、生糸問屋、織物問屋が軒を連ねる今出川大宮界隈は**千両ヶ辻**といわれた。幕府の糸割符制（いとわっぷ）（オランダ産生糸を一部の商人が独占的に輸入するようにした制度）により特権を得た商人たちも多くいて、日々千両に値する利益があったという。近代になってからも西陣では1950年頃朝鮮戦争による「ガチャマン」景気があった。織機がガチャンと往復すると万のお金が儲かるといわれた。

　帷子ノ辻（かたびら）は京福電鉄嵐山本線の帷子ノ辻駅付近にある。平安時代初期、嵯峨天皇の皇后橘嘉智子は仏教信仰があつく檀林寺（だんりんじ）を建立したことでも知られるが、亡くなるとき、「諸行無常」を知るために自分の遺体を辻に捨てよ、と命じ遺棄させた。その場所が帷子ノ辻だといわれる。異説として、棺を覆っていた帷子が風に運ばれてここに落ちたとも。**札ノ辻**は街道の交差点で、官の制札を立てた辻をいう。**椥辻**（なぎつじ）は京都市営地下鉄東西線の駅名。かつてナギの大木があったと伝わっている。

62 解答

ア 千両ヶ辻

7 地名、自然、観光、時事に関する記述について、最も適当なものを ア ～ エ から選びなさい。

問 63

巨椋池の西岸付近の三方が沼地で、入口が一方にしかなかったことから従来の地名に別の文字があてられたとされる。それはどこか。

ア 鶏冠井　　　イ 神足

ウ 一口　　　エ 納所

　巨椋池（おぐら）の西岸付近、入り口が一方にしかなかったことからこの字があてられたとされる、その説明にふさわしいのは「一口（いも）」（久御山町〈くみやまちょう〉）である。古くは「芋洗（いもあらい）」という地名だった。それがいつ頃からかは不明だが、「芋洗（いもあらい）」の地名に「一口」という漢字があてられるようになったという（諸説あり）。

　選択肢に並ぶ他の3つも、京の難読地名として知られる地名である。「鶏冠井」（向日市）は「かいで」と読む。平安時代には「蝦手井（かてい）」と書かれたと古文書にみえる古い土地である。

　「神足」（長岡京市）は「こうたり」と読む。平安時代初期にはすでにあったという神足神社（こうたり）が同地にある。

　「納所」（伏見区）は「のうそ」と読む。西国より京に運ばれる桂川の荷揚げ場が近く、「納所」は年貢や諸物資を保管する倉庫などがあったのではと推定されている。

63 解答

ウ 一口

7 地名、自然、観光、時事に関する記述について、最も適当なものを**ア**～**エ**から選びなさい。

問
64

5月頃に約600株のクリンソウが咲き、開創した弾誓の即身仏が安置されていることでも知られる左京区にある寺院はどこか。

ア 勝持寺　　　　**イ** 阿弥陀寺

ウ 三室戸寺　　　**エ** 三千院

　このところ、「クリンソウの寺」として人気を高めている左京区大原古知谷の**阿弥陀寺**は慶長14年（1609）、木食上人弾誓が念仏道場として開創。その4年後に即身仏として往生を遂げた。本堂には本尊の弾誓自作の植髪の尊像と重文の阿弥陀如来坐像が祀られ、弾誓の即身仏（ミイラ）も本堂背後の開山窟に安置される。庭園にはクリンソウ＝写真＝をはじめ、数々の山野草が植えられ、訪れた人たちを楽しませている。

　「花の寺」の名で知られる**勝持寺**は、歌僧の西行がこの地で出家したと伝えられ、ゆかりの西行桜（現在は三代目）が今も見事に花を咲かせている。西国三十三所観音霊場第十番札所の**三室戸寺**は、アジサイやツツジの名所として人気を集める「花の寺」でもある。天台宗三門跡の一つ**三千院**は、池泉回遊式庭園の有清園にヤマザクラやシャクナゲ、あじさい苑には数千株のアジサイが植えられていて、手入れの行き届いた苔の美しさとともに参拝者を喜ばせている。

64 解答

イ 阿弥陀寺

7 地名、自然、観光、時事に関する記述について、最も適当なものを ア ～ エ から選びなさい。

問
65

今年（2023）、「かやぶきの里」を灯籠などで照らすイベント「雪灯廊」が3年ぶりに実施された。この「かやぶきの里」がある重要伝統的建造物群保存地区はどこか。

ア 美山町北　　　イ 伊根浦

ウ 加悦　　　　　エ 嵯峨鳥居本

　京都で「かやぶきの里」＝写真＝といえば南丹市**美山町北**地区。京都市と福井県小浜市の中間に位置し、かつての鯖街道（国道162号）が通る。江戸時代後期から明治時代にかけて建てられた「北山型民家」といわれる茅葺きの家屋が多く残る。現在、地区内50戸のうち39戸が茅葺きで「日本の原風景」として人気を集め、国内外から多くの観光客が訪れる。平成5年（1993）に国の重要伝統的建造物群保存地区に選定された。住民たちの生活の場でもあるところから、かやぶきの里保存会や会社を設立し、歴史的景観の維持管理と生活の保全に努めている。

　伊根浦は、伊根町にある舟屋が湾沿いに軒を連ねる漁村集落。**加悦**は、与謝野町加悦のちりめん街道といわれる場所で町並みに製織町の特徴が残る。**嵯峨鳥居本**は、愛宕詣の門前町として栄え、農家風と町家風の建物が混在する。いずれも重要伝統的建造物群保存地区になっている。

提供：美山DMO

65 解答

ア 美山町北

7 地名、自然、観光、時事に関する記述について、最も適当なものを **ア**〜**エ** から選びなさい。

問 66

日本遺産「鎮守府　横須賀・呉・佐世保・舞鶴 〜日本近代化の躍動を体感できるまち〜」の構 成文化財に指定された舞鶴市の旧海軍施設のガ ソリン庫が、昨年（2022）初めて一般公開され た。この施設はどこにあるか。

ア 戸島

イ 蛇島

ウ 毛島

エ 馬立島

　舞鶴市には旧海軍の軍港があった。日露戦争の時にはここ から軍艦が出港し、日本海海戦に臨んだ。第2次世界大戦後 に多くの引揚者を迎えた港としても知られる。その舞鶴港の 湾口付近にあるのが無人島の**蛇島**（じゃじま）＝写真＝で、大正11年（1922） に海軍によって大規模なガソリン庫が造られた。現在、廃墟 と化しながらも姿を留めている。平成28年（2016）、海軍鎮守 府が置かれていた舞鶴市は、横須賀市、呉市、佐世保市とと もに日本遺産に認定され、蛇島はその後、構成文化財に追加 認定された。海軍の技術史を知る貴重な遺構である。
　戸島（としま）は、舞鶴湾内で一番大きい島。かつて京都府青少年の 島として自然体験学習が行われた。**毛島**（けしま）は、大浦半島先端に 位置する府内で最も大きい島。**馬立島**（うまたてじま）は、福井県境近くの若 狭湾に浮かぶ。いずれも無人島。

66 解答

イ 蛇島

269

7 地名、自然、観光、時事に関する記述について、最も適当なものを**ア**〜**エ**から選びなさい。

問 67

今年（2023）1月、松室重光設計のルネサンス建築様式が残る建物内にカフェ「salon de 1904」がオープンした。旧議場の見学もできることで話題となったのは、何の建物か。

ア 京都市旧武徳殿
イ 京都府庁旧本館
ウ 京都市京セラ美術館
エ 京都ハリストス正教会

　「salon de 1904」＝写真＝は、**京都府庁旧本館**内に令和5年（2023）年7月にオープンした前田珈琲が運営するカフェである。
　京都府庁旧本館は、松室重光の設計で明治37年（1904）に竣工し、昭和46年（1971）まで京都府庁の本館として利用され、現在も府政情報センターや会議室として利用されている。煉瓦造2階建て、天然スレート葺の屋根を載せ、ルネサンス様式とされる。中庭を取り囲むロの字型の平面で、上階前面に正庁、背面に議事堂という形式が以降一般化する。外観は洋風であるが、建築内部には正庁の折上小組格天井など和風建築の技術が取り入れられている。創建時の姿を留める現役の官公庁の建物としては日本最古とされる。「salon de 1904」は、建物の特徴である白壁と茶色の腰板、赤いカーペットはそのまま活かし、府庁本館時代に使用されていたテーブルや椅子を配置している。

67 解答

イ 京都府庁旧本館

7 地名、自然、観光、時事に関する記述について、最も適当なものを ア ～ エ から選びなさい。

問 68

今年（2023）4月、淀にある京都競馬場がグランドオープンとなった。コース中央にある池は、かつてこの付近にあった池の名残とされているが、その池は何か。

ア 宝ヶ池　　　　　イ 大正池

ウ 巨椋池　　　　　エ 深泥池

伏見区の南端、向島の南、宇治市と久御山町にまたがって遠浅の水域が広がっていた。京都盆地の最低地に北は桂川、南は木津川、東からは琵琶湖に源を発する宇治川が、それぞれの終点を定めた。三川を合流して大阪をめざす淀川に、これらの水量を停滞なく受け入れる力量はない。ゆえに、その手前当該の地に巨大な遊水池、自然のダムを形成した。江戸時代は大池、**巨椋池**の呼称は明治以降である。ここに休むことなく水とともに大量の土砂が運ばれ一部が堆積し、河床と池底は上昇を続けた。結果、宇治川の増水と淀川の逆流による水害が毎年のように襲い、水損のあとも農地として復帰することなく滞水したままの状態があちらこちらにあらわれる。淀の京都競馬場＝写真＝は宇治川右岸、中央の池は敷地内にその派流が残した水場を活用したものと思われる。広い意味での巨椋池の名残としても差し支えない。

68 解答

ウ 巨椋池

271

問 69

今年（2023）10月、現在の西京区大枝沓掛から京都駅東部に移転した、明治13年（1880）に日本初の公立の絵画専門学校として開設された京都府画学校を母体とする大学は何か。

ア 嵯峨美術大学　　　イ 京都工芸繊維大学

ウ 京都精華大学　　　エ 京都市立芸術大学

京都市立芸術大学 ＝写真＝は日本で最も長い歴史を持つ芸術系大学であり、現在、美術学部と音楽学部を擁する。

明治維新後、衰退の危機にあった京都画壇を立て直すため、日本画家の幸野楳嶺らが画学校設立を建議したのが始まり。幸野の他、竹内栖鳳らが教育に携わり、上村松園（中途退学）や小野竹喬ら近代日本画の担い手を輩出した。府画学校は明治22年（1889）に京都市に移管後、市立絵画専門学校などの変遷を経て、戦後に市立美術大学となる。一方、昭和27年（1952）に全国初の公立音楽大学である市立音楽短期大学が設立。この二つの大学が統合し昭和44年に市立芸術大学となり、創立100周年の年に西京区に移転した。

創立から文化勲章受賞者や人間国宝を出しているが、現在も美術家の森村泰昌やヤノベケンジ、指揮者の佐渡裕ら卒業生が各界で活躍している。

69 解答

エ 京都市立芸術大学

問 **70** 来年(2024)3月、地球の衛星軌道上に建立する世界初の宇宙寺院「劫蘊寺」の打ち上げ計画を進める伏見区の寺院はどこか。

ア 醍醐寺　　イ 法界寺

ウ 光明寺　　エ 松尾寺

醍醐寺と京都発の宇宙ベンチャー企業で人工衛星の企画開発を行うテラススペースは、令和3年(2021)2月、地球の衛星軌道上に世界初の宇宙寺院を打ち上げて建立することを発表した。寺の名前は「浄天院劫蘊寺」。このプロジェクトに参加している醍醐寺は、国や地域の枠を超えて平和や安全を祈る寺院の必要性を感じていたことから宇宙寺院の建立を目指すことにしたとしている。衛星には大日如来像や密教の世界観を表した曼荼羅を搭載して、宇宙からの映像を見ながら「宇宙法要」を定期的に執り行うなど祈りの世界を具現化していくという。「劫」は極めて長い時間を、「蘊」は人間の存在を構成する要素を表すとされている。

法界寺は親鸞が誕生した寺で、日野富子ら日野家の菩提寺。裸踊りで有名。光明寺は綾部市にあり、醍醐寺の開祖・聖宝大師が中興したとされる。舞鶴市の松尾寺は鳥羽天皇や美福門院の帰依を受けて栄えた。仏舞は国の重要無形民俗文化財に指定されている。3寺とも真言宗醍醐派。

70 解答

ア 醍醐寺

8 【公開テーマ問題】京都一周トレイル® に関する記述について、（　　　）に入る最も適当なものを ア～エ から選びなさい。

問 71

「東山コース」の起点である（　　　）は稲荷神社の総本宮で、参道に並び立つ朱色の千本鳥居で海外からの観光客の人気を集めている。

ア 満足稲荷神社	イ 折上稲荷神社
ウ 花咲稲荷神社	エ 伏見稲荷大社

　伏見区の**伏見稲荷大社**＝写真＝は、稲荷山全体が神域とされ、稲荷山の麓にある本殿、権殿や摂末社は重文指定を受けている。古来、五穀豊穣、商売繁盛の神として多くの信仰を集め、特にご鎮座ゆかりの2月初午の参拝は福詣とも呼ばれて商売繁盛、家内安全を願う人々でにぎわう。

　下京区の**花咲稲荷神社**は、豊臣秀吉の祐筆を務め、その後、俳諧の祖といわれた松永貞徳が自邸内に建立した。孝明天皇の妹、和宮が江戸幕府第十四代将軍の徳川家茂に降嫁する際ここに詣でたという。

　左京区の**満足稲荷神社**は、豊臣秀吉が伏見城の守護神として勧請した。秀吉がこの神社からの加護に大いに満足したことからこの名が付いたと伝わる。

　山科区の**折上稲荷神社**は山科稲荷、伏見稲荷奥の宮とも呼ばれ、「折上」が「織上げ」に通じるところから、西陣の織物業者に深く信仰されており、多くの西陣織を収蔵している。

71 解答

エ 伏見稲荷大社

8【公開テーマ問題】京都一周トレイル® に関する記述について、（　　　）に入る最も適当なものを**ア**～**エ**から選びなさい。

問
72

「東山コース」の泉涌寺を過ぎると、かつて泉涌寺の鎮守社でもあったとされる剣神社がある。同社の絵馬には（　　　）が描かれ、子どもの疳虫封じ祈願でも知られる。

ア イノシシ　　　**イ** トビウオ

ウ ウサギ　　　　**エ** キツネ

別名「剣さん」とも呼ばれて親しまれている剣神社の絵馬＝写真＝には、阿吽形の**トビウオ**が描かれている。境内にある「撫で石」は、参拝者が体の調子の悪い部分を撫でて、神の加護をいただいたと言い伝えられている。

京都御所の西側にある護王神社は別名「いのしし神社」とも呼ばれ、狛犬ならぬ「狛いのしし」がおり、絵馬にも**イノシシ**が描かれている。祭神である和気清麻呂が歩けるようになったという言い伝えから、足腰の守護神として信仰があつい。

ウサギの神社として有名なのは、左京区の岡﨑神社。阿吽の形をした「狛うさぎ」の他にも境内にはウサギの像が多数ある。多産なウサギにちなみ、子授けと安産の神社として信仰されている。

キツネは伏見稲荷大社を総本宮とする稲荷神社で、神の使いとして古くから親しまれている。

72 解答

イ トビウオ

8 【公開テーマ問題】京都一周トレイル® に関する記述について、（　　　）に
入る最も適当なものを ア～エ から選びなさい。

<blockquote>

問 73

「東山コース」の伏見・深草ルートの（　　　）は、
伏見区と山科区にまたがり、神社も鎮座する。
ルート上の参道には、日本画家・堂本印象が寄
進した鳥居があり、山頂付近の展望所からは、
晴れた日には大阪のビル群まで見渡せる。

ア 成相山　　　　　　イ 男山

ウ 将軍塚　　　　　　エ 大岩山

</blockquote>

　大岩山＝写真＝に鎮座する大岩神社は、かつては心の病に
ご利益があるとされた。また結核平癒を願う人たちにも信仰
されたという。

　宮津市の**成相山**（鼓ヶ岳）には、天橋立の股のぞきで知られ
る傘松公園がある。山頂付近にパノラマ展望所があり、宮津
湾が一望できる。中腹に西国三十三所観音霊場第二十八番札
所の成相山成相寺がある。

　八幡市の**男山**は、木津川・宇治川・桂川が合流し淀川とな
る地点を挟んで天王山と対峙する位置にあり、古くは大阪か
ら京都へ通じる交通の要所であった。また石清水八幡宮が鎮
座し、南北朝時代のさまざまな戦や、羽柴秀吉と明智光秀の
天王山の合戦など、政治上の重要な拠点でもあった。

　山科区の**将軍塚**は、東山区の青蓮院門跡の飛地境内。8世
紀末の桓武天皇の平安京造営の際、将軍の像に甲冑を着せて
弓矢を持たせ、京都の方を向けて埋めた塚であると伝えられ
る。

73 解答

エ 大岩山

8 【公開テーマ問題】京都一周トレイル® に関する記述について、（　　　）に入る最も適当なものをア〜エから選びなさい。

問74

「北山東部コース」にある江文峠、静原を通って、後白河法皇が建礼門院を訪ねた「大原御幸」は、鎌倉時代の軍記物である（　　　）に綴られている。

ア 平家物語　　　イ 保元物語

ウ 大鏡　　　　　エ 太平記

22回3級

23回3級

23回2級

23回1級

　後白河法皇が建礼門院を訪ねた「大原御幸」のエピソードを記すのは、『**平家物語**』である。建礼門院は名を平徳子といい、平清盛の娘として生まれ、高倉天皇の中宮となって安徳天皇を産んだ。文治元年（1185）の壇ノ浦の戦で平家一門が滅亡した際、安徳天皇は入水したが建礼門院は救助されて京都に戻り、出家して息子の天皇の菩提を弔った。建礼門院が大原の寂光院に隠棲していた文治2年（1186）、後白河法皇が彼女を訪ねて大原を訪れ、世の無常を語り合ったというのがこの「大原御幸」である。

　『**保元物語**』は保元元年（1156）に勃発した保元の乱を描いた軍記物語で、鎌倉時代中期に成立した。『**大鏡**』は世継物語とも呼ばれ、文徳天皇から後一条天皇までの平安時代前期・中期の歴史物語である。『**太平記**』は室町時代前期に成立した軍記物語で、鎌倉幕府滅亡から南北朝の動乱を描いている。

74 解答

ア 平家物語

8 【公開テーマ問題】京都一周トレイル®に関する記述について、（　　　）に入る最も適当なものをア～エから選びなさい。

問
75

「北山東部コース」の途中に薬王坂（やっこうざか）がある。（　　　）が鞍馬からこの坂を越えて比叡山に帰るときに薬王が姿を現したことから名がついたとされる。

ア 最澄　　　　　　イ 空海

ウ 法然　　　　　　エ 栄西

　薬王坂（やっこうざか）は左京区鞍馬本町と静市静原町を結ぶ峠道。鞍馬寺と比叡山延暦寺を最短距離で行き来できることから、両寺の僧侶らが盛んに行き交う道だったようだ。その名の由来は、天台宗の宗祖で延暦寺を開いた**最澄**（伝教大師）（767～822）が、鞍馬で不動明王の像を刻んで比叡山へ帰る途中、この坂を通りかかると突然、目の前に薬王が姿を現わしたことによるものという。

　江戸時代、薬王坂は、鞍馬の地が丹波国と京を結ぶ交易の拠点として栄えたことで、静原、大原方面からの人の行き来も盛んだったそうだ。今は東海自然歩道や京都一周トレイルの道筋となって、また違うにぎわいが生まれているが、峠道には坂の名の由来を記す説明版が立ち、この道が刻んできた歴史の営みを思い起こさせてくれる。苔むした階段道や至るところに現れる石造物や地蔵堂など、どこか遠い世界に迷い込んだような非日常感が異界探訪のファンを喜ばせている。

75 解答

ア 最澄

問
76

「北山西部コース」の福ヶ谷林道を抜けると、清滝川に架かる朱色の(　　　)が現れる。西明寺参道の石段が見え、しばらく川のせせらぎを聞きながら同コースの終着・清滝に至る。

ア 法成橋　　　　　イ 朝霧橋

ウ 鶯橋　　　　　　エ 指月橋

紅葉名所「三尾」にあって、槇尾山西明寺に向かう参道が清滝川を越えるところに架かる**指月橋**。朱塗りの高欄が木々の緑や水の色と絶妙のコントラストを見せ、アーチ形橋脚の造形美と相まって、自然景観に一味加えた絶景が見られる。

法成橋は神泉苑の法成就池に架かる朱塗りの橋で、善女龍王を祀る社殿への参詣路となっており、願いを念じながらこの橋を渡るとそれが叶うといわれる。**朝霧橋**は宇治川の中の島と右岸の宇治神社前とを結ぶ橋。幅員約3メートルに対して全長約91メートル、ほっそり横長の朱塗り高欄が独特の景観を生み出している。**鶯橋**は北野天満宮境内西側にある「史跡御土居 もみじ苑」に向かう道筋で紙屋川に架かっている朱塗りの太鼓橋。紅葉の盛りにも、青もみじの時季にも映える絶好の撮影スポットだ。

76 解答

エ 指月橋

22回3級

23回3級

23回2級

23回1級

8 【公開テーマ問題】京都一周トレイル®に関する記述について、（　　　）に入る最も適当なものをア～エから選びなさい。

問 77
「北山西部コース」にある（　　　）は、氷の貯蔵庫と氷池の守護神を祀り、平安京の造都とともに建てられた。

ア 福王子神社　　　イ 金閣寺
ウ 下鴨神社　　　　エ 氷室神社

　北区にある**氷室神社**＝写真＝は、古くより天然痘除けの神としても信仰された。「氷室」とは氷の貯蔵庫のことで、宮中へ献上されていた。

　右京区の**福王子神社**は、光孝天皇の后で、宇多天皇の母である班子女王を祀る。班子女王が多くの皇子皇女を生んだことが神社の名の由来である。本殿横には、国歌にも歌われるさざれ石がある。

　左京区の**下鴨神社**の正式名は賀茂御祖神社。東西の本殿はどちらも国宝に指定されている。古代山城の豪族である賀茂氏の氏神として知られ、賀茂別雷大神を祀る上賀茂神社とともに、平安時代以降、山城国一之宮となった。

　北区の**金閣寺**は、相国寺の塔頭寺院の一つ。正式名称は鹿苑寺。足利義満の法号鹿苑院殿から2文字を取って鹿苑寺と名付けられた。舎利殿「金閣」が特に有名なため、一般的には金閣寺と呼ばれている。

77 解答

エ 氷室神社

8 【公開テーマ問題】京都一周トレイル® に関する記述について、(　　　)に入る最も適当なものを**ア**～**エ**から選びなさい。

問 78

「西山コース」の起点・清滝の落合橋付近には、(　　　)の「ほととぎす嵯峨へは一里京へ三里　水の清瀧夜の明けやすき」の歌碑も建っている。

ア 与謝野晶子　　　**イ** 待賢門院堀河

ウ 高山彦九郎　　　**エ** 松尾芭蕉

与謝野晶子（1878～1942）は明治時代から昭和にかけて活躍した歌人、詩人。代表作に歌集『みだれ髪』などがある。『源氏物語』の2度にわたる現代語訳の他、婦人問題や教育問題にも積極的に発言するなど、短歌以外の幅広い分野においても活躍した。

待賢門院堀河（生没年不詳）は、平安時代後期の歌人。百人一首第八十番に、「ながからむ 心も知らず 黒髪の 乱れて今朝は ものをこそ思へ」の歌が採られている。

高山彦九郎（1747～93）は、江戸時代後期の武士、尊王思想家。京都での遊説の際、三条大橋から御所を遥拝し、皇室の衰微を嘆いたという逸話に基づき、三条大橋東詰に銅像が建設されたが、昭和19年（1944）に撤去。現在の像は後に再建されたもの。

松尾芭蕉（1644～1694）は、江戸時代前期の俳人で代表作は『奥の細道』。江戸時代初期に盛んになった俳句を和歌と肩を並べるほどの芸術に高め、「俳聖」と呼ばれている。

78 解答

ア 与謝野晶子

8【公開テーマ問題】京都一周トレイル® に関する記述について、（　　　）に入る最も適当なものを**ア**～**エ**から選びなさい。

問79

「西山コース」の松尾山を抜けると、（　　　）に到達する。同寺境内は竹に包まれていて、通称「竹の寺」とも呼ばれており、枯山水庭園「十六羅漢の庭」でも知られる。

ア 乙訓寺　　　**イ** 華厳寺

ウ 地蔵院　　　**エ** 法輪寺

　「竹の寺」の名で知られる**地蔵院**（じぞういん）＝写真＝は、南北朝時代の貞治6年（1367）、室町幕府管領の細川頼之が夢窓疎石の高弟碧潭周皎（へきたんしゅうこう）（宗鏡禅師（そうきょう））に帰依し、碧潭が師の夢窓疎石を勧請（かんじょう）開山に迎えて開創した。「十六羅漢の庭」と称する枯山水庭園を有し、細川石と呼ぶ細川頼之の墓や、碧潭周皎の墓がある。また、一休宗純がこの地で幼少期を過ごしたとも伝わる。

　他のいずれの選択肢も洛西地域に伽藍を構える寺院で、**乙訓寺**（おとくにでら）は聖徳太子が建立、空海も別当を務めたとされる長岡京市の名刹。春になれば境内に1,000株が咲き競う「ボタンの寺」として多くの参拝者が訪れる。**華厳寺**（けごんじ）は「鈴虫寺」の通称で知られる臨済宗単立寺院。聞けば元気になる「鈴虫説法」と一願成就の「幸福地蔵」で人気を集める。**法輪寺**（ほうりんじ）は「嵯峨の虚空蔵さん」の名で親しまれ、知恵授けのご利益を求め、毎春の十三まいりに数え13歳の子どもたちが多数訪れる。

79 解答

ウ 地蔵院

8 【公開テーマ問題】京都一周トレイル® に関する記述について、（　　　）に入る最も適当なものを ア～エ から選びなさい。

問 80

明治維新の官軍が出陣の誓をなした社で、時代祭の先頭を行く維新勤王山国隊のルーツとされる（　　　）のある右京区京北。その地域をぐるりと一周する「京北コース」は、やや上級者向けである。

ア 賀茂神社　　　イ 九頭神社

ウ 八幡宮社　　　エ 山國神社

22回3級

23回3級

23回2級

23回1級

　山国隊は慶応4年（明治元年・1868）1月に丹波国桑田郡山国郷（現・右京区）で結成された農兵隊で、**山國神社**＝写真＝で出陣式を行った。

　山国郷は平安京造営の際に木材を供給したという。このことから古来、皇室との関係が深く、戊辰戦争が起こると官軍に協力しようと山陰道鎮撫総督西園寺公望の募兵に応じた。沙汰人の水口市之進と藤野斎が新政府参与岩倉具視に東征への従軍を願い出たところ、「山国隊」の名前を与えられ、鳥取藩に属して出陣することになった。山国隊は「甲州勝沼の戦い」（甲陽鎮撫隊と名を改めていた新選組と戦って破る）、「野州安塚の戦い」、「上野戦争」を戦い、奥州方面を転戦した。現在、10月22日の時代祭で先頭を行く維新勤王隊は山国隊がモデルになっている。

80 解答

エ 山國神社

9 「阪急電鉄と沿線」に関する記述について、(　　　)に入る最も適当なものを ア〜エ から選びなさい。

　阪急電鉄京都線では、京都河原町〜大阪梅田間を結ぶ和モダン列車（　81　）を運行している。「ご乗車されたときから京都気分」を楽しめるよう1両ごとにモチーフとなる季節が設けられ、異なる外観と車内デザインが施されている。

　西院駅よりほど近い西院春日神社は、京都十六社朱印めぐりのひとつで、奈良の春日四座大神を勧請し、守護神としたことに由来する。境内には崇子内親王の伝説にちなむ（　82　）があるなど、病気平癒の守護神として崇敬を集めている。

　京都線から分かれる嵐山線の乗り換え駅である桂駅は、ドイツの建築家ブルーノ・タウトが「日本建築の世界的奇跡」と称賛した江戸時代初期の代表的山荘（　83　）の最寄り駅である。

　また、嵐山線の沿線には、古歌にも詠まれ平安時代から親しまれてきた（　84　）があり、現在は梅宮大社から有栖川、山越、広沢池あたりの一帯に石の道標が立てられている。

　嵐山線の終点嵐山駅近くの法輪寺境内には、電気や電波の安全を祈願する（　85　）という名の鎮守社があり、虚空蔵菩薩の画像データが保存されたmicroSDお守りの授与があることで有名だ。

　京都線の東向日駅周辺には、「KARA-1グランプリ」で有名な（　86　）がある。50店舗を超える加盟店でその名前にちなんだ商品を提供し、全国のファンからの熱い支持を集めている。

　平成25年（2013）に京都線で最も新しく開業した西山天王山駅の駅前広場には、「秀吉（備中）大返し力水」の水飲み場があり、これは本能寺の変を知った豊臣秀吉が、備中から大軍を率いてこの地まで踏破し、（　87　）を打ち破ったことに由来している。駅名にもついている「天王山」は、（　88　）を祭

神とする酒解神社が遷座した際に「天王社」と呼ばれ、同山も「天王山」と呼ばれるようになったことが語源とされる。

　大山崎駅からは、臨済宗の（　89　）や日本の製油発祥地とされる（　90　）が近い。（　89　）には千利休が手掛けたとされる茶室「待庵」（国宝）がある。また天王山の山頂方面に向かうと、アサヒグループ大山崎山荘美術館があり、テラスからは、木津川・宇治川・桂川の三川を望むことができる。

9 「阪急電鉄と沿線」に関する記述について、(　　　)に入る最も適当なものを
ア～エから選びなさい。

(81) ア あをによし　　　　　　イ ひえい
　　　ウ 丹後くろまつ号　　　　エ 京とれいん 雅洛

(82) ア おもかる石　　　　　　イ 登天石
　　　ウ 疱瘡石　　　　　　　　エ 月延石

(83) ア 修学院離宮　　　　　　イ 桂離宮
　　　ウ 旧二条離宮　　　　　　エ 京都仙洞御所

(84) ア さわらびの道　　　　　イ 竹林の小径
　　　ウ 千代の古道　　　　　　エ あじろぎの道

(85) ア 電電宮　　　　　　　　イ 瀧尾神社
　　　ウ 大原野神社　　　　　　エ 岡﨑神社

(86) ア 大将軍商店街　　　　　イ 御薗橋801商店街
　　　ウ 京都向日市激辛商店街　エ 大映通り商店街

(87) ア 明智光秀　　　　　　　イ 柴田勝家
　　　ウ 前田利家　　　　　　　エ 細川忠興

(88) ア 火雷天神　　　　　　　イ 牛頭天王
　　　ウ 吉備大臣　　　　　　　エ 伊予親王

(89) ア 黄梅院　　　　　　　　イ 真珠庵
　　　ウ 龍光院　　　　　　　　エ 妙喜庵

(90) ア 幡枝八幡宮　　　　　　イ 平岡八幡宮
　　　ウ 首途八幡宮　　　　　　エ 離宮八幡宮

(81) 解説

　阪急電車の快速特急「京とれいん雅洛(がらく)」は、平成31年（2019）3月にデビュー。6両編成で、車両ごとに秋・冬・春・夏・初秋・早春と、異なる季節テーマをデザインしている。京都河原町駅と大阪梅田駅間を土・日曜と祝日のみ、1日4往復運行。予約不要、普通運賃で気軽に利用できる。

　「あをによし」は近鉄の観光特急で、大阪・奈良・京都を結ぶゴージャス列車。「ひえい」は叡山(えいざん)電車の観光列車で、出町(でまち)柳(やなぎ)駅と八瀬(やせ)比叡山口(ひえいざんぐち)駅を結ぶ。楕円の窓が特徴だ。「丹後(たんご)くろまつ号」は京都丹後鉄道が運行する予約制のレストラン列車で、金・土・日曜、祝日の運行。

81 解答　🄴 京とれいん 雅洛

22回
3級

23回
3級

23回
2級

23回
1級

(82) 解説

　平安時代に淳和(じゅんな)天皇の皇女崇子内親王が、「疱瘡(ほうそう)」を患った。今でいう天然痘のことで、往時は不治の病と怖がられていた。春日神社で快復祈願をしたところ、春日大神の霊験により、神前にあった石に「疱瘡」が移り、内親王が快復した。それ以来、病気平癒・災難厄除けの霊石「疱瘡石」＝写真＝と崇められた。数多の歴代天皇や皇族が崇敬し、祈祷を命ぜられている。社に伝わる江戸時代の文書には、後桜町(ごさくらまち)天皇、光(こう)

格天皇、仁孝天皇、孝明(こうめい)天皇をはじめ、都禰宮（光格天皇皇女）、敏宮（仁孝天皇皇女）、和宮（孝明天皇皇妹)などの祈祷に関する記録がある。

82 解答　🅄 疱瘡石

(83) 解説

　阪急桂駅から桂川へ向かって東へ20分ほど歩くと、江戸時代初期の代表的な宮廷の庭である**桂離宮**にたどり着く。

　桂離宮は、古書院、中書院、楽器の間、新御殿などが雁行型に連なる御殿群の前に池が広がり、池の周辺には松琴亭、月波楼、賞花亭、笑意軒といった御茶屋が点在する回遊式庭園の代表である。昭和8年（1933）に来日したブルーノ・タウトは桂離宮を絶賛し、昭和10年（1935）1月の『Nippon』誌に掲載された「日本建築の世界的奇跡」は、徳川将軍の濃艶な日光廟と対比させながら、天皇の桂離宮と伊勢神宮を高く評価している。

83 解答　イ　桂離宮

(84) 解説

　平安京と嵯峨御所（現在の大覚寺）を結ぶ古道として、歴代天皇や皇族・貴族が往来した道を**千代の古道**という。古く和歌にも詠まれており、それをしのぶように「千代の古道」の石標が新旧混じっていくつも立っている。しかし古来の道は、諸説あって一定しないという。

　さわらびの道と**あじろぎの道**は、『源氏物語』宇治十帖ゆかりの古跡を巡る散歩道。さわらびの道は、宇治橋東詰から宇治上神社方向へ。あじろぎの道は、平等院に沿って宇治川沿いに続く。**竹林の小径**は、嵐山の名物散歩道。場所は野宮神社を目指すと分かりやすい。

84 解答　ウ　千代の古道

(85) 解説

電電宮＝写真＝のある法輪寺は、数え年13歳の子どもが智恵を授かるためにお参りする行事「十三まいり」の寺として、古くから親しまれている。

瀧尾神社の本殿は、貴船神社の奥院旧殿を移築したもの。拝殿の天井には全長8メートルに及ぶ龍の彫刻がある。

大原野神社は、長岡京遷都に当たり、桓武天皇の皇后である藤原乙牟漏（ふじわらのおとむろ）が春日社の神霊を勧請したことに始まると伝わる。

岡﨑神社は、平安京の王城鎮護のため四方に祀られた神社

の一つ。東天王杜とも呼ばれ、神使とされる動物はウサギ。子授けと安産の神社として信仰を集めている。

85 解答　**ア**　電電宮

---

(86) 解説

阪急東向日（ひがしむこう）駅を中心として、その周辺に広がるのは**京都向日市激辛（しげから）商店街**である。「西日本で一番小さな市」である向日市の有志が街おこしのテーマに選んだのが激辛。商店街キャラクター「からっキー」＝イラスト＝の誕生に始まり、お祭りとして平成24年（2012）に第1回大会を開催したのが「KARA-1グランプリ（日本一辛いもの決定戦）」。現在では商店街への加盟店も増え、京都向日市の知名度アップに大きく貢献している。

大将軍商店街（たいしょうぐん）は「一条妖怪ストリート」、**大映通り商店街**（だいえい）は「ちょっといいやん、太秦（ウヅマサとも）キネマストリート」。

御薗橋801商店街（みそのばし）は全長800メートルあり、「そこから未来に向かって一歩前に進む」との思いを込め、1を足して801と命名された。

86 解答　**ウ**　京都向日市激辛商店街

289

(87) 解説

　備中へ出陣していた羽柴秀吉が大返しをして打ち破ったの
は、**明智光秀**（1528 ？～1582）である。通称は十兵衛。教養
豊かな武将で、朝倉義景（よしかげ）に仕え、後に織田信長の家臣となっ
て将軍足利義昭の上洛に尽力した。義昭や寺社、公家との交
渉役を務める。元亀（げんき）2年（1571）近江国坂本城主となり、惟任（これとう）
日向守（ひゅうがのかみ）と称した。丹波攻略などに功をたて、亀山城主となる。
天正（てんしょう）10年（1582）、信長を本能寺に討つが、秀吉に敗れて逃走
中の6月13日農民に殺された。**細川忠興**（1563～1646）に嫁し
たガラシャ（たま）の父である。**柴田勝家**（1522～83）は、織
田氏の宿老。**前田利家**（1538～99）は、豊臣家の五大老の一人。

87 解答　**ア** 明智光秀

(88) 解説

　自玉手祭来酒解神社（たまでよりまつりきたるさかとけじんじゃ）の創建は、奈良時代までさかのぼると
いわれ、元正天皇の養老元年（717）の棟札がある。祭神は酒
解神と**牛頭天王**である。延喜式神名帳には旧名を山崎社とあ
り、現在の離宮八幡宮の地に祀られていた。中世には離宮八
幡宮の勢力が強くなったため、山崎山上に遷座し、天王社と
呼ばれるようになった。その由縁で山崎山も天王山と呼ばれ
るようになった。重文の神輿庫は、一般的な校倉形式ではなく、
厚さ約14センチの厚板を積み上げた板倉形式である。これは
希少な建築意匠であり、他に重文指定されているのは春日大
社と酒解神社。春日大社の神輿庫はまだ新しく、この社が最
も古い建造文化財とされる。

88 解答　**イ** 牛頭天王

(89) 解説

　織田信長が建立したことに始まり、江戸時代は毛利家の菩提寺となった**黄梅院**には千利休作庭と伝わる直中庭がある。**真珠庵**は一休禅師を開祖とし、金森宗和の好みのつくばいを内露地内に取り込んだ庭玉軒の他、方丈には桃山時代の長谷川等伯の襖絵もある。**龍光院**は、黒田長政が父の菩提を弔うために造立し、開基に江月宗玩を迎えたところ。茶室密庵と曜変天目茶碗で知られる。これらはいずれも大徳寺の塔頭である。

　解答は**妙喜庵**。山崎合戦の折に利休が同庵三世の功叔和尚とともに秀吉に茶を点じた縁で移築されたと伝わる。前述の密庵、愛知県犬山市の如庵とともに国宝三茶室に数えられる。

89 解答　**エ** 妙喜庵

22回3級　23回3級　23回2級　23回1級

(90) 解説

　阪急電車大山崎駅近くにある**離宮八幡宮**＝写真＝は、奈良大安寺の僧行教が清和天皇の命を受けて貞観元年（859）に宇佐神宮から八幡神を勧請。嵯峨天皇の河陽離宮跡に建立されたため離宮八幡宮という。石清水八幡宮とともに京の南の玄関口を守護する神社として栄え、当宮の神官が荏胡麻の種から搾油する道具を考案し、ここが日本の製油発祥の地となった。

　左京区岩倉の**幡枝八幡宮**は寛平6年（894）創建。皇室勅願所として代々天皇から手厚い支援を受けた。右京区梅ケ畑の**平岡八幡宮**は「花の天井」で知られる神護寺鎮守社。上京区の

首途八幡宮は、金売吉次が奥州に向かう源義経の無事を祈願した地とされ、旅行安全の神として信仰される。

90 解答　**エ** 離宮八幡宮

291

10 京のお地蔵さんに関する記述について、最も適当なものをア～エから
選びなさい。

問 91

六地蔵巡りの6体の地蔵菩薩は、1本の大木か
ら刻んだとされる。その6体を作り、昼は朝廷、
夜は閻魔庁に勤めていたとされているのは誰
か。

ア 後白河法皇　　**イ** 平清盛

ウ 西光法師　　**エ** 小野篁

　小野篁（802～853）＝写真は木像＝は平安時代初期の文人閣
僚。篁が閻魔庁に仕えた伝説は、地蔵信仰普及に貢献してき
た。冥界で生身の地蔵菩薩に会い感動し、現世に戻り木幡山
から1本の桜を伐り出し6体の地蔵尊を彫り、伏見街道の大
善寺に安置した。

　後白河法皇（1127～1192）は、疫病や魔物の侵入を防ぎ旅の
安全を祈願するために、篁の六地蔵を京へ通じる街道筋に置
くことを発願し平清盛に命じた。歴代天皇最多数の熊野詣を
行った。

　平清盛（1118～1181）は、六地蔵を主要な街道筋に安置する
ように西光法師に命じた。後白河法皇の命で、院御所・法住
寺の鎮守社・今熊野神社と鎮守寺として三十三間堂を造営し
た。

　西光法師（？～1177）は、六地蔵を主要な街道に供養して安

置し、「廻り地蔵」と名付けた。現在、8
月末の地蔵盆の時期に行われる「京洛六
地蔵めぐり」の礎を築いた。

91 解答

エ 小野篁

問
92

仲源寺は雨を止ませる祈願をした功により本尊
の地蔵尊を「雨止地蔵」と呼んだ。信仰してい
る人の苦しみを救ったという逸話から、のちに
転じた通称名は何か。

ア 身代り地蔵　　　イ 目疾地蔵

ウ 延命地蔵　　　　エ 腹帯地蔵

目疾地蔵は浄土宗、仲源寺の本尊＝写真＝。安貞2年（1228）
の鴨川氾濫時に、防鴨河使である中原為兼が、この地蔵尊の
導きで祠を建て雨止に成功し、「雨やみ地蔵」と命名。信心深
い老夫婦の眼病を自らの右目に移して治した霊験から目疾地
蔵と称されるようになった。

身代り地蔵は権現寺の地蔵尊。説教本では人買いに騙され
山椒大夫の下で過酷な日々を送る安寿と厨子王姉弟が、弟は
姉の計らいで逃亡。逃げ込んだ七条朱雀野の地蔵堂で、地蔵
尊が身代わりになり追手から身を隠せた伝承がある。

延命地蔵は、壬生寺の本尊延命地蔵菩薩立像（重文）。昭和
37年（1962）本堂が全焼、本尊も焼失したため、本山唐招提寺
から遷された尊像。平安時代のもので、現存する地蔵菩薩像
では最古級。

腹帯地蔵で知られるのは、善願寺の本尊地蔵菩薩（重文）。

平安時代後期の作で、平重衡夫人が安産
祈願をした。

92 解答

イ 目疾地蔵

10 京のお地蔵さんに関する記述について、最も適当なものをア～エから
選びなさい。

問
93

境内に袈裟御前の首塚といわれる五輪石塔があ
ることから恋塚の名で知られている鳥羽地蔵と
呼ばれている寺院はどこか。

ア 浄禅寺		イ 源光寺	
ウ 徳林庵		エ 大善寺	

　恋塚があるのは、平安時代末期の僧文覚上人が開創したと
される南区の**浄禅寺**＝写真＝。『源平盛衰記』などは、恋塚の
由来に関わる物語を伝える。文覚の俗名は遠藤盛遠で、元は
御所を護る北面の武士だった。ある時、源氏一門の源 渡の妻
である袈裟御前に横恋慕して、袈裟の母を人質にして袈裟に
離縁を迫った。夫と母を護りたい袈裟は「夜中に寝間へ侵入
して夫を殺せ」と誘い、暗がりの中で夫になりすまし、自分
の首を討たせた。夜が明けて真実を悟った盛遠は罪を悔い、
無常を感じて出家したという。

　浄禅寺はまた、平安時代末期に都の出入り口に当たる街道
筋に置かれた六地蔵の一つ「鳥羽地蔵」を安置する。極彩色に
截金文様を施した美しい立像で、参詣者が絶えない。毎夏の
盆行事「京都六地蔵めぐり」は、浄禅寺のほかに**源光寺**（常盤
地蔵）、**徳林庵**（山科地蔵）、**大善寺**（伏見六地蔵）、上善寺（鞍
馬口地蔵）、地蔵寺（桂地蔵）を霊場としている。

93 解答

ア 浄禅寺

問
94

伏見稲荷大社と石峰寺の間に位置する「ぬりこ
べ地蔵」で、毎年6月4日に供養を営んでいる
ご利益はどれか。

ア 頭痛平癒　　　　　イ 歯痛平癒

ウ 眼病平癒　　　　　エ 足腰守護

歯痛平癒で知られる「ぬりこべ地蔵」は、近くの寺の塗り込
められたお堂にあった。そこから「諸病を封じ込める」になり、
特に歯痛の御利益で知られるようになった。平癒すると塗り
箸をお礼に奉納する。虫歯予防デーに歯供養が行われる。

頭痛平癒で有名なのは、三十三間堂と今熊野観音寺である。
いずれも後白河法皇の持病である頭痛を平癒した霊験に由来
する。三十三間堂の柳のお加持は、楊枝浄水供といい、妙法
院御門跡が柳の枝でかける法水を授かると年中頭痛が起きな
いという。

眼病平癒の祈願所が、柳谷観音と称される楊谷寺である。
清水寺の開山、延鎮僧都が西山に古来、眼病に霊験あらたか
な十一面千手観世音菩薩を感得して開創。弘法大師が眼病に
効く霊水独鈷水を見出した。天皇家や公家から庶民まで広く
信仰を集めてきた。

足腰守護で信仰を集めてきたのが、護王神社である。祭神
和気清麻呂の足萎が、霊験により治癒したことから足腰健康
の守護神という。

94 解答

イ 歯痛平癒

10 京のお地蔵さんに関する記述について、最も適当なものを ア ～ エ から選びなさい。

<table>
<tr><td>問
95</td><td>定朝作の左手に頭髪を持った「鬘掛地蔵」と運慶作の「夢見地蔵」の2体の地蔵菩薩が宝物館に安置されている東山区の寺院はどこか。</td></tr>
</table>

ア 平等院　　　**イ** 六波羅蜜寺

ウ 仁和寺　　　**エ** 東寺

　六波羅蜜寺 = 写真 = には、多くの仏像とともに「鬘掛地蔵」の名で知られる木造地蔵菩薩立像（重文）と、「夢見地蔵」とも呼ばれる木造地蔵菩薩坐像（重文）を安置する。

　鬘掛地蔵は像高約1.5メートル。温和な顔立ちで、左手に長い毛髪（鬘）を持った珍しい姿で立つ。『今昔物語』には、「但馬の前司 源 国挙（みなもとのくにたか）が急死して地獄に行き、そこで地蔵菩薩に命乞いして助けられた恩に報いるため、仏師定朝に依頼して造立、安置した」と記されている。鬘の由来には、母を亡くした娘を地蔵が助ける話などが伝わる。

　夢見地蔵は、像高約0.9メートルの一木造り。若々しい顔立ちで、鎌倉時代を代表する仏師、運慶の作と共通点が多い。ある夜、運慶の夢に地蔵菩薩が現れ「本物の姿を見せよう」と告げ光明を放って姿を現すと、たちまちにして消えた。目覚めた運慶が、すぐに息子の湛慶（たんけい）と共に造立したと伝わる。

95 解答

イ 六波羅蜜寺

問
96

満慶が地獄で出会った地蔵の姿を彫らせたと伝
わり、地獄で人々を救うということから別名「代
受苦地蔵」を祀る、寺町専門店会商店街にある
寺院はどこか。

ア 矢田寺　　　　イ 西林寺

ウ 智恵光院　　　エ 地蔵寺

　寺町通にある**矢田寺**＝写真＝は平安時代初期、大和国の矢
田寺の別院として満米上人と小野篁が五条坊門に建立した。
応仁・文明の乱で焼失し綾小路西洞院矢田町に再建され、天
正7年（1579）現在地に移転した。本尊代受苦地蔵は、火焔に
包まれた姿である。

　西林寺は、木槿地蔵を祀る。開山である慶俊僧都がムクゲ
の草むらから感得したのでこの名がついたという。京都の名
地蔵尊の一つに数えられる。

　智恵光院の地蔵堂には六臂地蔵が祀られている。腕が6本
ある尊像で、2本は胸の前で両手を合わせ、右の2本は錫杖
と柄香炉、左の2本は宝珠と宝幡を持つ。

　地蔵寺は、桂地蔵を祀る。小野篁が造った六地蔵の1尊で、
最も大きな半丈六の仏像である。六地蔵めぐりで巡礼するコー
スで、地蔵盆にはユネスコの無形文化遺産の桂六斎念仏が行
われる。

96 解答

ア 矢田寺

10 京のお地蔵さんに関する記述について、最も適当なものを ア〜エ から
選びなさい。

問
97

子授けや安産のご利益で親しまれている通称
「世継地蔵」といわれる、徳川家康の側室・阿
茶局を開基として創建した下京区の寺院はどこ
か。

ア 祐正寺　　　　　イ 永福寺

ウ 安祥院　　　　　エ 上徳寺

　「世継地蔵」あるいは、「京の世継さん」とも呼ばれる**上徳寺**
は、慶長8年（1603）に徳川家康が建立。家康の側室、阿茶
局（1555〜1637）を開基とする。「上徳」は、阿茶の院号（上徳
院殿）。

　世継地蔵は高さ約2メートルの石像。ある時、世継を求め
寺で参籠7日目を迎えた男に地蔵尊が現れ、「我を石に刻み祈
念せよ」と告げたので、その通りにすると、男子を授かった
などの奇譚が残る。明治天皇の生母、中山慶子も世継地蔵を
あつく信仰した。

　上京区の**祐正寺**には「妻取地蔵」の別名を持つ地蔵尊があ
り、縁結びの御利益で知られる。「蛸薬師」の通称で有名な中
京区の**永福寺**は「鯉地蔵」を安置。鴨川で鯉（実は地蔵）に助
けられた若者の物語を今に伝える。東山区の**安祥院**は、日を
限って拝むと願いが叶うという「日限地蔵」を祀る。

97 解答

エ 上徳寺

問 98

地元に冬の訪れを告げる風物詩とされる行事
で、京丹後市の平智山地蔵院にある京都最大級
の地蔵菩薩像「平地地蔵」に11月23日、頭巾
とともにつけられるものは何か。

ア 足袋　　　　　イ 笠

ウ 腹巻き　　　　エ 蓑

京丹後市大宮町の平智山地蔵院にある地蔵菩薩像「平地地_{へいじ}
蔵」は、毎年、降雪前の11月23日に大きな頭巾と蓑_{みの}を身に着
けて冬支度を整える。100年以上続く「蓑着せ」という恒例行
事で、冬の訪れを告げる丹後の風物詩となっている。地蔵は
府内の立像としては最大級。高さは台座を含め5.3メートルあ
り、頭巾と蓑の重さは合わせて約60キロにもなる。檀家の人
たちがこの日のためにワラを編んで作り上げたもので、僧侶
の読経の後、はしごや竹竿を使って丁寧に着せていく。

平地地蔵は、江戸時代後期に宮津藩の圧政に対して農民ら
が決起した「文政丹後一揆」（1822）で、首謀者として藩に処
刑された地元出身の吉田新兵衛らを弔うために村人たちを中
心に丹後一円、但馬国の人々が資金を出し合って建立したと
伝わる。顔にあざのような模様があることから「あざ取り地
蔵」としても信仰を集める。

98 解答

エ 蓑

問
99

清水寺の地蔵院善光寺堂の前にあり、自分が恋
い想う人の住む方向にその首を向けて祈願する
と想いが叶うといわれているのはどれか。

ア 泥足地蔵 　　　イ 釘抜地蔵

ウ 首振地蔵 　　　エ 油掛地蔵

首振地蔵は、高さ約50センチ位の石像で、清水寺善光寺堂
前に安置されていて誰でも触れることができる。その容貌は、
髷を結び錫杖や宝珠ではなく扇を持っている。一説には祇園
の幇間（太鼓持ち）が、生前にこの像を造り形見にして奉納し
たのではないかともいわれている。

泥足地蔵は、京都三条会商店街近くの善想寺の地蔵堂に安
置されている。伝教大師が自ら彫った尊像と伝わり、当初は
滋賀県坂本に祀られていた。腹痛を起こした農夫に代わり田
植えをしてくれた霊験からこの愛称が付いた。

釘抜地蔵は、千本通にある石像寺の地蔵堂に安置されてい
る。弘法大師が唐から持ち帰った石に彫られた尊像と伝わる。
苦を釘に見立てて抜いてくれる地蔵として信仰を集め、地蔵
堂の壁には八寸釘と釘抜の絵馬が奉納されている。

油掛地蔵は伏見区と右京区にそれぞれあるが、右京区油掛
町辻堂に安置されているものは油をかけて願うと諸願成就す
ると伝えられる。高さ約1.7メートルの大きな石像で、実は阿
弥陀如来像だという。

99 解答

ウ 首振地蔵

10 京のお地蔵さんに関する記述について、最も適当なものを ア〜エ から
選びなさい。

問
100

六角堂にある「お参りに来られた方の願いを叶
えてあげようか、どうしようか」と考えている
姿が印象的な、一つだけ願い事を叶えてくれる
とされるお地蔵さんは何か。

ア 一言願い地蔵
イ 染殿地蔵
ウ 洗い地蔵
エ 勝軍地蔵

　一言願い地蔵は中京区の六角堂にある。六角堂の正式名称
は紫雲山頂法寺。代々、華道家元池坊が住職を務め、いけば
な発祥の地としても有名。

　新京極商店街に建つ染殿院は、染殿皇后がこの地蔵菩薩に
願をかけて清和天皇を授かったことから、寺院は染殿院と呼
ばれ、地蔵菩薩は**染殿地蔵**として信仰された。安産にご利益
のある寺院として知られる。

　東山区にある寿延寺の洗心殿に安置されている浄行菩薩に
水をかけ、体の悪い箇所をたわしで洗うと病気平癒のご利益
があるとされた。通称「あらいぢぞうさん（**洗い地蔵**）」と呼ば
れ、各地から多くの参拝者を集めている。

　神仏同体を説く本地垂迹説において、その根本である仏・
菩薩を本地仏という。**勝軍地蔵**は、山岳信仰と修験道が融合
した愛宕権現の本地仏。鎌倉時代に戦勝祈願の対象となり、
特に武士の間で信仰された。

100 解答

ア 一言願い地蔵

第23回
問題と解答例・解説
63問

1級

1 歴史・史跡について、次の問いに答えなさい。

数万年前のナイフ形石器などが昭和30年（1955）に発見され、現在はボートの遊覧やバーベキュー場になっている右京区梅ヶ畑にある遺跡は何か。

菖蒲谷遺跡である。右京区梅ヶ畑にある旧石器時代の遺跡。昭和30年（1955）に、菖蒲谷池西側のボート乗り場周辺の水際で1個のチャート製剥片が表採されたことで旧石器時代の遺跡の存在が明らかとなった。本遺跡からの採集品の大半は石器類で、池中央部西側の限られた範囲から採集されている。採集品には、石鏃、石錐、スクレイパー・石匙、ナイフ形石器、剥片・石核などがある。

1 解答例　菖蒲谷遺跡

奈良時代、聖武天皇の治世に権勢を振るった貴族で、現在の京都府井手町のあたりに別業を営み、井堤寺（井手寺）を創建したと伝えられる「井手左大臣」と称された人物は誰か。

橘諸兄（684～757）である。諸兄は、美努王と橘三千代の間に生まれた。初め葛城王と称す。藤原不比等の子が疫病に倒れたあと正一位左大臣まで進み勢力を誇った。令和3年（2021）に、諸兄が創建した氏寺である井手寺跡近くで、8世紀中ごろの建物の基壇跡が見つかった。基壇は自然石と割石を積み上げて造られており、規模から五重塔の可能性が高いという。

2 解答例　橘諸兄

1 歴史・史跡について、次の問いに答えなさい。

問 3

平安時代に令外官として設置され、治安警護を担当し、民事から行政まで関与した役職は何か。

平安時代に令外官として設置され、治安警護を担当し、民事から行政まで関与した役職は**検非違使**である。検非違使は、弘仁年間（810〜824）に成立した。京の都とその付近の警護だけでなく、宣旨を得て遠国に出動することもあった。犯人追捕や裁判、科刑に関することを行うだけでなく、民事的訴訟も担った。他に、市（いち）の管理、道路・河川の修復、賑給（しんごう）などの京内の民政にも関与。運上物の検封や租税未進の勘徴ないし検田のような租税収取関係の任務もあった。

3 解答例　検非違使

問 4

秦氏は京都盆地西部の桂川流域に勢力を拡大させたが、奈良時代に創建した西京区にある法輪寺に虚空蔵菩薩を安置した秦氏出身の僧侶は誰か。

道昌である。秦氏出身の真言僧で空海の弟子。道昌は、承和年間（834〜848）には勅願によって大堰川を修築し、橋を架けた。空海からの示教によって、「嵯峨葛井寺」で虚空蔵求開持法百日間参籠修行を行った。満願の日の暁天、生身の虚空蔵菩薩を空中に感得し、一木を彫して虚空蔵尊像を仕上げた。

その木像は神護寺における空海の供養を経て、葛井寺に安置した。のち葛井寺は法輪寺＝写真＝と改められた。

4 解答例　道昌

右側余白：
22 回 3 級
23 回 3 級
23 回 2 級
23 回 1 級

1 歴史・史跡について、次の問いに答えなさい。

応永6年（1399）に起こった応永の乱で大内義弘と
戦い勝利し、室町幕府をより盤石なものにした将
軍は誰か。

　応永の乱で大内義弘に勝利した室町幕府の将軍は、第三代
の**足利義満**（1358〜1408）である。義満は明徳3年（南朝の元
中9年、1392）には南北朝の合一を果たすなど、室町幕府の
強化に努めた。応永6年（1399）には、周防・長門を中心に西
国の6カ国の守護であった有力大名・大内義弘を圧迫して挙
兵に追いこみ、敗死させた。これが応永の乱である。これに
よって義満の将軍権力は確立することになる。

5 解答例　足利義満

織田信長が、挙兵した足利義昭の籠る城を攻めて
降伏させ、京都から追放して、室町幕府は事実上
消滅した。その戦いの舞台となった城は何か。

　永禄11年（1568）、足利義昭は織田信長に擁せられて上洛を
果たし、室町幕府の第十五代将軍の座に就いた。しかし両者
の関係は次第に悪化し、義昭は武田信玄をはじめとする全国
の大名に信長打倒を命じるに至る。元亀4年（1573）、義昭は
洛中の二条御所（旧二条城）を出て**宇治槇島城**に移って兵を挙
げるが、信長の猛攻の前に敗北、京都から追放された。これ
によって室町幕府は滅亡した。

6 解答例　宇治槇島城

問7 寛永18年（1641）、洛北の地に自らの隠居所「凹凸窠」(とっか)（詩仙堂）を建てた徳川家康の元家臣は誰か。

　　石川丈山(いしかわじょうざん)（1583〜1672）である。丈山は、江戸時代初期の漢詩人で書家。代々徳川氏に仕える三河武士の家に生まれるも、大坂夏の陣の後、武士の身分を捨てて藤原惺窩(せいか)に入門。詩を学んだ。寛永18年（1641）、左京区一乗寺に詩仙堂＝写真＝を築いて隠棲し、詩文に遊ぶ自適の生涯を送った。当時著名な文化人との風雅の交友も楽しんだという。詩仙堂の名は、中国の詩

人36人（三十六詩仙）を選んでその絵を壁に掲げたことから。絵は狩野探幽(かのうたんゆう)に描かせた。

7 解答例　石川丈山

問8 京都の碁所に生まれ、日本初の国産の暦「貞享暦」や地球儀、天球儀を作った江戸時代の天文学者で、この暦の功績により初代幕府天文方となった人物は誰か。

　　渋川春海(しぶかわはるみ)（シブカワシュンカイとも）（1639〜1715）である。春海は、江戸時代に、外国の暦法ではなく、自ら天文観測を行って暦理を理解し、新暦法を開発した最初の天文暦学者。幕府の碁所(ごどころ)安井算哲(さんてつ)の子。碁所とは、江戸時代に碁界の総取り締まりに任ぜられた者の称号。姓はのちに保井とし、元禄15年（1702）には渋川と改めた。貞享元年（1684）、宣明暦改暦を建議し、新暦（貞享暦）が採用され、翌年から施行された。

8 解答例　渋川春海

1 歴史・史跡について、次の問いに答えなさい。

問 **9**

薩摩藩の家老として活躍し、坂本龍馬を支援して亀山社中設立に力を貸した、京都で締結された薩長同盟（盟約）でも大きな役割を果たしたのは誰か。

　小松帯刀（たてわき）（1835〜70）は側役として薩摩藩国父島津久光を補佐し、文久2年（1862）に家老となった。幕臣の勝海舟が失脚すると坂本龍馬ら土佐脱藩浪士の身柄を預かった。慶応2年（1866）1月、小松は近衛家別邸の御花畑屋敷で、長州藩の木戸孝允らと薩長同盟（盟約）を結んだ。現在、上京区森之木町（室町通鞍馬口下ル）には「近衛家別邸 御花畑御屋敷跡、薩長同盟所縁之地、小松帯刀寓居跡」の石碑が立っている。

9 解答例　小松帯刀

問 **10**

陸軍第十六師団の深草への移転に伴い整備された第二軍道は、鴨川運河（琵琶湖疏水）をまたぐ。今も陸軍の星マークが橋脚に残る、その橋の名は何か。

　明治41年（1908）に完成した陸軍第十六師団司令部の正面に第二軍道は通じており、鴨川運河に架かる「**師団橋**」は軍用車両通行のため頑丈に建設された。JR京都駅近くの塩小路橋から南へ師団街道が新設され、この街道を挟んで師団司令部を中心に歩兵連隊や騎兵連隊などが配置、各隊を結ぶ東西の連絡路として第一軍道、第二軍道、第三軍道が造られた。

10 解答例　師団橋

2 神社・寺院について、次の問いに答えなさい。

22回3級

23回3級

23回2級

23回1級

問 11

地元ちりめん織業者らの信仰によって蚕の社から勧請された境内社「木島社」があり、狛猫があることでも知られる、京丹後市峰山町の神社はどこか。

金刀比羅神社である。京丹後市峰山町は丹後ちりめんの主産地で、同社は峯山藩第七代藩主京極高備の命で文化8年（1811）に創建された。ちりめんでの繁栄を背景に、例祭には大神輿や華やかな大屋台が列をなして町内を練り歩く。境内にある蚕の社から勧請された木島神社には、養蚕の大敵であるネズミを寄せ付けないために狛犬ならぬ狛猫が奉納されている。

11 解答例　金刀比羅神社

問 12

元は源頼義が左女牛西洞院に創建した神社で、移転した東山五条では相殿に陶器神社があり、8月の陶器祭では多くの人が訪れる。この神社はどこか。

五条坂から清水寺にかけての一帯は、17世紀初頭に始まった清水焼の生産地。坂の中央にある若宮八幡宮社は昭和24年（1949）に陶祖神・椎根津彦命を相殿に合祀して「陶器神社」とも呼ばれる。若宮祭と陶器祭を斎行する8月初旬は、坂の両側に陶器市が立つ。かつては、源氏一族や室町将軍家の崇敬があつく、伝足利義満寄進の八角手水鉢を今に残している。

12 解答例　若宮八幡宮社

2 神社・寺院について、次の問いに答えなさい。

梅宮大社にある「三石」とも呼ばれる3個の神石で、紀州熊野から3羽の烏が飛んで来て石になったと伝わり、末社の熊野社の神体となった石を何というか。

　神仏が一時的に姿をあらわした石を、「影向石（ヨウゴウセキとも）」もしくは「えこう石」という。梅宮大社には熊野から3羽の烏が飛んで来て石になったと伝わる「影向石」がある。護王社西側にある磐座のような3つの石であり、これの石を御神体とし、摂社に熊野三社を祀っている。本殿の横には、またぐと子宝に恵まれるという「またげ石」がある。相殿に祀られる檀林皇后がその霊験で、皇子を授かったと伝わる。

13 解答例　影向石

僧の千観内供が肥前国より淀大明神を勧請したことに始まるとされる、明治時代に入り桂川対岸から淀城跡に移った神社はどこか。

　千観内供は、国内最初の和讃『極楽国弥陀和讃』を著した天台宗の僧。応和年間（961～964）に肥前の與止日女神社を勧請して與杼神社を創建したと伝わる。社地は桂川沿いの旧乙訓郡水垂村だったが、河川改修で明治35年（1902）に対岸の淀城跡内（伏見区）の現地に移った。かつては豊臣氏の崇敬を受け、鶴松（秀吉の嫡男）の病気回復祈願も行われたという。地元では「淀姫さん」の愛称で知られる。

14 解答例　與杼神社

2 神社・寺院について、次の問いに答えなさい。

問
15

夢窓疎石の高弟・黙庵 周 諭が中興した善入寺を前
身とし、生前敵同士だった室町幕府第二代将軍足
利義詮と楠木正行の墓が並んで立つことで知られ
る寺院はどこか。

室町幕府第二代将軍足利義詮は貞治4年（1365）に生母を失
い、善入寺の黙庵周諭に深く帰依した。この時、寺にある楠
木正行の墓を指し「自分の墓は（武人として尊敬する）彼の隣
に」と願ったという。善入寺はその後、義詮の院号を取って
宝筐院と改称した。正行は正平3年（1348）、四条畷の戦いで
幕府軍と戦い戦死。周諭の手で善入寺に葬られていた。

15 解答例　宝筐院

問
16

伊藤若冲が草庵を建てて隠棲し、境内に若冲の墓
や筆塚のほか、自ら指揮して石工に彫らせた釈迦
の一代記や五百羅漢の石仏が残る寺院はどこか。

伏見区深草にある黄檗宗寺院、**石峰寺**＝写真＝は宝永年間
（1704〜11）の創建。江戸時代中期に京都で活躍した伊藤若冲
は、天明の大火（1788年）で焼け出された後に、石峰寺門前に
草庵を建てて隠棲した。同寺の住職密山の協賛を得て、かね

てから続けていた釈迦如来像はじめ
五百羅漢像の制作を石工たちに指揮
して本堂の裏山に完成させた。若冲
は没後、同寺に葬られ、境内に墓と
筆塚がある。

16 解答例　石峰寺

2 神社・寺院について、次の問いに答えなさい。

問 17 日蓮宗の大本山である妙顕寺の塔頭寺院で、尾形光琳、乾山兄弟の墓がある寺院はどこか。

泉妙院である。光琳、乾山を生み出した尾形家の菩提寺は興善院で、光琳は死後、同院に葬られたが、興善院は廃れ、本行院の管理下になった。その本行院は、天明の大火で焼失、光琳の墓石は妙顕寺の総墓所に移された。光琳没後百回忌の折に光琳に私淑していた酒井抱一が本行院に顕彰の碑を建立。その後、本行院は泉妙院と合併して興善院跡に再建され、泉妙院が碑を管理するとともに、総墓所から光琳の墓石を戻し、光琳ゆかりの品々ともども守ってきた。

17 解答例　泉妙院

問 18 日本三達磨の一つに数えられる達磨大師坐像が年に2回行われる万人講で公開され、「達磨堂」の通称名で知られる八幡市にある寺院はどこか。

八幡市の**円（圓）福寺**は、本尊に木造達磨大師坐像（高さ83センチ、重文）を安置することから「達磨堂」の別名で知られる。春と秋の年2回開かれる「万（萬）人講」は、露店も出て参詣客でにぎわう。白隠禅師の高弟、斯経慧梁禅師が天明3年（1783）、石清水八幡宮別当の田中家から、伝来の達磨大師坐像を譲り受け境内に祀ったのが寺の始まり。坐像は、聖徳太子の時代に造られた元の像が失われたため、室町時代に再刻されたと伝わる。

18 解答例　円福寺

2 神社・寺院について、次の問いに答えなさい。

問
19

延暦寺から六角堂への参籠の際に親鸞が身を清めた
とされる「御聖水」という湧水がある寺院はどこか。

　浄土真宗の開祖・親鸞聖人は、延暦寺で修行中であった29
歳のとき六角堂へ百日間参籠した。山から通う途中、養源庵
の湧き水「御聖水」で身を清めたと伝わる。参籠95日目、聖徳
太子の夢告を受け、法然上人に弟子入りする。
　養源庵は天台宗の寺院だったが、後に荒廃。延宝6年（1678）
に聖人の旧跡として再興、本願寺に属して聖水山養源寺と称
し、延宝8年（1680）に**本願寺北山別院**になった。

19 解答例　本願寺北山別院

問
20

延鎮が開山と伝わり、霊夢により金色の水源を求め
て辿りついたとされる「金生水」がある、山科
区の本山修験宗の寺院はどこか。

　清水寺の開祖延鎮が開山とされ、「金生水」のある本山修験
宗の寺院といえば、牛尾観音として知られる**法嚴寺**＝写真＝。
音羽山の支峰牛尾山の中腹にあり、清水寺の開創と同じ宝亀
9年（778）に創建されたと伝わる。平安時代になって密教が

伝来したことで山岳修行の場にも
なった。空海も修業したとされる。
清水寺は音羽の滝の清水を寺号にし
ており、法嚴寺は清水寺の奥の院と
されている。

20 解答例　法嚴寺

3 建築・庭園・美術について、次の問いに答えなさい。

問 21 徳川家康により建立された御香宮神社本殿の建築形式は何か。

　御香宮神社は伏見区に所在し、本殿は徳川家康の命により京都所司代板倉勝重を普請奉行として慶長10年（1605）に建立。昭和60年（1985）に重文に指定された。本殿は**五間社流造**で、正面に三間の向拝が付く規模の大きな社殿である。蟇股や木鼻などに彫刻が施され、極彩色で飾られている。幕府が京都所司代に命じて造らせた建物だけあって全体の造り、細部の装飾も見事で、桃山時代の遺構として貴重である。

21 解答例　五間社流造

問 22 仁和寺の御殿の庭園にある光格天皇遺愛の茶室「飛濤亭」と並び、尾形光琳ゆかりと伝わる茶室は何か。

　遼廓亭（重文）＝写真＝である。門前にあった尾形乾山の住居からの移築で、乾山の兄光琳が織田有楽斎の如庵（国宝）を模して造立したものという。内部は二畳半台目の茶室、四畳半の水屋と広間、控えの間・勝手の間で構成され、葺き下し屋根の下に袖壁を付け、その中に躙口を開く。犬山城内（愛知県）に遺る如庵に比べると全体の木割はやや細く、点前座横の壁面にある有楽窓（竹を詰め打ちにした特徴的な窓）は連子窓となり、躙口前の袖壁の円窓

も方形で下地に丸竹を使用した光琳窓となっている。

22 解答例　遼廓亭

問
23

久御山町にある、かつて巨椋池の漁業者の代表を
務めていた大庄屋の遺構で、鯉の欄間や鶴沢探索
の雲竜の襖絵が残っている、国の登録有形文化財
として一般公開されている建物の名称は何か。

旧山田家住宅 ＝写真＝。山田家は、かつて府南部にあった
広大な淡水湖・巨椋池の漁業者代表として13カ村をまとめて
いた大庄屋。御牧郷（おぐらいけ）と称された。主屋は切妻造で江戸時代後

期の建築と推定。式台のある玄関、
室内の欄間や襖（ふすま）など意匠を凝らし
た造作で大庄屋としての格式を物
語る。山田家からの寄贈を受けた
久御山町が管理している。

提供：久御山町教育委員会

23 解答例　旧山田家住宅

問
24

平成7年（1995）に開館した「京都コンサートホー
ル」の設計をはじめ国内外で活躍し、「ポストモダ
ン建築の旗手」として知られる建築家は誰か。

　左京区下鴨半木町にある京都コンサートホールは、平安建
都1200年記念事業の一環として、京都市が建設した音楽専用
ホールで設計者は**磯崎新**（いそざきあらた）（1931～2022）。磯崎は、大分の生ま
れで丹下健三に師事。ポストモダン建築をリードするととも
に、評論活動などを展開した。京都コンサートホールのほか、
大分県立大分図書館、ロサンゼルス現代美術館などを手掛け、
平成31年（2019）プリッカー賞を受賞した。

24 解答例　磯崎新

3 建築・庭園・美術について、次の問いに答えなさい。

問 25

妙蓮寺の十六羅漢石庭や国指定名勝である知恩院方丈庭園を作庭したと伝わる、小堀遠州と縁のある僧は誰か。

　妙蓮寺の枯山水「十六羅漢石庭」は、江戸時代初期に同寺の僧、**玉淵坊（法）日首**（ぎょくえんぼう　にっしゅ）が造ったとされる。法華経の世界観を表しているともいわれ、16個ある石のうち中央の「臥牛石」は、豊臣秀吉が伏見城から運ばせたと伝わる。玉淵坊（法）日首の経歴は不詳で、小堀遠州と縁を持ち、その技術を学んで桂離宮の作庭を手伝った可能性が指摘される。

25 解答例　玉淵

問 26

葵橋東詰北部にある下鴨神社の社家の邸内にあり、水の供給を賀茂川の伏流水による湧水という自然の力に頼っている庭園は何か。

　鴨脚家（いちょうけ）は、下鴨神社の現存する唯一の社家で祝（神官）（はふり）の屋敷である。
　庭園は全体としていびつな方形のすり鉢状で、周囲より中心部がくぼんでおり泉となっている。泉の水は鴨川の伏流水による湧水で、祝がみそぎに用いたと伝えられ、泉の水面は湧水量に応じて上下する。ポンプアップ等が多い現在において、自然の力によって、庭園へ水が供給される貴重な庭園である。

26 解答例　鴨脚家庭園

③ 建築・庭園・美術について、次の問いに答えなさい。

問 27
法金剛院にある平安時代の姿を残した滝石組で、特別名勝にも指定されている人工の滝は何か。

法金剛院の庭園は「法金剛院青女滝　附　五位山」という名称で国の特別名勝に指定されている。この名の通り「**青女の滝**」＝写真＝が主体で、高さ5メートルに及ぶ平安時代では最大級の滝石組が当時の姿をとどめている。大治5年（1130）に待

賢門院が天安寺を復興し、法金剛院とした。この滝石組は、はじめ石立僧の伊勢房林賢が造り、徳大寺法眼静意の指揮で長承2年（1133）に完成した。庭園は明治時代以後荒廃したが、昭和45年（1970）の発掘調査で滝が姿を現し、復元整備が行われた。

27 解答例　青女の滝

問 28
今年（2023）公開された大徳寺の三玄院に「八方睨みの虎」などの襖絵を残した江戸時代の絵師は誰か。

三玄院は天正17年（1589）、石田三成らが春屋宗園（しゅんおくそうえん）を開祖として創建。非公開寺院だが、令和5年（2023）の春、50年ぶりに公開された。本堂ふすま絵の「八方睨みの虎」は、江戸時代後期の京都の絵師、**原在中**（はらざいちゅう）（1750〜1837）が描いた。在中は円山派や土佐派などの諸派や中国の明画などを独学、研究し、精緻な装飾的な作風を確立、原派を興した。寛政2年（1790）には宮廷の障壁画も描いた。

28 解答例　原在中

3 建築・庭園・美術について、次の問いに答えなさい。

問 29
室町時代以降、工芸の世界では「天下一」の名声を競う名人が輩出されるが、後に金座を支配し、日本の金工界をリードした一族は何家か。

　金座を支配した一族は、京都の金匠である**後藤家**。室町幕府の第八代将軍足利義政の頃に興ったとされ、足利氏、豊臣氏、徳川氏をはじめ各地の大名に重用され、日本の金工界をリードした。金座は、徳川家康が後藤庄三郎光次に命じて江戸・日本橋で小判を鋳造させたのが始まり。佐渡や駿府の他、京の両替町と押小路通の交差点付近にも金座が置かれた。後藤家は金工だけでなく大実業家としても知られる。

29 解答例　後藤家

問 30
「京都美術協会雑誌」の編集者で近代工芸の活性化を図り、自らも図案家・画家として琳派の構図や技法を暮らしの中のデザインとして表現した人物は誰か。

　「近代の琳派」として近年、国内外で再評価が進む**神坂雪佳**（かみさかせっか）（1866〜1942）は、はじめ四条派に学び日本画家を目指すが、装飾美術工芸の重要性に目覚め、英国グラスゴー博覧会の視察と欧州各国の工芸図案の調査のために渡欧した。帰国後は、ヨーロッパのアール・ヌーヴォーの美術工芸運動に与えた日本の装飾意匠の影響力を再認識、宗達や光琳ら琳派の研究に励み、光琳の再来とも呼ばれる作風を展開。工芸家たちを組織し京都工芸の活性化を図る幅広い活動を繰り広げ、京都の工芸界、工芸図案界に大きな足跡を残した。

30 解答例　神坂雪佳

<table>
</table>

問 **31**	1人の職人がすべての工程を手掛けているのが特徴で、比叡山麓や白川の里から切り出された良質の材料を造園などに用いる経済産業大臣指定伝統的工芸品は何か。

京石工芸品（きょういしこうげいひん）＝写真＝。比叡山麓や白川の里から切り出される「白川石」という良質の花崗岩を用いて桃山時代から築城や造園に加え、茶道文化とも結びついて工芸技術が発達していっ

た。一人の職人がすべての工程を手掛け、日本庭園に欠かせない石灯籠や層塔などは、茶人のわびさびの追求に応えるべく、職人の磨き抜かれた独自の美意識で造られているという。

31 解答例　京石工芸品

問 **32**	鎌倉末期から南北朝時代にかけて武家や庶民の間で流行った、本茶の栂尾の茶とそれ以外の茶（非茶）を飲み分ける利き茶の遊びを何というか。

　栄西が中国から茶種を持ち帰り、明恵によって産地が拡大した茶は、薬用効果が注目されるとともに、たちまち各階層に浸透していく。『太平記』には茶寄合と称し、多数の人々が集まって囲碁、双六、連歌などの遊びとともに、茶を飲み合って、茶産地の当たり外れを競う闘茶、すなわち十服茶、三十服茶、七十服茶、百服茶など多くの種類の茶を飲み比べる形式で楽しんだと著される。

32 解答例　茶寄合

4 芸術・文化・生活・行事について、次の問いに答えなさい。

問 33

藤原道長が著した『御堂関白記』（国宝）をはじめ、近衛家に伝世する膨大な古典資料をもつ文庫を何というか。

陽明文庫である。五摂家の一つ、近衞家に伝襲された古文書、古記録、古典籍、古美術品などを保存管理する公益財団法人。「陽明」とは近衞家の別称で、近衞家の屋敷が大内裏の外郭十二門の一つである陽明門から発する近衞大路沿いにあったことにちなむ。現在の右京区にある。昭和13年（1938）、近衞文麿により財団法人が設立され、明治以後の一時期分割寄託されていた資料を一括保存することとなった。収蔵品は多くの国宝や重文を含め約十数万点にのぼる。

33 解答例　陽明文庫

問 34

吉田神社や平安神宮などの節分行事で古式に則って再現され、大舎人が黄金四つ目の仮面を被り、盾と矛を持って扮しているのは何か。

　古式ゆかしい節分の追儺式や大儺の儀では、黄金四つ目の仮面を被り、玄衣朱裳を着て、矛と楯を持つ**方相氏**＝写真＝が、侲子という子どもを引き連れ鬼を祓う。方相氏は、古代中国の悪鬼を祓う儀式「大儺」とともに朝鮮半島を経由して日

本に伝わった。もともとは古代中国の行政法典『周礼』の「夏官」（軍事）の条にあるように、悪鬼を駆逐する役人を指した。

34 解答例　方相氏

4 芸術・文化・生活・行事について、次の問いに答えなさい。

問35
普段「おふく」を結っている年長の舞妓が、祇園祭の間だけ特別に結う髪型を何というか。

　舞妓はキャリアにしたがって、割れしのぶ、おふく、先笄へと髪型が変化していく。おふくの時代には、祇園祭に際して**勝山**という髪型に結う。髷を大きめの輪にして、左右には梵天と呼ばれる銀の飾りを挿す。梵天には赤やピンクの撫子が付いている。髷の下には飾り布の手絡をのぞかせる。髷の前には横長の段々になった銀の髪飾り。夏の花や団扇などをあしらった花簪も華麗である。

35 解答例　勝山

問36
今年（2023）の祇園祭で、江戸時代の俳人・文人画家の与謝蕪村が描いた「琴棋書画図」を下絵に、豪華絢爛な刺繍を施した下水引を244年ぶりに復元新調した山鉾はどこか。

　放下鉾である。放下鉾が前後左右に掛ける４面の下水引は、与謝蕪村（1716〜84）筆の「琴棋書画図」を下絵とした総刺繍幕だった。しかし近年は傷みが目立つようになり、高山寺の国宝「華厳宗祖師絵伝」を下絵にした綴錦の織物に替えていた。同時に「琴棋書画図」刺繍水引の復元新調が進められ、計８年をかけて令和５年（2023）、下水引４面の復元が色鮮やかに完成。前祭の山鉾巡行でお披露目となった。

36 解答例　放下鉾

22回3級

23回3級

23回2級

23回1級

321

問37

かつて地蔵盆で行われていた、竹や藁で編んだ籠にくじや福引で当たった景品を入れ、家の2階などの高所からロープで下へ吊り降ろし、子どもたちに届ける仕掛けを何と呼ぶか。

　これを「**ふごおろし**」という。ふごは漢字で「畚」と書き、かごを意味する。かつては地蔵盆最終日のメインイベントであった福引の際にこれが行われた。子どもも大人もふごの中の景品と、読み上げられる福引券番号にハラハラドキドキ。皆の注目を一心に集めて、景品が1個ずつ家の2階から降りてくるというダイナミックな仕掛けで人気を呼んだ。

37 解答例　ふごおろし

問38

「葵祭の中餅」と呼ばれた下鴨神社の名物菓子で、小豆の茹で汁でついた餅菓子を何というか。

　明治初年まで、下鴨神社の葵祭の中日には、小豆の茹で汁で染めた搗き餅が神前に供えられていたという。淡い赤系統のはねず色のこの餅を、都人は「葵祭の**申餅**」と呼んでいた。また参拝者にも求められ、申餅には無事息災などの願いがこめられていたとされる。

　平成23年（2011）、宝泉堂が古書の記述や下鴨神社宮司からの口伝をもとにして申餅を復元し、境内に設けた休憩処さるやで販売。はねず色の餅生地で、密漬けした小豆を包んである。

38 解答例　申餅

問
39
北野天満宮で12月の事始めから授与され、元日の朝または元旦の祝膳の初茶に入れて飲めば、1年間を無病息災で暮らせるという縁起物を何というか。

　北野天満宮の**大福梅**は、境内神域で育った梅の実を塩漬けや土用干しなどの手間暇をかけて調製する梅干し。天暦5年（951）、この梅干しで淹れた茶を、病を得た天皇が服して平癒したことから「王服（大福）」と称されるようになったという。大福梅は無病息災だけでなく学業成就、入試合格、災難厄除祈願などのご利益もあるという縁起物。12月13日の事始めの日から授与が始まり、主に正月の初茶として飲用される。

39 解答例　大福梅

問
40
知恩院七不思議のうち、「三方正面真向きの猫」と「抜け雀」を描いたとされる絵師は誰か。

　江戸時代初期の絵師、**狩野信政**（1607〜58）である。江戸幕府の御用絵師となった狩野探幽の娘を妻としたと伝えられる信政は、浄土宗総本山知恩院の大方丈など現在の諸堂が造立された寛永年間（1624〜44）に江戸狩野派の絵師たちが取り組んだ障壁画の制作に参画、下段の間「仙人図」、鷺の間「柳鷺図」、菊の間「菊に籬垣図」などの制作を担当した。七不思議の抜け雀は菊の間の障壁画に、「三方正面真向きの猫」は方丈の杉戸絵に描かれている。

40 解答例　狩野信政

22回3級

23回3級

23回2級

23回1級

5 【公開テーマ問題】「家康伊賀越えの道 ～伝承とその周辺の史跡～」に関する
次の記述について、（　　　　）に入る最も適当な語句を書きなさい。

　天正10年（1582）6月、織田信長の家臣だった（　41　）が
謀反（むほん）を起こした「本能寺の変」が起きたことで、堺から上京の
途中だった徳川家康は、急遽伊賀を通って自らの領地である三
河国の岡崎城に3日間で帰った。世に「家康の伊賀越え」と呼
ばれる。経緯やルートには諸説があるが、京都府南部の山城地
域には、さまざまな伝承が残っている。

　家康の家臣である本多忠勝に「本能寺の変」をいち早く知
らせたのは、京の豪商である（　42　）とされる。一時は知恩
院で自害を決意した家康を家臣が思いとどまらせ、「伊賀越
え」へと向かわせた。長谷川秀一に道案内を依頼し、木津川を
（　43　）の渡しで越したと伝わる。今は京田辺市の川畔に渡
し場跡の石碑が立っている。

　随行の家臣は少なく、明智側の追手や落ち武者狩りに遭う恐
れがある中での逃避行で、実際に同行していた武田二十四将の
1人である（　44　）が命を落とした。村人の手で葬られたと伝
わり、京田辺市飯岡の共同墓地に墓がある。

　家康の一行は、現在の宇治田原町に入り、信長家臣の居城
である（　45　）城で昼食をとったといわれる。今では茶畑な
どになっているが、堀や石垣などの痕跡が残っている。そこか
ら東に向かった立川の大道寺地区では、毎年11月になるとい
くつもの柿屋が広がる光景を目にすることができる。この柿屋で
つくられた干し柿「（　46　）」は、「鶴の子柿」という小ぶり
の渋柿を使っており、宇治田原町の冬の名物として親しまれて
いる。この先、いくつかの峠を越え東へ進むこととなるが、信
楽街道と瀬田道が交わる（　47　）峠、国境にある（　48　）峠
を越えて信楽に入り、伊賀を目指したと言われる。国境にある
（　49　）院には、座って休憩したと伝わる「家康公腰かけの石」
がある。

また別説では、旧道「大坂道」を通り精華町山田を経由
したともいわれ、江戸後期に幕府が編纂した徳川家の史書
『（　50　）』に記載がある。

(41) 解説

　明智光秀（？〜1582）は、毛利氏と戦っていた羽柴秀吉を援
護するためとして丹波の亀山城を出たが、主君の織田信長が
宿にしていた京の本能寺を襲った。丹波攻略などの労を顧み
ない信長への反発があったともいわれる。謀反を起こした後、
近江の居城である坂本城に入り、さらに信長の本拠地の安土
城を攻め落とし、畿内の平定を図ろうとした。光秀謀反を知っ
た秀吉は急きょ毛利氏と和睦し、備中高松城から中国路を引
き返し、天王山麓の山崎で合戦。光秀は敗走し、坂本城に戻
る途中の伏見・小栗栖で落武者狩りの農民に殺害されたとい
われている。

41 解答例　明智光秀

(42) 解説

　京の豪商である**茶屋四郎次郎**は、歴代茶屋家の通称で、初
代（1545?〜96）が徳川家康と深い関係を作った。若い頃から
三河に赴いて家康の側近に近づき、戦陣の諸道具の調達に当
たり、家康の数々の合戦に常に伴って仕えた。

　京で起きた「本能寺の変」を家康の家臣の本多忠勝に急報し
ただけでなく、家康の「伊賀越え」に際しても山賊らに金銭を
渡して懐柔するなど財力で援助したといわれる。

　その後も、豊臣側に対する家康の隠密御用を務め、朝廷工
作の他、政治状況の三河への通報などで動き、政商として力
を発揮した。

42 解答例　茶屋四郎次郎

(43) 解説

　木津川の「草内の渡し」は京田辺市と対岸を結ぶ渡し場で、古くから渡船があったといわれる＝写真＝。河内・大和方面から宇治田原を経て近江に出る最短コースに当たる。木津川上流の飯岡や山本、下流の富野、水主などの渡しより重要な位置を占め、古くから知られている。

　本能寺の変後、家康は草内の渡しを無事に通過し、「権現の渡し」ともいわれた。

　木津川は古来、木材輸送の水路で、また水勢が激しいこともあって、恒久的な橋ではなく渡しが利用された。草内の渡しは昭和39年（1964）に山城大橋が完成して姿を消した。

43 解答例　草内

---

(44) 解説

　穴山梅雪（1541～1582）は甲斐武田氏の一族で、母は武田信玄の姉。甲斐河内地方を領地とし、後に駿河江尻城主となる。隣国の徳川氏と外交に当たるが、織田信長の甲斐攻めでは家康を通じて信長側に下り、武田滅亡後も本領の河内地方を安堵された。信長にも謁見し、追従の姿勢を示した。堺で家康一行と滞在中に「本能寺の変」を知る。家康らとは別に遅れての逃避行となったが、木津川の辺りで死亡した。梅雪の死には諸説あり、一揆勢に追われて自害したとも、殺害されたともいわれる。梅雪を憐れみ、飯岡の村人によって手厚く葬られたと伝わり、現在は飯岡共同墓地に墓がある。

44 解答例　穴山梅雪

(45) 解説

　山口城は、織田信長が家臣である山口秀康に命じて築城させた。京都から近江への重要な間道筋の拠点地である。山口秀康は、甲賀五十三家と言われた多羅尾光俊の六男で、山口氏に養子となった。甲賀衆は早くから家康の懐柔策に応じていた。

　山口城では、「本能寺の変」を受けて家康が到来することを知り、配下の者を草内の渡しまで遣わし、一行を迎えたといわれる。「巴ノ刻（午前10時）山口城ニテ御前ヲ召上ラレ」との京都所司代への文書が残されており、軽い食事を取ったことがうかがえる。

45 解答例　　山口

(46) 解説

　宇治田原町の農家では11月に入ると、収穫の終わった田んぼに柿屋と呼ばれる棚を建ち上げて、干し柿づくりを始める。使われるのは「鶴の子」という極小果の渋柿。2〜3週間ほど柿屋で乾燥した後、さらにむしろの上で乾燥させつつ、日に2回ほど箕で回転させながら上下にゆする「ヒル」と呼ばれる作業を1週間程度行った後、表面が糖分で真っ白になるまで干す。この干し柿を「**古老柿**」＝写真＝という。

　名前の由来には「転がす」の「ころ」からついたという説と、白く粉を吹いた姿を老人にたとえて「古老」とした説がある。また、村人に干し柿の製法を教えた一人の娘の後を追うと、禅定寺で消え去り、やがて観音の姿となって現れたという伝説から、「一人の娘」が観音様に姿を変え製法を教えたので「孤娘柿」という説もある。

46 解答例　　古老柿

(47) 解説

　松峠は、田原盆地を東西に通る信楽街道と南北を結ぶ瀬田道が交わる要衝の地にある。信楽街道は古来、京と東国を結ぶ間道として利用された。

　平治元年(1159)の「平治の乱」では都を追われた藤原通憲（信西）がこの道を通り、宇治田原の所領である大道寺に逃れたが、殺害された。道沿いの大道神社前には信西入道塚がある。

　今も人が往来した古道の雰囲気を残しており、近くにある旅籠跡では茶器などが多く見つかっている。

47 解答例　松

(48) 解説

　宇治田原から信楽朝宮に通じる信楽街道の**裏白**峠（標高約380メートル）は、山城と近江の国境に位置する。旧国道307号の峠道である。地名は山城国の裏側という意味で「うらじろ」と呼ばれるという。

　古来、山城と近江をつなぐ重要な峠で、京から伊勢神宮への参詣等に歩いた主要道に当たる。

　裏白峠は急坂の難所で、ここを越えたといわれる家康一行の労苦がしのばれる。現在はトンネルができてバイパスが開通している。

48 解答例　裏白

(49) 解説

　高野山真言宗の**遍照**院（へんじょういん）は、峰岳山高岳寺に起源をもつといわれ、元亀元年（1570）に再興された。徳川家康が「伊賀越え」の際に立ち寄って休憩したと伝わり、当時から残るという石に「家康公腰かけの石」＝写真＝の看板を出している。

　境内には鎌倉時代の作といわれる石塔「無縫塔」（むほうとう）がある。さらに、樹齢600年以上と伝わる高野槙（こうやまき）や樹齢500年ともいわれ

る紅梅が四季を彩っている。この紅梅は、龍が舞う姿に似ていることから「飛龍紅梅」と呼ばれる。

　家康が険しい峠道を無事に越えたことなどから、道中の安全を祈る寺であり、今でも「結びわらじ」を奉納するという。

49 解答例　遍照

(50) 解説

　『**徳川実紀**』は通称で、正式には『御実記』という。江戸幕府が編纂した徳川氏の歴史書で全517巻に及ぶ。文化6年（1809）に大学頭の林述斎が建議、統括し、将軍の侍講をつかさどった成島司直（なるしまもとなお）らが記述などの実務に当たり、嘉永2年（1849）に完成した。家康から第十代の家治までの歴代将軍ごとに記述している。その後も『続徳川実紀』の編纂が進められたが、第十一代・第十二代の後は明治維新などもあって脱稿していない。

　徳川実紀の巻三に「伊賀越えとて御生涯御艱難（かんなん）の第一とす」との記述がある。ただ、伊賀越えのルートについては他の史料文書と異なり、不明なところが少なくなく、諸説がある。

50 解答例　徳川実紀

6 京都の峠について、(　　　)にあてはまる最も適当な語句を書きなさい。

峠名	場所	特徴
観音峠	南丹市園部町～京丹波町	峠は分水嶺で、北は由良川、南は淀川の水系になる。『養生訓』『京城勝覧』を書いたことで知られる（ 1 ）の『西北紀行』が峠の記録として最も古いといわれる。
（ 2 ）	京都府八幡市～大阪府枚方市	天正10年（1582）の山崎の合戦で、明智光秀に去就を問われた筒井順慶は、この峠に陣を置き、有利な方につこうと形勢をみたといわれ、ことわざも生まれた。
（ 3 ）	鷹峯～長坂越～千束～杉阪	京都の文人である島岡剣石がこの峠で詠んだ「うつせみの　寂しさ故に　おく山の　辛夷は白く　鎮もいて咲く」の歌碑がある。峠を北に越えると、氷室口に至る。
老ノ坂峠	京都市西京区大枝～亀岡市	かつての山陰道（現国道9号）の山城と丹波の国境で古くは大枝山（大江山）とも呼ばれ、付近には、源頼光が（ 4 ）を退治した伝説が残る首塚大明神がある。
日ノ岡峠（旧東海道）	滋賀県大津市～京都市山科区	大津から京都への難所の一つで、木食正禅上人が道の改修に取り組み、峠道は大きく改善された。荷車専用道として、舗石が並べられた（ 5 ）石も有名である。

（1）解説

　貝原益軒（かいばらえきけん）（1630～1714）は江戸時代前期の儒学者であり博物学者であった。筑前国福岡藩士の子として生まれ、京や江戸で儒学を、長崎で医学を学び研鑽した。本草学や農学、天文学、地理学など自然科学に造詣が深く、実践道徳を簡潔に説いた『養生訓』は広く読まれた。

　この他、公務の旅で各地を巡り歩き、その足跡を多くの紀行文に書き記し出版した。その中の『西北紀行』で観音峠を「俗にいう山椒大夫（さんしょうだゆう）が関をすえし所なり」と書いている。紀行本は旅に携行され、名所図会に引用されるなど、当時の観光に影響を与えた。

1 解答例　貝原益軒

（2）解説

　日和見主義のことを「洞ヶ峠（ほらがとうげ）を決め込む」というが、その**洞ヶ峠**である。八幡市と枚方市の間にある男山丘陵南端の小高い峠で標高約70メートル。淀川の対岸に天王山を望み、山城と河内、摂津の三国を一望する要衝の地で、古戦場となったのは一度ではない。南北朝時代の宇治ノ手合戦、『太平記』にある八幡合戦である。羽柴秀吉と明智光秀の山崎の合戦では、大和郡山の城主・筒井順慶が洞ヶ峠に布陣し、両軍の形勢を展望した上で羽柴側に加勢したという故事によるといわれる。

　現在の洞ヶ峠には国道1号枚方バイパスが通り、京阪間の大動脈となっている。

2 解答例　洞ヶ峠

（3）解説

　京見峠は標高446メートル。南北朝の内乱を描いた『太平記』に「京中を足の下に見下」ろせると書かれている。後醍醐天皇方は都の足利尊氏勢を攻めるため、北の要所である京見峠に陣を敷いたとある。

　古くから若狭・丹波と京を結ぶ道の要所で、室町時代には関所があった。峠に立てば、眼下に京都五山送り火「舟形」がある船山、さらに鷹峯が見え、さらに前方に目を移すと京都市中が一望でき、若狭・丹波からの旅人の感慨がしのばれる。今では舗装された府道が通り、京都市街地から杉坂や周山街道に抜ける車が往来している。

3 解答例　**京見峠**

（4）解説

　酒呑童子は丹波国大江山（大枝山）に棲む鬼の頭目あるいは盗賊で、都に出ては美女をさらい、財を強奪するというので恐れられたと伝わる＝写真は首塚大明神＝。

　この伝承はすでに南北朝時代の絵巻『大江山絵巻』に描かれており、御伽草子や謡曲、歌舞伎などに登場する。江戸時代の御伽草子によると、洛中での乱暴狼藉が目に余るとして、酒呑童子退治の勅命が源頼光に下る。頼光は渡辺綱や坂田金

時らを従えて「鬼の岩屋」に登り、酒呑童子に酒を飲ませ、酔ったすきに首を落としたという。

　酒呑童子の伝承は丹後や近江・伊吹にもある。

4 解答例　**酒呑童子**

（5）解説

　京の七口の一つ粟田口から大津に至る道は平安時代から往来があり、江戸時代には五大街道の東海道になった。ただ山科の日ノ岡峠は急勾配の難所で、重い米俵などを積んだ牛車の峠越えは難渋を極めた。江戸時代中期に各地を念仏して回っていた木食正禅上人が見かけ、浄財を集めて峠を切り下げ、土砂を敷き大石を入れるなどの舗装整備をした。さらに江戸時代後期には幕府の命で敷石に溝を彫って車輪がスムーズに進めるよう改善工事をしており、荷車の増加で溝が深まることで「車石」を形成していったとみられる。使われた車石は今も日ノ岡付近に残されている。

　なお、木食正禅に関しては、木食正禅養阿が正式名。一般には木食養阿が使われることも多い。

5 解答例　車

7 京都の神社・寺院には、龍に関係するものが多い。（　　　）に入る
最も適当な語句を書きなさい。

問 1 六波羅蜜寺では、12年に1度の辰年の時のみに本尊の十一面観音菩薩立像（国宝）がご開帳される。また、金運を招き、徳運が開ける「（　　　）」と記された御符が授与される。

六波羅蜜寺の開祖空也上人は天暦5年（951）、京都に流行していた悪疫の退散を祈願して十一面観音菩薩立像を自ら刻み、車に乗せて念仏を唱えながら市中を巡ったという。その観音立像が現在の本尊とされる。秘仏だが12年に1度の辰年に御開帳があり、参詣者には「淵龍（えんりゅう）の御（護）符」＝写真＝が授与される。御符は5色（赤黄緑紫白）あって毎回色が変わるが、丙辰（ひのえたつ）の年は赤の御符と決まっている。

寺伝によるとその昔、寺の前にあった池に棲む龍が、人々を苦しめたので空也上人が「錫杖の音を聞けば、毒龍といえども菩提心を発するものぞ」と諭したところ、改心した龍は寺の守護と参詣者らの除難、来福を本尊に誓願したという。

淵龍の御符は、玄関に貼ると金運や徳運が開けるとされ、本尊御開帳がある辰年の秋は多数の参詣者が詰めかける。

1 解答例　淵龍

22回3級

23回3級

23回2級

23回1級

335

7 京都の神社・寺院には、龍に関係するものが多い。(　　　)に入る
最も適当な語句を書きなさい。

問
2

高台寺の開山堂は前身寺院である(　　　)からの
移築で、臥龍池に隣接し、秀吉・ねねの霊屋と「臥
龍廊」で繋がっている。

　豊臣秀吉の妻ねね(北政所)は、慶長3年(1598)に生母の
朝日殿を失くし、7日後に秀吉も没した。これを機に大坂か
ら京へ移り、朝日殿のために、その法名から2字取った**康徳
寺**を上京区(寺町通御霊馬場)に創建した。

　慶長8年には、後陽成天皇に願って高台院の院号を賜り落
飾。秀吉の菩提を弔う高台寺の創建にかかり、慶長11年、東
山の山麓に完成させた。当時、豊臣家の扱いに神経を使って
いた徳川家康は、普請に当たり板倉勝重ら重臣を派遣するな
ど手厚く援助した。康徳寺はこの時期に高台寺へそっくり移
転したとみられる。

　高台寺では数少ない創建時からの建物である開山堂の天井
には、狩野山楽の作と伝わる「龍図」が残る。高台寺蒔絵で有
名な霊屋には、須弥壇の仏像を中央に挟んで、左右にねねと
秀吉の木造が祀られている。

2 解答例　康徳寺

7 京都の神社・寺院には、龍に関係するものが多い。（　　　）に入る最も適当な語句を書きなさい。

問 3　（　　　）の拝殿天井には、大船鉾の舳を飾る龍頭のモデルになった、全長8メートルにも及ぶ九山新太郎作の立体的な木彫りの龍がある。

　祇園祭の後祭で最後尾に登場する大船鉾の先端部には、隔年ごとに高さ約1.9メートルの龍頭（2016年〈平成28〉制作）が鎮座する。

　瀧尾神社（たきお）拝殿にも、大船鉾のために作られた木彫りの龍が飾られている。この龍は、江戸時代に活躍した京都の彫刻師九山新之丞（しんのじょう）とその後継者である九山新太郎の二代にわたる合作。セキュリティのために2体以上作られており1体は、四条新町の鉾町で祇園祭の巡行に使われていたが、禁門の変で焼失。もう1体は、百貨店大丸の創業家の下村家に残されていた。天保11年（1840）ごろ、下村家の支援を得て瀧尾神社が社殿を整備した際、龍頭が奉納された。そこに新太郎が体をつけた。身をくねらせ、今にも天に昇る勢いを見せる龍は、「夜になると、近くの川の水を求め天井から脱け出す」という噂が立ち、神社では天井に金網を張ったという逸話も残る。

3 解答例　瀧尾神社

7 京都の神社・寺院には、龍に関係するものが多い。（　　　）に入る最も適当な語句を書きなさい。

問
4

建仁寺や北野天満宮に「雲龍図」を残した（　　　）は安土桃山時代から江戸初期を代表する絵師である。

　建仁寺方丈の「雲龍図」＝写真＝は、龍を得意とした**海北友松**（1533〜1615）の作品の中でも、随一の傑作とされる。慶長4年（1599）ごろの作品で、計8面の襖（現在は表具仕立て）に描かれた2匹の竜は、渦巻く雲の中で激しい気迫を漲らせ、見る者を圧倒する。北野天満宮の「雲龍図屏風」は後年の作で、竜はややユーモラスな表情をたたえ、友松の心情変化を伺わせる。

　友松は、戦国武将・浅井長政に仕える重臣の家に生まれた。合戦で父や兄が戦死した際は、東福寺に預けられていて難を逃れた。40代で還俗して自家再興を図ったが果たせず、画の道を選び狩野元信、または狩野永徳に師事したとみられる。実力を発揮したのは60歳前後からで、南宋の画家・梁楷に私淑して写意的な表現「減筆体」による人物描写の画境を拓いた。八条宮智仁親王らの皇族をはじめ、石田三成、連歌の里村紹巴など武人や文化人との交流も深かった。

4 解答例　海北友松

7 京都の神社・寺院には、龍に関係するものが多い。（　　　）に入る最も適当な語句を書きなさい。

問5

桓武天皇以来の歴代の天皇が行幸した宴遊地である神泉苑の池には、龍神である（　　　）が住むといわれる。天長元年（824）、日本中が日照りの際には、淳和天皇の勅命により、空海（弘法大師）が雨乞いの祈願をしたと伝えられる。

天長元年（824）に神泉苑で行われた雨乞いの祈祷には、雨を降らせる竜神として弘法大師が**善女龍王**をインドから勧請したとされる。伝承によると、祈祷にはもう一人、西寺（興福寺とも）から守敏僧都も呼ばれていた。大師が、いくら祈祷しても雨が降らないので、よく調べると大師を妬む守敏が、呪力で全ての竜神を水瓶に閉じ込めていた。唯一、善女龍王だけが呪力から逃れていることを察知した大師が祈ると、国中に3日間恵みの雨が降り続いたという。

神泉苑の池（法成就池）＝写真＝には、中央に善女龍王社が祀られている。善女龍王は池に棲みつき、神泉苑の池は枯れることがないと信じられてきた。近年は、龍王社へ渡る法成橋で願い事を一つだけ念じ、お参りすると叶うという霊験談も広がり、境内はパワースポットとして人気が高まっている。

5 解答例　善女龍王

8 東寺（教王護国寺）について150字以上200字以内の文章で書きなさい。

（「東寺とともに建立された平安京二大官寺の寺院名」「空海に東寺を下賜した天皇」「立体曼荼羅と称される21体の仏像が収められている建物名」「1月8日から14日までの7日間行われる行事」「平安京の羅城門楼上に安置されていたと伝わる、地天女の両手に支えられて立つ天部の仏像」の名称は必ず含むこと）

　延暦13年（794）の平安京遷都後、国家の鎮護を目的に羅城門の東に東寺、西に**西寺**の二大官寺が創建された。東寺は、**嵯峨天皇**が弘仁14年（823）に空海（弘法大師）に下賜。空海は東寺を教王護国寺と号し、真言密教の根本道場として整備していった。西寺は鎌倉時代の天福元年（1233）に火災に遭った以降に廃寺になったとされ、現存しない。

　東寺を託された空海は、境内に密教を伝え広めるための中心的な建物「**講堂**」の造営にすぐさま着手。五重塔なども建立していった。講堂は特に重視されており、室町時代に金堂や南大門などとともに焼失したが、講堂は最優先で5年後に再建された。それが現在の講堂（重文）である。内部には、立体曼荼羅と称される、21体の仏像によって密教の教えを視覚的に表現した世界が展開されている。

　また空海は、国家の鎮護を祈願する「**後七日御修法**」を宮中で始めた。現在は東寺で毎年1月8日から14日までの7日間、真言宗十八本山の代表らが一堂に会して執り行われている。東寺は建物だけでなく仏像や絵図などを含め貴重な文化財の宝庫。羅城門の楼上に安置されていたと伝わる「**兜跋毘沙門天像**」（国宝）や両界曼荼羅図（同）など注目すべきものが多い。

【解答例】

　東寺は、西寺と並ぶ平安京の二大官寺であり、嵯峨天皇が弘法大師空海に下賜した。毎年1月8日から14日まで灌頂院で行われる後七日御修法は、空海によってはじめられた正月行事。重要文化財の講堂では、密教の教義を視覚的に表現した立体曼荼羅が21体の仏像で表現されている。また、平安京の羅城門楼上に安置されていたと伝わる国宝の兜跋毘沙門天像は同寺の宝物館にあり、こちらも必見である。

9 平安中期から鎌倉初期に編纂された8つの勅撰和歌集の総称である「八代集」について150字以上、200字以内の文章で書きなさい。

（「最初の勅撰和歌集」「その和歌集の序文（仮名序）を書いた三十六歌仙の一人」「後拾遺和歌集に収められている清少納言の歌碑がある東山区の寺院」「平安時代最後の八代集の勅撰和歌集」「新古今和歌集の撰者、藤原定家が確立した歌体」の名称は必ず含むこと）

　「八代集」は、**古今和歌集**から始まり、後選和歌集、拾遺和歌集、後拾遺和歌集、金葉和歌集、詞花和歌集、千載和歌集、新古今和歌集のことである。最初の勅撰和歌集である古今和歌集で、序文の仮名序を書いた三十六歌仙の一人は**紀貫之**である。

　後拾遺和歌集に収められている清少納言の歌碑がある東山区の寺院は、**泉涌寺**である。『後拾遺和歌集』940番「夜をこめて鳥の空音は謀るとも よに逢坂の関は許さじ」。百人一首にも収められている一首である。清少納言は、一条天皇中宮の定子に仕えたが、定子が亡くなるとその墓の近くの東山月輪に居を構えたという。また近くには、彼女の父の清原元輔（もとすけ）の別荘があったともいわれている。

　平安時代最後の八代集の勅撰和歌集は、**詞花和歌集**と**千載和歌集**である。詞花和歌集は、崇徳院（すとくいん）の下命で、藤原顕輔（あきすけ）が撰進した。仁平元年（1151）に奏覧。千載和歌集は寿永2年（1183）後白河院の院宣によって撰集下命、文治4年（1188）に成る。歌風には俊成の理想とした幽玄の趣がみえ、新古今和歌集の時代を準備するものといえる。

　新古今和歌集の撰者、藤原定家が確立した歌体は、**有心体**（うしんたい）で、定家の歌論書「毎月抄」で唱えた和歌十体の一。美的理念である有心を表す詠みぶりで、最上の歌体とされる。

【解答例】

　平安中期から鎌倉初期にかけて編纂された八代集の中で、<u>古今和歌集</u>は<u>紀貫之</u>らによって編纂された日本最初の勅撰和歌集。後拾遺和歌集に収められている清少納言の歌は、<u>泉涌寺</u>にある歌碑にもなっている。平安時代末期には、<u>千載和歌集（詞花和歌集）</u>が編纂されて過渡期を迎え、鎌倉時代に入ると、新古今和歌集の選者である歌人・藤原定家が、風雅な情趣を余情のある表現で詠む<u>有心体</u>を確立した。

10 祇園甲部歌舞練場・祇園甲部歌舞会について150字以上200字以内の文章で書きなさい。

（「花街・祇園甲部の発祥となった茶屋町を門前町とする社寺」「歌舞練場本館の破風に掲げてある扁額『歌舞練場』の揮毫者」「同歌舞練場で行われる秋の公演名」「第一回京都博覧会附博覧として始まった『都をどり』を機に広まった茶道の点前」「祇園甲部の紋章名」の名称は必ず含むこと）

17世紀、**祇園社**（**八坂神社**）の門前に水茶屋が営まれるようになり、やがて茶屋街一帯を「祇園町」と称するようになる。嘉永4年（1851）には、祇園町初の紋章が作られ、明治時代になって現在の**8個のつなぎ団子に甲の文字**の紋章に定められた。

江戸時代を通して繁栄した祇園町であったが、事実上の東京遷都によりいったんは陰りのさす中、明治5年（1872）に祇園甲部歌舞会が発足し、京都博覧会の附博覧としての「第一回都をどり」を開催するなど、新たな歴史を歩み出した。

大正2年（1913）には都をどりの専属劇場として祇園甲部歌舞練場が現在地に竣工。破風屋根の矢切には、**富岡鉄斎**（1836～1924）の揮毫による「歌舞練場」の扁額が掲げられた。檜材による木造2階建ての大劇場建築は、平成18年（2006）に国の登録有形文化財に指定されている。平成28年より耐震改修のため休館となり、令和4年（2022）に完工。翌年春の「第149回都をどり」が、華やかに開催された。

都をどりには舞踊公演に加えて、<ruby>立礼<rt>りゅうれい</rt></ruby>の茶席や舞台衣装の展示、物販などの楽しみもある。茶席では芸妓の点前と舞妓のお運びにも人気があり、やがて一般にも立礼の作法が広まったともいわれている。都をどりに加えて秋の「**温習会**」が祇園甲部歌舞練場の二大公演である。

【解答例】

　祇園甲部歌舞会は、祇園社（八坂神社）の門前にあった茶屋町が発祥。8個のつなぎ団子に甲の字の紋章を使用している。歌舞練場本館の破風には、富岡鉄斎が揮毫した扁額『歌舞練場』が掲げられている。毎年行われる芸舞妓らによる舞踊公演は、春は都をどり、秋は温習会と呼ばれ、春の都をどりでは、黒紋付姿の芸妓による立礼式によるお点前が第一回京都博覧会附博覧の時から続いている。

─ メ モ ─

── メ モ ──

── メ モ ──

── メ　モ ──

問題・解答

用語索引

第22回３級・第23回３級・２級・１級の問題
および解答中に出てくる用語を収録しています。

参考文献

『遊びをせんとや』
『イラスト京都御所』
『イラスト二条城』
『意外と知らない京都　京の歴史と文化をひもとく』
『折々の京ことば』
『桂離宮・修学院離宮』
『京都ことこと観音巡り―洛陽三十三所観音巡礼』
『京都情報百科』
『京都御所　大宮・仙洞御所』
『京都の地名を歩く』
『京都ふしぎ民俗史』
『京都ひろいよみ　京都新聞ダイジュスト vol.1〜11』
『京・近江の峠』
『京　天と地と人』
『京のお地蔵さん』
『京のご利益さん』
『京の史跡めぐり』
『京の伝承を歩く』
『京の美の継承』
『京の美の巡礼』
『京の学塾　山本読書室の世界』
『京の門』
『京を発掘！出土品からみた歴史』
『古代地名を歩く〜京都・滋賀〜Ⅱ』
『千年の息吹き　上・中・下』
『西国三十三所　草創1300年記念』
『西国四十九薬師霊場』
『史跡探訪　京の七口』
『史跡探訪　京の西山』
『城南宮　春夏秋冬』
『新・都の魁』
『僧医外来へようこそ』
『続・京のご利益さん』
『日本人の忘れもの　知恵会議』
『能百番を歩く　上・下』
『世界遺産　元離宮二条城』
『福ねこ　お豆のなるほど京暮らし』
『美術家の墓標』
『琵琶湖疏水の散歩道』
『平安京年代記』
『掘り出された京都』
『歴史散歩　京に燃えた女』
『技と美の庭京都・滋賀　植治次期十二代小川勝章と巡る』
（京都新聞出版センター）

『みんなの趣味の園芸』（NHK出版）

『京都魅惑の地名由来と謎を訪ねあるく』
『京都奇才物語』
『京都のご利益徹底ガイド』
『京都魔界巡礼』
『現代訳風姿花伝』
（PHP研究所）

『新版家紋から日本の歴史をさぐる』
（ごま書房）

『語りつぐ京都の戦争と平和』（つむぎ出版）

『京都の森と文化』（ナカニシヤ出版）

『日本書紀』（ニュートンプレス）

『京都市の地名』
『日本歴史地名大系』
『日本歴史地名体系26　京都府の地名』
（平凡社）

『歴史人　戦国武将の家紋の真実』
（ベストセラーズ）

『京都伝説散歩』（河出書房新社）

『京都の歴史8―古都の近代』（学芸書林）

『歴史群像シリーズ豊臣秀吉』（学研プラス）

『事典和菓子の世界』
『今昔物語集』
『平家物語』
（岩波書店）

『狩野派絵画史』
『日本の祭りと芸能アジアからの視座』
（吉川弘文館）

『酒井抱一と江戸琳派の全貌』（求龍堂）

『京都時代マップ　平安京編』（光村推古書院）

『狂言ハンドブック　改訂版』（三省堂）

『京都府の歴史散歩』（山川出版）

『六道の辻あたりの史跡と伝説を訪ねて』
（室町書房）

『京都の大路小路』（小学館）

『京都の夏祭りと民俗信仰』（昭和堂）

『古典園芸植物 種類と育て方』（誠文堂新光社）

『歴史で読み解く京都の地理』（青春出版社）

『全国神社名鑑（下巻）』（全国神社名鑑刊行会）

『京都・観光文化検定試験公式テキストブック』
『カメラ歳時記京の365日 上』
『茶道歳時記』
『明日への茶道入門』
（淡交社）

『上方ことば語源辞典』（東京堂出版）

『図説明治人物事典』（日外アソシエーツ）

『京都の地名検証2』（勉誠社）

『洛中洛外京の祭と歳時記12ヶ月』（雄山閣）

『家紋逸話事典』（立風書房）

『The Kyoto Manifesto for Global
Economics』（Springer）

『平安時代史事典（上）』
『日本史辞典』
『日本伝奇伝説辞典』
（角川書店）

『日本史人物辞典』（山川出版）

『朝日日本歴史人物事典』（朝日新聞社）

『宇治田原町史』（宇治田原町）

『京都の民俗芸能』（京都府教育委員会）

『北大路魯山人展』
『特別展 南山城の古寺巡礼』
『都の形象ー洛中・洛外の世界ー』
『特別展 没後200年若冲』
（京都国立博物館）

『京琳派・神坂雪佳展』（毎日放送）

「「突抜」考：歴史地理学的史料批判」
（社会科学論集）

「京都文化観光資源保護財団会報 No.75」

『西本願寺 日記』
『拾迫都名所図会』
『京雀』

･･･････････････ ウエブサイト ･･･････････････
文化庁・国指定文化財等データベース
文化遺産オンライン

ほか、各所公式サイト、駒札など

解説執筆

池坊中央研究所

ジャーナリスト　井戸 洋

文筆家　井上 由理子

編集者　岩澤 亜希

美術評論家・美術史家　太田垣 實

歴史作家・京都ジャーナリズム歴史文化研究所代表　丘 眞奈美

霊山歴史館学芸課長　木村 武仁

京都雑学エッセイスト　黒田 正子

元宇治市歴史資料館館長　坂本 博司

元京都新聞論説委員　十倉 良一

奈良女子大学大和・紀伊半島学研究所古代学・聖地学研究センター協力研究員　前川 佳代

フリーライター　松村 麻也子

フリーライター　三谷 茂

フリーライター　村岡 真千子

庭園史家　町田 香

同志社女子大学教授　山田 邦和

元京都新聞編集委員　山本 啓世

史実調査　井原 悠造、佐々木 教雄、古田 紀子、丸毛 静雄

校閲　山村 純也（株式会社らくたび）

イラスト　潤 亮助

編集協力　清塚 あきこ、古田 紀子

写真協力　粟生光明寺、阿弥陀寺、粟田神社、池坊中央研究所、
出雲寺（毘沙門堂）、出雲大神宮、厳島神社、伊根町観光協会、
石清水八幡宮、植彌加藤造園、宇治田原町産業観光課、
裏千家 今日庵、岡崎神社、上賀茂神社、清水寺、
京田辺市産業振興課、京都学生祭典実行委員会、
京都鴨川納涼床協同組合、京都御苑管理事務所、京都競馬場、
京都市教育委員会、京都市広報課、京都市交通局、
京都市上下水道局鳥羽水環境保全センター、
京都市伏見土木みどり事務所、
京都市文化市民局文化芸術都市推進室文化財保護課、
京都市文化財保護課（送り火保存会）、京都市立芸術大学、
京都鉄道博物館、京都伝統技芸振興財団、京都表具協同組合、
京都府、京都府広報課、京都府石材業協同組合、
京都府山城北土木事務所、京都府立植物園、京都府立図書館、
京都向日市激辛商店街、京のふるさと産品協会、
京友禅協同組合連合会、金竹堂、宮内庁京都事務所、
熊野若王子神社、久御山町教育委員会、雲ヶ畑松上げ保存会、
鞍馬寺、車折神社、建仁寺、興聖寺、
御霊神社（上御霊堂）、金地院、西院春日神社、西明寺、
JR東海京都・奈良・近江文化情報事務局、詩仙堂、地蔵院、
下鴨神社、浄禅寺、松竹南座、浄瑠璃寺、青蓮院、神泉苑、新徳寺、
隨心院、須賀神社、すはま屋、清涼寺、石峰寺、千本ゑんま堂、
禅林寺（永観堂）、総本家にしんそば松葉、大覚寺、大善寺、
高松神明神社、瀧尾神社、糺の森財団、知恩院、長楽館、
剣神社、寺田屋、中村軒、中村楼、梨木神社、南禅寺、
南丹市美山観光まちづくり協会、錦天満宮、
西京区役所地域力推進室、仁和寺、野宮神社、京丹後市観光公社、
比叡山延暦寺、平野神社、伏見稲荷大社、藤森神社、
伏見区役所深草支所地域力推進室まちづくり推進担当、
古川町商店街振興組合、文化庁、平安神宮、遍照院、法嚴寺、
法界寺、宝鏡寺、法金剛院、宝積寺、法輪寺、保津川遊船企業組合、
舞鶴市産業振興部観光振興課、前田珈琲、壬生寺、三室戸寺、
宮島「北大路魯山人」美術館、桃山陵墓監区事務所、八坂神社、
安井金比羅宮、矢田寺、柳谷観音楊谷寺、山國神社、吉田神社、
善峯寺、淀川河川公園管理センター、米沢市上杉博物館、
らくたび、離宮八幡宮、龍安寺、六孫王神社、六道珍皇寺、
六波羅蜜寺、わら天神宮

協力　京都商工会議所

第22・23回 京都検定　問題と解説

発行日	2024年6月7日　初版発行
編　者	京都新聞出版センター
発行者	杦本　修一
発行所	京都新聞出版センター
	〒604-8578　京都市中京区烏丸通夷川上ル
	TEL. 075-241-6192　FAX. 075-222-1956
	https://www.kyoto-pd.co.jp/
印刷・製本	株式会社ITP

ISBN978-4-7638-0793-9 C0026 ￥2000E
©2024　Kyoto Shimbun Publishing Center
Printed in Japan